U0895120

住餐业中小民营企业绿色管理
逻辑-机制-战略

ZHUCANYE ZHONGXIAO MINYING QIYE LÜSE GUANLI
LUOJI-JIZHI-ZHANLÜE

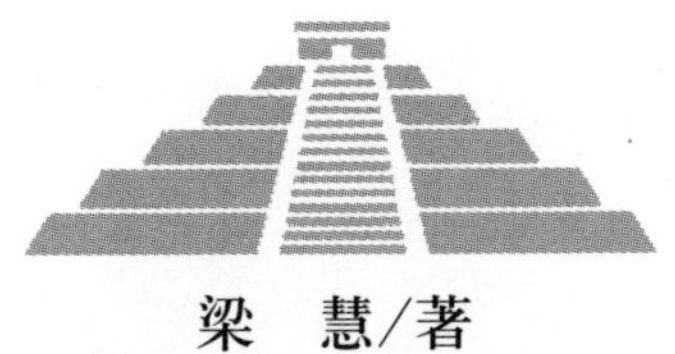

梁　慧/著

中国政法大学出版社

2018・北京

图书在版编目（CIP）数据

住餐业中小民营企业绿色管理:逻辑-机制-战略/梁慧著.—北京:中国政法大学出版社,2018.10

ISBN 978-7-5620-8701-4

Ⅰ.①住… Ⅱ.①梁… Ⅲ.①旅馆－服务业－中小企业－民营企业－企业管理－研究－中国②饮食业－中小企业－民营企业－企业管理－研究－中国 Ⅳ.①F726.92②F726.93

中国版本图书馆CIP数据核字(2018)第241102号

出版者　中国政法大学出版社

地　　址　北京市海淀区西土城路 25 号

邮寄地址　北京 100088 信箱 8034 分箱　邮编 100088

网　　址　http://www.cuplpress.com（网络实名：中国政法大学出版社）

电　　话　010-58908586(编辑部) 58908334(邮购部)

编辑邮箱　zhengfadch@126.com

承　　印　固安华明印业有限公司

开　　本　880mm×1230mm　1/32

印　　张　9.875

字　　数　250 千字

版　　次　2018 年 10 月第 1 版

印　　次　2018 年 10 月第 1 次印刷

定　　价　49.00 元

前　言

PREFACE

本书对我国接待服务业生态标签认证现状、饭店和餐饮企业绿色管理实践进行了较为全面和系统的研究。接待服务业绿色管理研究未得到应有的重视，无论从理论或是实证研究都还未得到一致的观点。仅从企业经济理性或社会责任角度分析都存在片面性问题。本书尝试融合绿色管理、制度逻辑、战略导向等理论解释框架，提出饭店和餐饮企业嵌入在复杂的制度环境中，多元制度逻辑和战略导向是企业开展绿色管理实践的外部和内部驱动力。本书首先以多元制度逻辑和二元战略为切入点，构建基于“内外驱动—战略行为—绩效后果”逻辑链的综合理论模型，分别揭示了多元制度逻辑对我国饭店和餐饮企业绿色管理的驱动影响机制、战略导向（成本导向和创业导向）对饭店和餐饮企业绿色管理的驱动影响机制、交互的二元战略对绿色管理绩效的影响机制、绿色管理实践的绩效后果影响机制；在此基础上，以通过国家标准生态标签认证的住餐业中小民营企业为样本，以绿色智力资本和非正式制度支持为切入点，揭示了绿色智力资本在住餐业中小民营企业绿色管理实践转化为企业竞争优势过程中的中介效应以及非正式制度支持对此中介效应的调节机制。得出的结论具有一定创新性和务实性，针对住宿餐饮业整体绿化的监管与推动、饭店和餐饮企业的战略导向选择，以及住餐业中小民营企业竞争优势获取路径提出合理建议，对促进我国住宿餐饮业可持续发展有一定启示作用。具体而言，本书创新点主要体现在：

第一，以接待服务业为研究情境，以饭店和餐饮企业为研究对象，从组织内外双重视角探索我国住宿餐饮业绿色管理的驱动和绩效后果影响机制。

现有研究多聚焦制造、能源产业中的大型上市企业，对饭店和餐饮企业的绿色管理问题相对忽视。本书融合制度理论和二元战略理论视角，以饭店和餐饮企业为研究对象，理论分析并构建了“多元制度逻辑—绿色管理实践—绿色管理绩效”外部驱动模型和“战略导向—绿色管理实践—绿色管理绩效”内部驱动模型，实现了住餐业中小民营企业绿色管理实践驱动因素和影响因素多元制度逻辑视角和战略视角的融合，从而克服现有研究未关注住宿餐饮业绿色管理实践真正原因的局限性。综合考量了宏观、中观层面的多元制度逻辑带来的合法性压力和微观层面的战略导向对住餐业中小民营企业绿色管理实践的影响，初步体现跨层分析的思路，现有研究要么关注外部制度环境对企业行为影响，要么关注内部组织行为的影响，少有研究从组织内外两个层面开展系统性探讨，从这一点来看本研究比以往的研究范围更广，弥补了服务业绿色管理研究的不足。

第二，从成本导向、创业导向及二元战略整合视角出发，揭示了不同战略导向组合类型的服务企业开展的绿色管理实践会产生差异性的绿色管理绩效。

本书梳理战略导向相关研究，发现现有关于战略导向研究大多停留在分析单一战略导向或者特定组合战略导向的影响效应。本书基于行业调研，尝试从成本导向、创业导向对绿色管理实践的前因影响出发，理论分析并实证验证了四种类型（交互型、成本导向型、创业导向型和保守型）企业在绿色管理绩效表现上的差异，发现成本导向和创业导向并非是一组冲突的战略导向组合，二者都能驱动服务企业绿色管理，而实施交互型二元战略的企业能够充分发挥二元战略导向的协同作用，在绿色管理绩效表现方面要优于其他类型企业。本书基于前人研究思路的扩展性的研究，丰富了对传统服务产业绿色管理前因的研究成果，也推动了二元战略协同效应的研究。

第三，引入绿色智力资本和非正式制度支持的概念，聚焦中国住餐业中小民营企业，揭示了绿色智力资本影响绿色管理实践与企业竞争优势关系的中介机制以及在此过程中非正式制度支持的调节作用。

现有研究忽视了绿色管理实践转化为企业竞争优势过程中的中介和调节变量的作用机制。因此，本书在原有“战略行为—竞争优势”研究范式的基础上进行拓展，构建“绿色战略行为—绿色智力资本—企业竞争优势”中介链条，建立有调节的中介模型，分析并实证检验绿色智力资本（绿色人力资本、绿色结构资本和绿色关系资本）在住餐业中小民营企业绿色管理实践与企业竞争优势之间的中介效应；分析并实证检验非正式制度支持在绿色智力资本中介影响住餐业中小民营企业绿色管理实践与企业竞争优势关系中的调节机制，从而揭示“绿色战略行为—绿色智力资本—企业竞争优势”中介链条的传导机制及非正式制度支持在此过程中的调节机制。本书实证结果还发现非正式制度支持对绿色智力资本三个维度中介效应的调节方向并不一致，有调节的中介效应结果对住餐业中小民营企业和行业管理具有一定启示。这种理论延伸，不仅弥补了以往研究对绿色管理转换为企业优势过程中中介和调节变量考虑的不足，而且进一步充实了中小民营企业竞争优势研究体系。

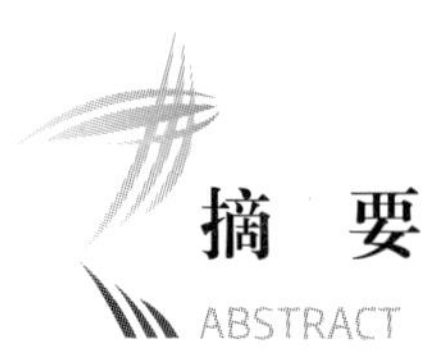

摘 要

ABSTRACT

环保问题在全球各国受到重视，世界经济发达国家陆续制定相关法律法规规范企业环保行为，引发绿色可持续发展潮流。随着中国市场经济的进一步深化和全球一体化进程的加快，住宿餐饮业在国民经济和社会发展中的重要地位日益凸显，已成为调整产业结构，扩大内需，转变经济增长方式的重要产业领域。可持续发展潮流下，消费者对自身健康的持续关注产生了规模巨大的绿色消费市场，使得与消费者最为接近的接待服务产业住宿餐饮业开始内化外部制度压力，通过开展绿色管理实践来策略性响应多元制度逻辑进而满足消费者的绿色消费需求。中国住宿餐饮业开始进入绿色转型期，企业作为转型升级的微观主体对精细化、成本控制和高品质提出更高要求，旨在通过提升自身环境管理能力和效率从而获得可持续的竞争优势。住宿餐饮业中90%以上都是民营中小服务企业，与国有企业、跨国企业集团比较，此类企业网络嵌入程度更高，其中上市公司数量不多，信息披露较少，直接导致该领域的实证研究成果较少，但作为国民经济重要增长点，为我国服务业GDP作出巨大贡献。成本控制、信息不对称、市场机制不完善、正式制度支持不力都是阻碍中小民营企业绿色管理实践的重要因素，中小民营企业面临独特的“多元制度逻辑”（即制度场域内存在多个利益主体建构的制度秩序)、战略导向选择、机会主义行为的隐蔽性和不可防范性及其严重后果，更是给企业绿色管理进程带来重重困难，有关住宿餐饮业服务企业的绿色管理研究值得理论界关注，实业界也渴望相关实证研究成果的出现。驱动企业绿色管理实践的外部多元制度逻辑和内部战略导向成为企业绿色管理动机的根本决定因素。然而，住餐业中小民营企业可持续发展的重要机制同时也是其竞争优势的持续源泉——绿色管理实践，却没有像国有企业或跨国企业集团那样受到足够的关注。在政府推动生态标签认证项目情况下，如何培育住餐业中小民营企业绿色管理实践的制度环境进而推动企业积极绿色管理实践在当前以技术创新为核心的绿色管理研究主流文献中却找不到答案。

本书以亟需推动绿色管理的中国住宿餐饮业为研究背景，围绕绿色管理实践与企业竞争优势关系这一核心问题开展两个递进关系的研究，从外部多元制度逻辑和内部战略导向整合视角探讨绿色管理实践的前因及后果，在此基础上进一步探究绿色管理实践转化为企业竞争优势过程中潜在影响转换效果的中介变量和调节变量，以期为转型升级时期我国住宿餐饮业的可持续发展提供参考，也为其他现代服务业绿色管理和竞争力获取路径提供借鉴。具体而言，采用扎根案例研究与实证检验分析相结合的方法，从外部多元制度逻辑和内部战略导向两个视角分析饭店和餐饮企业开展绿色管理实践的驱动机制，进一步从住餐业中小民营企业绿色管理实践过程中累积绿色智力资本(绿色人力资本、绿色结构资本和绿色关系资本) 角度分析绿色管理实践对企业竞争优势的后果影响，以及非正式制度支持的调节作用，帮助住餐业中小民营企业理解如何借助绿色智力资本累积与非正式制度支持的助力，推动自身绿色管理开展，进而改善组织绩效，提升组织竞争力。通过对来自饭店和餐饮企业的505位中高层管理者及387位住餐业中小民营企业高管的问卷调研及数据的统计分析，本书构建了在外部多元制度逻辑和企业内部战略导向作用下饭店和餐饮企业绿色管理实践的驱动和影响机制模型框架，在此基础上进一步探讨了绿色管理实践转化为企业竞争优势过程中绿色智力资本的重要中介作用和非正式制度支持的调节效应。本书的研究得出如下几点结论：（1）饭店和餐饮企业绿色管理实践的前因包括外部多元制度逻辑、内部战略导向，后果为绿色管理实践产生的绿色管理绩效，绿色管理实践在多元制度逻辑（管制力度、舆论压力和同行影响）与绿色管理绩效间、内部战略导向（成本导向、创业导向）与绿色管理绩效间起完全中介作用。多元制度逻辑中的市场环境与绿色管理实践的相关性不明显。（2）二元战略（成本导向与创业导向交互作用）显著正向影响企业绿色管理绩效，在四种不同战略导向企业类型中，按其对绿色管理绩效表现影响程度大小排序为：交互型战略导向企业>成本型战略导向企业>创业型战略导向企业>保守型战略导向企业。创业型战略导向在传统服务产业中并不是最优战略选择，面对复杂的制度环境，交互型战略导向可能更加适合饭店和餐饮企业。（3）绿色管理实践通过绿色智力资本起作用并且绿色智力资本在受到企业非正式制度支持水平调节下对企业竞争优势产生影响。

研究体现的创新点主要在于：首先，融合绿色管理、制度逻辑、二元战略等理论解释框架，对住宿餐饮业绿色管理的内涵及背后的理论依据进行梳理，为住宿餐饮业政府规制、行业绿色治理与服务企业绿色战略规划提供一个更具操作性的研究思路。其次，将二元战略思想引入服务战略管理研究，以成本导向与创业导向为切入点，理论并比较分析四种不同类型企业二元战略导向对绿色管理绩效的前因影响，揭示了不同战略导向交互作用对饭店和餐饮企业绿色管理实践及绿色管理绩效的影响。这种扩展研究丰富了绿色管理实践及绿色管理绩效的前因变量，而且有助于企业正确选择成本导向与创业导向的二元战略交互作用模式，具有决策参考作用。最后，引入绿色智力资本和非正式制度支持的概念，基于绿色智力资本三个不同维度，构建三个有调节的中介模型，揭示了绿色智力资本在绿色管理实践与企业竞争优势间的中介效应以及在此过程中非正式制度支持的调节效应，弥补了以往研究对绿色管理转换为企业优势过程中中介和调节变量考虑的不足。此外，本书实证研究部分所使用变量之量表是基于西方成熟量表在中国具体研究情境下的创新和补充运用，使得量表更加适合中国服务企业的实际情况。

目 录
CONTENTS

表目录

图目录

第一章
绪　论

第一节　研究问题的提出

全球碳计划（Global Carbon Project）2013 年数据显示，全球人类活动碳排放量达到 360 亿吨，人均排放 5 吨 CO_2，中国为碳排放总量最大的国家，占全球 29%，中国人均排放 7.2 吨 CO_2，首次超过欧盟，引发广泛关注。除了能源、交通、农业、商业消费活动，企业的经济活动是导致环境污染和其他形式的环境恶化（例如，土壤侵蚀，自然资源消耗，生物多样性失衡）最大的污染源之一（Kalamas 等，2014 年）。我国迫切需要采取缓解措施应对环境问题。随着经济发展和社会进步，公众对企业承担环境责任实践提出了新的要求，股东、员工、消费者、社区、公益组织、新闻媒体等利益相关者对企业社会责任越来越关注。与此同时，为了应对外部制度的环境压力，满足企业自身资源和效率诉求，越来越多的中国企业开始探索环境实践，以住宿和餐饮业为代表的传统服务企业也不例外。住宿业既与居民生活密切相关，又是对外开放的重要窗口，劳动密集型特点显著，带动就业作用明显；餐饮业在改善居民生活质量、提供创业机会、拉动内需等方面贡献突出（商务部，2010 年、2016 年）。本节将从环境伦理、行业转型升级、绿色消费需求和企业内部驱动四个方面分析研究背景。

一、现实背景

（一）环境伦理背景

纵观人类历史，环境冲击问题在很大程度上是人类欲望（物质享受、迁移流动、劳动解除、享乐、权力、地位、个人安全、社会传统及家庭的维系等）所导致的，人类不断创造出新的组织和技术来满足自身欲望（Stern，2000 年）。人类进化的历史实质上是谋求人类自我发展，追逐自身利益的活动过程。人类在发展进程中，随着科学技术水平的不断提高，人类工业文明高度发展，为了满足不断增长的物质需求，保证经济社会的持续快速发展，人类从早期被自然主宰到人类主宰自然，采矿、林业、石油等能源消耗产业对自然资源掠夺式开发使得地球环境受到极大的破坏，森林逐渐消失，动物迅速灭绝，粗放式的资源利用和经营方式致使各种自然资源的浪费和破坏达到惊人的程度。20 世纪 60 年代以来的一系列环境恶化事件的发生，如英国、美国、欧洲等国家相继出现自然资源短缺、城市大气污染等严重环境问题，迫使人类不得不重新思考人与自然的伦理关系，反思对自然资源的过度开发和由此导致的环境破坏问题，众多环保人士开始关注和批判环境污染问题，各种主题的环境保护运动催生了环境伦理思想，对环境伦理学产生直接影响的 Henry David Thoreau（1817~1862 年）和 John Muir（1838~1914 年），Thoreau 的思想是激进环境意识形态的重要来源，强调敬畏生命的谦卑态度的重要性，认为健全的社会需要在文明与荒野之间平衡。Muir 则是超越功利主义的资源保护方式的代表，他侧重自然资源的美学价值，呼吁人们超越自身生理需求，发现大自然在经济价值之外的美学价值，强调身心合一的去感受大自然的美。法国人道主义思想家 Albert Schweitzer（1875~

1965 年）进而明确提出“敬畏生命”的伦理思想，指出伦理学不应只关注人与人的关系，生命无贵贱之分，人应该敬畏所有客观存在的生命意志，在自己的生命中体验到其他生命的美好价值。“现代环境伦理学之父”Aldo Leopold（1887~1948 年）的著作《沙乡年鉴》被誉为“现代环保主义运动的一本新圣经”。这些环境伦理思想是环境伦理学诞生的基础。1962 年，美国女海洋生物学家 Rachel Carson（1907~1964 年）的研究成果《寂静的春天》一书拉开了现代环境运动的序幕。1968 年，美国生物学家 Paul Ehrlich（1854~1915 年）在其著作《人口炸弹》中明确指出环境问题源于人口过剩。1972 年，罗马俱乐部发表全球环境问题报告《增长的极限》，认为经济增长导致环境危机，同年，在瑞典召开的联合国人类环境会议上，113 个国家共同通过了全球环境保护行动计划和《斯德格尔摩人类环境宣言》，并提出 26 条关于人类对全球环境的权利与义务的共同准则。1992 年于巴西里约热内卢召开的联合国环境与发展会议标志着全球环境运动进入崭新阶段，118 个国家共同通过了《地球宪章》《21 世纪议程》《气候变化公约》和《生物多样性公约》四个重要文件。由此可见，环境伦理学是人类社会对现代生态环境问题深层反思的结果，随着可持续发展思想的普及，人与自然关系越来越强调和平共处、和谐共生的原则，环境保护是世界范围内各国政府、各类型企业和个人共同关注的重要问题。可持续发展思想和和谐共生的人地关系构成企业广泛开展绿色实践的环境伦理背景。

（二）行业转型升级

在全球范围内，企业环境社会责任的压力越来越大，公众通过各种渠道评估企业对环境的影响，并相应地改变其行为。十九大报告强调“决不以牺牲环境为代价去换取一时的经济增长”，构建政府为主导、企业为主体、社会组织和公众共同参与的环境治理体系，为未来中国的生态文明建设和绿色发展指明了方向、规划了路线。当前，我们迫切需要建立环境管控的长效机制，让环境管控发挥绿色发展的导向作用，有效引导企业转型升级，推进技术创新，走向绿色生产。顺应绿色可持续发展潮流，有利于保护生态环境，节约资源和能源，无污、无害、无毒的、有益于人类健康的绿色服务终将是未来服务业发展的必然趋势。绿色服务强调企业主动采纳绿色管理手段和创新绿色技术，在服务全过程中自觉遵循“节约资源、降低能耗、防污治污”的原则，尽可能减少对环境和健康的负面影响，最大限度的保护人类赖以生存的环境，同时降低服务成本、提高企业绩效、满足顾客实际需求。

随着席卷全球的绿色浪潮运动的推进，许多发达国家的住宿业和餐饮业高级管理人员受到环保观念的影响，开始尝试采用绿色管理模式来解决自身经营过程中出现的上述问题。目前，我国接待服务业发展已经进入新的阶段，根据中国饭店协会发布的报告显示，由于国内市场消费结构深度调整、国际市场消费需求乏力、产能供给增长过快、房价上升空间有限、管理模式传统、成本费用推高、人才瓶颈等诸多严峻挑战，市场格局使行业进入变革转型时期。当前，我国经济运行的一个重要特征是经济结构调整加快、产业分化日益明显。产业分化是经济发展的客观规律，顺应这个趋势，需要利用市场倒逼机制推动行业、企业的绿色转型升级。绿色转型是一场生产方式与生活方式的深刻革命，实现绿色转型发展是解决经济发展中资源与环境约束问题的有效途径，是加快转变经济发展方式的重大战略举措，是贯彻落实科学发展观，实现全面协调可持续发展的必由之路。然而，眼下部分企业对绿色转型升级仍存在一些概念误读。[1]在此背景下，绿色金融、绿色供应链和绿色人力资源等成为企业谋求长远发展的策略选择，同时也伴随相关议题进入到学界的研究视野（唐贵瑶等，2015 年）。创建生态型或环境责任型绿色饭店或绿色餐饮企业，是我国第三产业绿色转型升级的必然要求，是引导绿色消费的必然发展趋势。在服务接待企业中实施绿色管理，开展供给侧改革是宏观经济发展背景下产业必然的战略选择。

我国“十三五”旅游业发展规划明确将旅游业全面融入国家战略体系，旅游业成为国民经济战略性支柱产业。在旅游业持续旺盛发展的同时，其经营活动产生的环境污染影响越来越大，涉及旅游要素中“住”和“食”两大关键性要素的住宿业和餐饮业（下文简称“住宿餐饮业”）产生污染不可忽视。

表 1-1 住宿餐饮业产生的直接环境问题及其后果

问题	具体表现	后果	具体表现
能源消耗	水、电、天然气大量消耗	环境污染	排放废热、污水、废气；产生大量不可降解固体废弃物和生活垃圾
物质过度使用	过度洗涤；污水排放；化学品残留；食品浪费	增加运营成本	物力成本；人力成本；资源成本居高不下
健康安全威胁	光污染；装修污染；噪声污染；废弃物	危害人体健康	影响人正常的视觉活动；干扰人的神经系统；释放有害物质

来源：根据行业调研情况归纳整理。

〔1〕 谢平安、杨光：“企业绿色转型升级的可行路径是什么”，载《解放日报》2016 年 12 月 13 日。

表 1-1 归纳了住宿餐饮业实际运营中产生的直接环境问题及其后果，主要体现在能源消耗、物质过度使用和对人体健康安全产生威胁三个方面。首先，住宿餐饮业能源消耗惊人。这类企业主要依赖的能源是水、电、气，以美国住宿业为例，每年产生的 CO_2 相当于 19 座火山喷发所产生的 CO_2，每年产生的固体废弃物垃圾达 19 亿磅，可以装满 370 万个 28 寸行李箱，每年耗电量达 847 亿千瓦时，其耗能量惊人。目前我国住宿业能源消耗费用平均占饭店收入的 13%左右，能耗高的占 15%以上。饭店能耗一般比例为：空调 50%，照明占 20%，动力设备占 30%。饭店单位面积的平均用电量是城市居民用电量的 10 倍以上，饭店人均日耗水量为居民的 5 倍，饭店一年丢弃的一次性客用六小件（一次性免费洗漱用品）总量达 1814 吨。其次，住宿餐饮业提供的服务大多建立在物品的过度消耗上，例如：客用棉织品一日一换、过量洗涤；为了维持星级标准，饭店六小件的配置一日一换导致物品浪费（如六小件中的香皂），大量洗涤使用化学清洁剂直接排放到环境中对水体造成污染，也无形中增加企业运营的人力、物力成本。最后，高档豪华的环境设计和建筑设计所产生的光污染、装修污染、噪声和废弃物也对人体健康构成威胁。例如，采用放射性物质的墙面和地面装饰材料，公共区域 24 小时灯光及建筑物玻璃装饰外墙反射导致的光污染影响人们视觉感官舒适度，装修及生产经营过程中产生的噪声干扰人们神经系统。饭店和餐饮企业为消费者提供优雅舒适的度假和就餐环境，但在此过程中也向自然环境排放了污水（生活污水、厨房污水、洗衣房污水）、废气（相对封闭空间和常年使用中央空调）、废热（锅炉排放）、固体废弃物及大量生活垃圾，对周边环境造成不同程度的污染。除了产生环境污染和对人体健康构成一定威胁外，企业运营成本居高不下也直

接影响企业的竞争力和获利能力，甚至由于资源消耗和经营成本增加间接导致消费者对转嫁运营成本的不理解产生的服务质量问题。

绿色管理实践体现企业社会责任履行情况，每一位企业负责人都非常清楚企业应该遵守国家法律和社会道德，但是从制度环境出发，何种压力机制或激励机制可以促使企业主动开展绿色管理实践呢？这是政府迫切想知道的问题。然而截至目前，理论研究和行业现实都仍在边缘徘徊，政府官员和学者们希望通过社会责任宣传或指标评价体系去规范企业行为，但现实是，政府主张企业履行社会责任的逻辑推理比较直接或者说粗糙，宣传内容和预想效果间缺乏必要的中介，因此对于跨国企业和国有企业而言，企业社会责任排名可能具有一定价值，因为此类排名会通过媒体影响消费者判断进而影响其购买意向。然而，对于中小企业或单体企业而言，这种排名无法直接影响企业有效激励绿色管理行为，参与积极性不高。制度逻辑理论强调社会环境对组织行为塑造的重要性（杜运周和尤树洋，2013 年）。要提高中小民营企业在转型经济中的综合竞争能力，更需加强和引导绿色发展理念的培育和塑造。企业是嵌入在社会网络之中的，社会层面的文化、信仰和规则，可以塑造企业认知和行为。中小微企业在服务产业中占比达 95%以上，构成庞大、零散、不易管理的企业群体，作为信号发出者，国家政府、地方政府和产业管理部门也审慎关注中小民营企业行为，试图释放正确信号引导中小民营企业可持续发展与成长。

（三）绿色消费诉求

绿色是象征健康、生命与活力的颜色。绿色消费是一种高层次、深具环境意识的理性消费活动，它是环境伦理在人类经济活动中的具体体现，已得到国际社会的广泛认同。当大部分消费者深具环境保护意识、开展较理性的购买和消费活动时，这种理性消费行为就称为“绿色消费”。其主要表现为：崇尚勤俭节约，主动选择对环境无威胁的产品和服务，并愿意为绿色产品溢价付费。绿色消费涵盖居民生产、生活、消费的方方面面，包括高效使用能源、物资循环利用、降低对环境和物种的影响等很多内容。绿色消费者是指那些关心生态环境、对绿色产品具有现实的购买意愿和购买力的消费群体。阿里研究院发布的《中国绿色消费者报告》[1]指出，绿色消费者深具绿色环保意识，并将绿色意识转化为绿色消费行为，阿里平台上绿色消费者人数已经超过6500万，占活跃用户数16%，绿色篮子商品的售价比平均商品溢价高达33%，以绿色消费者为中心的时代已经到来，并产生经济价值（绿色消费已成为消费升级重点）、环境价值（最大程度减少经济活动对环境造成的负面影响，直接降低治理环境污染的高昂成本）和产业价值（包括政府关注，生态标签认证，绿色产业链生态系统）。

（四）企业内部驱动

从当前世界经济发展状况看，中小企业的生存和发展既构成各国及地区经济发展的重要内容，又是普遍让各国政府感到棘手的重要全球性议题。经济发达国家小企业政策较具代表性，例如，美国成立了美国中小企业管理局（Small Business Administration，SBA）作为专门向小企业提供资金支持、技术援助、政府采购、紧急救助等专业化服务的公共机构，SBA在政府部门中有相当高的地位，且局长由美国总统亲自任命，足见美国政府认定中小企业为“美国经济的基石”。据SBA统计，美国20世纪90年代2/3的新增就业机会由中小企业创造。中小企业

[1] 高红冰：“绿色消费将为中国带来三大价值”，载http://finance.sina.com.cn/roll/2016-08-05/doc-ifxutfyw0651538.shtml，2018年9月1日访问。

成为各国经济的助力器与危机缓冲地带，同时也是创新的先锋队。工信部中小企业局发布的《促进中小企业发展规划（2016~2020年）》[1]内容表明，截至2015年末，中国工商在册的中小企业数量突破2000万家，个体户达到5400万户，它们贡献了中国64.5%的GDP、49.2%的税收和80%的城镇就业。尽管拥有如此庞大的规模，但中小企业面临的共性问题也很突出，主要体现在：

第一，企业规模小，在激烈的市场竞争如仅凭一己之力容易失败，而与大企业的竞合的广度、深度和力度普遍不足。大企业不屑与中小企业合作，而多觊觎吞并中小企业，中小企业在夹缝中生存的现象突出。然而，任何一个健康的产业都应该是大、中、小企业并存与共生的商业生态系统，而且中小企业构成商业生态系统的主体部分。

第二，资源消耗高，企业成本高。长久以来，以劳动密集型为主要特征的中国接待服务业大多习惯于粗放的经营模式（高投入、高消耗、低产出），不利于服务企业成长与发展，同时也说明中国接待服务业在发展绿色服务、节能降耗减排方面确实存在较大潜力。

第三，自主创新能力不强。政治经济学家约瑟夫·熊彼特（Joseph Alois Schumpeter）曾指出创新就是重新组合生产要素与生产条件，即“引入一种新的生产函数”。信息时代，企业是否具有创新技术管理能力，是评价企业竞争力的关键因素。

第四，中小企业仍面临体制性发展障碍。主要表现在政府与中小企业经营者在管理思维与制度设计方面还存在一定程度

---

〔1〕“工业和信息化部关于印发《促进中小企业发展规划（2016~2020年）》的通知”，载 http://www.miit.gov.cn/n1146295/n1652858/n1652930/n3757016/c5081157/content.html，2018年9月1日访问。

的滞后性。不同所有权类型企业间仍存在信息不对称、体制性不公平竞争现象。中小企业和科研机构间的产学研合作意愿不强。中小企业遇到技术创新标准化问题较为被动。主要原因在于我国标准化体制仍以政府单一主导为主，中小企业难以参与其中，被动响应成为主要现象。

一般而言，大型跨国公司普遍关注环境问题，那么为何接待服务业中的饭店和餐饮企业也会关注环境问题？首先，近年来频频出现的食品安全问题将饭店和餐饮企业推到风口浪尖上，人们意识到，不仅是跨国公司，身边的中小民营企业也会对地区甚至全球环境产生负面影响。其次，中小民营企业构成行业主体部分，然而，资源获取不足，管理效率低下，小、散、弱的生存状态难以形成中小民营企业独特竞争优势，种种现象表明中小民营企业处境艰难，在传统的住宿餐饮业转型升级变革过程中，不少中小民营企业敏锐地观察并接收到绿色产品信号，并予以反馈，而获取合法性则是信号反馈的前提，中小民营企业需要创造一种“我们是合法的，我们对社会负责任”的外部知觉，以获取更多资源，使企业得以发展壮大。再者，中小民营企业也是绿色经济背景下的利益相关者，公众视野中，越来越多的人将中小民营企业视为行业绿色管理实践瓶颈的“罪魁祸首”，无意愿或无力承诺成为中小民营企业的共性问题，为保障生存与发展，中小民营企业管理者必须时刻关注与捕捉外部制度环境释放的各种信号，中小民营企业对生态环境的态度以及如何开展绿色管理实践就成为必须考察的重要内容。研究表明，中小企业通过开展绿色管理实践，就可能更迅速地赢得外部合法性，优先获取某些资源，并获取正面的企业声誉（Certo，2003 年）。由此可见，绿色管理实践有助于营造有利于中小民营企业成长的环境，中小民营企业最高管理者必须习得并熟练运用辨识信号、接收信号、有效开展、及时反馈的行动过程。

企业竞争力的价值观前提向绿色发展转变。转型升级背景下，不确定性因素增多导致社会环境变化加剧，使得社会竞争也越来越激烈，企业生存成本与发展风险不断增加，受规模限制、政策偏好、信息不对称等因素影响，单体饭店和餐饮企业规模小，成本居高不下，融资不利等因素导致大部分中小规模饭店和餐饮企业在市场中处于边缘位置（罗锋，2008 年），对中小服务企业来说举步维艰。中小民营企业为了生存必须适时作出战略响应，对外树立良好企业形象并获取合法性，对内进行管理效率展示，创造独特企业文化。在此过程中，企业基于成本-利润的环境承诺发挥作用（Su 等，2017 年），促使企业内部开展“绿色管理”，成为一种双赢的战略响应方式，而且在行业内被证明是得到普遍认同的有效方式。

综上所述，我国住宿餐饮业是关系国计民生的重要接待服务行业，目前正处于产业结构快速升级转型、经济增长方式转变的关键时期。对政府而言，如何创造利于培育企业绿色管理的制度环境，进一步激发企业内在动力，推动整个环境战略思维及创新环保技术，提升企业竞争能力和综合绩效？对企业而言，如何把握真实与合理的规则底线，制定企业环境战略，建立绿色企业文化，传递企业能力信号？这些都是迫切需要解决的现实问题。

二、理论背景

第一，接待服务组织绿色管理动机及发展态势不甚清晰。与现实问题相呼应，学术研究领域涌现出基于“企业环保主义（Corporate Environmentalism）”价值观的“绿色管理”研究热潮（Molina-Azorín 等，2009 年；Haden 等，2009 年；Babiak 和

Trendafilova，2011 年；Pillania，2014 年；Yang 等，2015 年；Scholz 和 Voracek，2015 年；Shadi，2016 年；Mbasera 等，2016 年；Hallam 和 Contreras，2016 年；Scholz 和 Voracek，2016 年）。绿色管理的目标具有多重性、内容具有系统性和复杂性、结果具有价值性。绿色管理是在企业经营管理活动中体现企业环保主义理念，从生产、服务等各个环节管控污染、审计节能减排的程度，以达到经济、社会和环境保护的多重目标（胡美琴和李元旭，2007 年）。

然而，现有关于接待服务组织绿色管理的研究，并没有对其驱动机制予以系统性的关注，大都将绿色管理作为一种管理模式或手段，没有整合分析驱动企业开展绿色管理的制度要素和战略要素。对服务组织绿色管理实践的动机的探讨存在争议。大部分学者肯定绿色管理实践的“双赢”效果，然而少数学者采用环境伦理批判性研究视角，认为部分企业参与生态标签认证的目的仅仅是对利益相关者要求的象征性回应以及组织形象的改善（Boiral，2012 年），他们参与生态标签认证的目的和“漂绿”的概念相关（Martín - de Castro 等，2017 年），根据 Bowen（2014 年）的定义，漂绿指的是企业有意地，选择性地披露正面信息，而没有完全披露负面信息，蓄意创造一个积极的绿色企业形象，误导消费者对公司环境绩效的理解，构成“象征性的企业环保主义”。Delmas 和 Toffel（2008 年）Lyon 和 Maxwell（2011 年）等对“漂绿”和象征性企业环保主义现象开展了研究，探讨环境信号和企业谋求环境合法性问题，大多数实证研究仅关注认证本身（Bansal 和 Roth，2000 年；Christmann 和 Taylor，2001 年；Darnall，2001 年；Bansal 和 Hunter，2003 年；Darnall，2003 年），也有学者研究了环境认证与企业绩效的关系（Andrews 等，2003 年；Potoski 和 Prakash，2005 年；King

等，2005 年)，这些研究皆隐含假设为环境认证等同于环境实践，而概念分析的严谨性要求区分象征性环境认证和绿色管理绩效的定义，绿色管理实践强调的是“企业坚持按照生态标签认证的标准要求开展环境实践，并将所规定的内容嵌入公司日常业务标准的程度”(Aravind 和 Christmann，2011 年)。过于强调企业行为的社会负面后果，对企业逐利动机的批判并不利于企业可持续发展，现实中，即便存在“漂绿”行为，但此种行为对企业发展的影响仍不清晰。

第二，住宿餐饮业绿色管理的驱动与绩效后果影响机制存在争议，有待进一步研究。从理论视角来看，现有研究主要从制度理论和动态能力观来解释绿色管理、企业绩效与企业竞争优势之间的关系。近年来，制度同构和合法性研究越来越受到经济学、社会学和战略管理领域学者们的关注（Meyer 和 Rowan，1977 年；DiMaggio 和 Powell，1983 年；Suchman，1995 年；Zimmerman 和 Zeitz，2002 年；Bansal 和 Clelland，2004 年；Faccio，2006 年；Zwetsloot 等，2011 年；Tost，2011 年；Li 等，2017 年)。学者们注意到制度环境不仅成为组织生存的背景条件，还直接决定了企业战略的方向。Amburgey 和 Rao（1996 年）对组织理论流派进行了划分，包括交易成本理论、资源依赖理论、组织生态理论和制度理论。其中制度理论成为战略管理研究开展的重要基础理论之一，Peng（2006 年）称之为战略管理三大支柱理论之一，得到学术界广泛认可并应用于政治、社会、管理等诸多学科，不同学科基于研究目的和理论背景都对制度理论确定了边界范围及研究范式，目前战略管理领域的制度分析源自组织社会学居多（王柳，2016 年；李宏贵和谢蕊，2017 年；徐薇和修浩，2017 年)。制度理论的基本假设是组织有强烈愿望获得社会认同（组织合法性)，因此组织会循着社会期望的方向同构（DiMaggio 和 Powell，1983 年），因此，不少研究结合利益相关者理论和具体研究情境指出企业会产生从利益相关者那里获取“组织合法性”的动机。也有学者发现，这一解释框架倾向于解释新兴企业成长过程中面临的进入障碍和合法性门槛问题，但却没有把组织能动性纳入制度场域分析框架，无法回答为什么组织在同构压力下仍然存在异质化的客观现实（杜运周和尤树洋，2013 年）。现实中，部分企业并非被动地对外部制度压力做出响应，而采取主动的绿色管理战略，开展积极的环境实践，甚至在绿色管理内容方面超越了环境规制的要求，产生了较好的社会和经济效益（Hart，1998 年；Walls 和 Hoffman，2013 年），因此，除了外部制度环境作用之外，企业绿色管理也存在着某种内部驱动力，企业环保主义（Chrun 等，2016 年；Earnhart，2017 年；Martín–de Castro，2017 年）、战略导向（Miller，1983 年；Lumpkin 和 Dess，1996 年；于洪彦和银成钺，2006 年；司方来等，2009 年；Wang 等，2012 年）被学者们纳入探讨范围。Bothello 和 Salles–Djelic（2017 年）对企业环保主义的形成路径进行了梳理，包括形成机制（同化）、发展机制（联合）、稳定机制（共生）、定位机制（重构）。学者们大多认为绿色管理对企业而言，并不会提高经营成本或阻碍企业发展，从长期看来反而有利于形成企业竞争优势（梁东海，2013 年）。但也有少数学者认为，对于大型企业而言，绿色管理有利于成本控制，而对于中小民营企业而言，甚至会由于成本增加反而招致抵制（Cassells 和 Lewis，2017 年）。由此可见，中小企业决策者认知与实践之间存在缺口，在国外微型企业样本研究中，这一差距尤为显著，在没有监管干预的情况下，为了规避风险这些企业几乎不可能主动改善环境行为（Rothenberg 和 Becker，2004 年）。而在目前之中国，中小企业数量占比高达

90%以上（工信部中小企业局，2018 年），政府如不对中小企业进行环境规制，环境影响后果堪忧。

对企业而言，遵纪守法是基本社会道德准则。然而，企业积极开展绿色管理的驱动和影响机制仍不明朗，这正是本书关注的核心问题。假如政府倡导、市场环境、舆论与规范对企业是起作用的，那么，作用机制为何？在此过程中，企业内部不同的战略导向及其协同交互作用产生了怎样的影响？前述基于单一理论视角的绿色管理研究尽管为后人提供了许多有价值的见解，但仍无法全面解释内外制度因素共同作用下的绿色管理的驱动机制及后续影响机制。有鉴于此，两种理论视角有必要开展整合研究。

第三，哪些因素中介或调节中小民营企业绿色管理到竞争优势的转化过程尚不明确。多年来，西方关于企业环保行动的研究成果表明，在外部压力（Jinji，2013 年；Hahn 等，2015 年）和内部需求（Heal，2010 年；Jang，2016 年）的共同作用下，体现社会责任理念的企业环保主义是促使企业自愿采取绿色管理实践的最根本的原因（Murphy 和 Poist，2003 年；MacLean，2005 年；Forbes 和 Jermier，2010 年；Sandhu，2010 年；Heal，2010 年；Phillips，2014 年；Hahn 等，2016 年；Pulver，2016 年；Chrun，2016 年；Bothello 和 Salles - Djelic，2017 年；Earnhart，2017 年；Georgallis，2017 年；Schuler 等，2017 年）。企业环保主义已成为西方新兴研究领域，西方现有研究视角包括：环保行为描述性研究（Christmann 和 Taylor，2006 年；Delmas 和 Montes-Sancho，2009 年）、企业社会责任研究（Schons 和 Steinmeier，2016 年；Donia 和 Sirsly，2016 年）、绿色管理实践（Iatridis 和 Kesidou，2016 年）等方面。诚然，与西方企业环保主义研究相比，我国对接待服务业企业环保主义、绿色管理的研究尚属起步阶段，研究亟待进一步推进并完善。在中文数据库中检索相关文献时发现，我国学者目前对新创企业技术创新行为方面的研究尤其偏爱，在样本选取方面大多选择国有企业、大型企业集团或制造业企业，但鲜有研究能够解释住餐业中小民营企业绿色管理实践的前因与结果之间的动态关系，也未对接待服务企业绿色管理实践作出内涵和类型的界定。尽管现实中越来越多的服务企业开始关注环境保护问题，但是学术界对接待服务业绿色管理并没有给予充分的关注，尤其是住餐业中小民营企业开展绿色管理实践的动因，缺乏系统性的研究。而且，这些研究聚焦大型跨国企业集团、上市公司、能源或制造业企业，对住餐业中小民营企业的实证研究明显不足。动态能力观强调企业战略被外部环境所牵制，为了获取竞争优势，企业唯有探寻并实施匹配于所处环境的战略（Miles 和 Snow，1978 年；Hambrick，1983 年；Kim 和 Lim，1988 年；Boeker，1991 年）。权变资源基础观可以较好地解释转型期外部商业环境特征和内部资源能力如何共同影响企业商业模式和环境战略主动选择问题。因此，现有成果主要从资源基础观和动态能力观视角分析绿色管理对企业绩效的影响机制，其主导逻辑是绿色管理实践可以极大提升企业绿色管理绩效，进而提升企业竞争优势。换言之，绿色管理有助于构建企业内部资源和能力（Yang，2015 年）。然而，绿色管理不同于传统管理，它是一个包括结果不确定性和长期投资特征在内的系统性复杂性的社会过程（Etzion，2007 年；Yu 等 2009 年），绿色管理实践如何转换为住餐业中小民营企业竞争优势，还应纳入新的中介或调节变量。

三、研究问题

尽管学术界和实业界对绿色管理的观点已达成共识，但对于现实中接待服务企业绿色管理的驱动和绩效后果的影响机制，学术界并未给予充分的认识，有学术价值的问题不应被忽视，研究有待进一步深入。因此，本书将以接待服务业中的住宿餐饮业为研究情境，以饭店和餐饮企业为研究对象，围绕企业参与生态标签认证开展绿色管理实践的具体现象，对以下三个研究问题的进行管理解释与预测：

1. 住宿餐饮业绿色管理实践的质化案例研究

该问题致力于解决“饭店和餐饮企业绿色管理的驱动与绩效后果影响机制的核心维度”。问题源于实践又服务于实践。现实中，饭店和餐饮企业现有管理模式因自身缺陷难以有效弥合资源保护与企业效益之间的“矛盾”，学术界对此没有给予充分的关注，主要原因在于难以深入该行业调研。基于现实工作背景与已有研究基础，本书在总结已有研究观点的基础上，通过开展饭店和餐饮企业的案例研究，描画现实中饭店和餐饮企业的生态标签认证行为以及绿色管理实践内容，通过质化研究范式中的递进式编码，最终提炼出住宿餐饮业服务企业绿色管理实践驱动与绩效后果影响机制的核心维度。

2. 住宿餐饮业服务企业绿色管理实践的驱动与绩效后果影响机制

该问题旨在厘清住宿餐饮业服务企业绿色管理实践的系统性前因与绩效后果的影响机制。本书将首先结合多元制度逻辑和战略导向视角探讨多元制度逻辑、战略导向及其交互作用与绿色管理实践、绿色管理绩效间的关系，构建系统性驱动与影响机制综合概念模型。该模型将聚焦多元制度逻辑前因（管制力度、市场环境、舆论压力、同行影响）与战略导向前因（成本导向和创业导向）对绿色管理实践和绿色管理绩效的影响。

3. 影响中小服务企业绿色管理实践与企业竞争优势之间的关系的中介或调节因素

该问题旨在解析导致住餐业中小民营企业绿色管理实践与企业竞争优势差异性结果的中介和调节效应，构建绿色管理实践、绿色智力资本与企业竞争优势的综合性概念模型。分析并实证检验中小服务企业绿色智力资本（绿色人力资本、绿色智力资本、绿色关系资本）在绿色管理实践与企业竞争优势之间的中介效应；分析并实证检验非正式制度支持在绿色智力资本中介影响住餐业中小民营企业绿色管理实践与企业竞争优势关系的调节效应，从而揭示“绿色战略行为——绿色智力资本——企业竞争优势”中介链条的传导机制。

当下，有关住宿餐饮业服务企业绿色管理实践的驱动因素及绩效影响的理论和实证研究十分匮乏，亟需深入开展研究。为此，本书尝试通过对三个核心问题答案的递进式探索，从制度和组织层面进一步揭示企业绿色管理实践的驱动前因与绩效后果，剖析绿色管理实践的有效管理举措对绿色智力资本的积累作用，以及非正式制度支持的调节作用，最后结合现有研究指出未来可能研究热点方向，希望此探索性研究能帮助我国饭店和餐饮企业树立企业环保主义观、积极开展绿色管理实践，实现可持续成长，也希望能对政府及相关产业部门管理有所借鉴。

第二节　研究目的与研究意义

本书立足于住宿餐饮业中小服务企业亲环境战略行为的集体行动属性，融合绿色管理、制度逻辑和二元战略视角，本书将从多元制度逻辑、企业战略导向等方面系统考察转型期饭店和餐饮企业绿色管理实践的驱动机制，弥补了现有研究在理论及应用分析方面的空白，从整合的系统视角丰富了接待服务业绿色管理研究，为服务业绿色管理及其应用提供新的分析视角和研究边界。

哲学观点认为，动机和行为后果形成一组辩证关系，动机是行为的主观意愿，后果是行为实践的客观产物。行为主体的任何行动都受到一定的动机支配，行为产生的后果既是动机的体现，又是检验动机的标准。从我国住宿餐饮业整体推动企业绿色管理现状来看，多元制度逻辑、战略导向以及自身规模限制是饭店和餐饮企业积极参与绿色管理实践的前因，其中一部分企业参与了国家标准的生态标签认证（例如绿色饭店和绿色餐饮企业国家标准认证），也有部分企业并未参与生态标签认证，然而这些企业都不约而同地开展了绿色管理实践，并对企业绩效和企业竞争力产生影响。而目前绿色管理研究较少关注接待服务业绿色管理实践动机前因及行为结果，特别是饭店和餐饮中小企业绿色管理实践前因对后续企业绩效及企业竞争优势的影响机理也有待进一步探究。

一、研究目的

住宿餐饮业都属于传统劳动力密集型服务产业，其生产和服务环节对环境构成一定威胁。在全球绿色发展浪潮中，作为服务产业中的碳排放大户，饭店和餐饮企业能否有效实施节能减排，已经引起政府及企业的共同关注（罗东霞和李春颖，2013 年）。现有管理模式因自身缺陷难以有效弥合资源保护与企业效益之间的“矛盾”，在外部制度环境压力和内部战略导向诉求的共同作用下，主动实施绿色管理实践被认为是住宿餐饮业可持续发展的最佳路径之一。如果将饭店和餐饮企业视为旅游产业链上的两个重要环节，终极目标是整个产业可持续发展，那么贯穿整个产业链的理念就是："节能环保、健康安全、制度公正、社会责任、可持续发展。"本书尝试将饭店和餐饮企业嵌入利益相关者社会网络，整合绿色管理、制度逻辑、二元战略和企业竞争优势这一全新系统的研究视角，构建相对完整的接待服务企业绿色管理实践分析框架体系。

不同产业情境下的企业遵循不同制度逻辑，企业绿色管理方式也各有不同，组织场域同构化过程（DiMaggio 和 Powell，1983 年）并未在住餐服务业出现，相反，住宿餐饮业越来越呈现"百花齐放"的多元业态格局，逐步形成有序竞争、绿色发展的商业生态环境。学术界并未深入探讨是何原因，仍然将绿色管理实践视为整体概念，忽略了多元前因的系统性影响。目前，转型升级背景下住餐服务业企业绿色管理的理论和实证研究严重缺乏，学术界甚少关注这一与人民生活服务息息相关的行业，因此有必要开展探索研究。本书研究目的包括：（1）中国饭店和餐饮企业开展绿色管理实践的驱动机制；（2）中国饭店和餐饮企业开展绿色管理实践后的影响机制；（3）绿色管理实践对企业竞争优势的影响以及在此过程中绿色智力资本的中介作用和非正式制度支持的调节作用。

因此，本书以亟需推动绿色管理的中国住宿餐饮业为研究背景，围绕绿色管理实践与企业竞争优势关系这一核心问题开展两个递进关系的实证研究，从外部多元制度逻辑和内部战略导向整合视角探讨绿色管理实践的前因及后果，在此基础上进一步探究绿色管理实践转化为企业竞争优势过程中潜在影响转换效果的中介变量和调节变量，以期为转型升级时期我国住宿餐饮业可持续发展提供参考，也为其他现代服务业绿色管理和竞争力获取路径提供借鉴。

二、理论意义

第一，本书研究将拓展相关学科的研究范围，推动接待服务组织绿色管理理论的发展。一方面，接待服务组织的发展与演变，给学术界带来新的有价值的研究领域。形成一个跨学科综合性研究课题，涉及社会学、政治学、经济学、管理学、心理学等多个学科。另一方面，绿色管理也是跨学科的综合概念，是各领域学术研究感兴趣的热点议题。虽然中西方学者对绿色管理作了许多建设性、有价值的理论与实证研究，服务管理领域对接待服务组织也从不同学科研究视角切入进行了有益探讨，但对接待服务组织中的绿色管理驱动与绩效后果的影响机制却少有探讨。在此，鉴于接待服务组织研究的多学科性与绿色管理研究的多学科性，将两者结合起来开展全面而系统的研究，必将产生许多有实用价值的新议题，这将极大推动接待服务组织绿色管理理论及其体系的形成与发展。

第二，本书充实了服务经济转型升级时期组织战略选择研究的重要内容。如何在转型升级这一动荡时期捕捉外部机会，把握组织战略发展方向，是服务企业普遍关注的问题。长期以来，在相关领域研究中，有两个明显的研究热点，一是关注技术创新，二是关注组织行为。而少有研究整合了外部制度环境和内部战略导向两方面因素去揭开服务企业绿色管理驱动与绩效后果影响机制的“黑箱”，二元战略及交互作用为理解服务企业绿色管理行为及不同战略导向的企业类型产生差异性绩效后果提供新的理论视角，推动了二元战略协同效应的研究，并对绿色竞争优势转换过程中新的中介变量和调节变量进行探索，如绿色智力资本的中介作用、非正式制度支持的调节作用。本书从多学科视角构筑相对完整的理论模型和由此得出的实证研究结果与管理建议均可作为后续研究的基础，推进学术界对相关理论的拓展和深入研究。

三、现实意义

在我国接待服务经济中，虽然住宿餐饮业规模日益扩大，对 GDP 贡献突出，但占总体 90%上的中小民营企业中大部分绿色管理实践意愿不足，影响行业整体绿化的发展进程。本书结论可为政府促进住宿餐饮业整体绿色发展、推动企业积极参与国家标准生态标签认证提供决策参考。另外，本书结论也为广大中国中小民营企业理解绿色管理实践的前因、后果，如何结合企业具体情况选择绿色管理模式开展绿色管理实践，以及住宿餐饮业中小民营企业绿色竞争优势获取及提升路径提供决策参考。

首先，是响应国家宏观政策导向、落实生态文明建设的现实需要。对住宿餐饮业而言，节能降耗减排已经成为解决当代人类发展需求与资源、环境保护之间的矛盾的最佳选择，开展环保行动的服务企业数量将与日俱增。在公众对住宿餐饮业高度关注的信息透明化时代，体验性绿色消费成为主流，住宿餐饮业不断尝试和摸索，勇于开展绿色创新，供给侧结构性改革、产品和服务流程改造、打造绿色服务品牌成为此类企业的内生动力。

其次，是探寻产业健康、可持续发展模式的需要。食品安全问题、生态环境破坏等不负责任的企业行为，从微观层面看是个别饭店或餐饮企业的伦理问题，从宏观层面看则可能是政府规制不严、网络嵌入结构的问题。因此，必须从企业网络的制度层面促进住宿餐饮业自发践行企业环保主义，构建绿色全面质量管理体系，不断探索住宿餐饮业信息化新技术和绿色发展模式，提高行业整体可持续发展水平。

最后，是实现中小民营企业主动绿色管理实践需要。利益相关者对住宿餐饮业关注程度越来越高，在此宏观经济和社会发展背景下，促进饭店和餐饮企业履行社会责任，培育企业环保主义，是实现国计民生、社会稳定、和谐发展的重要举措。为了培育和发展绿色饭店和绿色餐饮企业，从2008年开始中国政府推行绿色饭店和绿色餐饮企业国家标准，但是我国的绿色饭店和绿色餐饮企业还处于发展的初级阶段，大多只是被动参与。企业主动开展绿色管理实践是绿色竞争优势获取关键。显然，在建设生态文明、服务业转型升级的现实背景下，本书对于住宿餐饮业绿色发展和中小民营企业如何根据自身特点开展绿色管理以提升企业竞争力具有明显的指导意义。

此外，对于中国这个独特的情景环境来说，本书又具有普遍指导意义。一方面经济关系的建立高度依赖于正式制度支持，另一方面针对中小民营企业的正式制度支持不力，只有通过非正式制度支持弥补，构建健康产业商业生态系统。非正式制度支持在何水平下对中小民营企业绿色智力资本中介影响绿色管理实践与绿色竞争优势关系最为有利，值得深入思考。虽然本书以住宿餐饮业为研究背景，但本书的研究结果可用于其他现代服务业绿色管理治理领域。基于以上分析，本书的研究具有十分重要的理论和现实意义。

第三节　研究对象界定

一、住宿餐饮业

服务自古有之。但作为一个正式的国民经济产业，并被各国学者作为研究对象是在20世纪后才发生的，伴随工业革命和经济飞速发展，服务业也迅猛发展起来。费希尔（A. G. B. Fisher）

在 *Confrontation between Security and Progress* 一书中对各国经济发展进行了较为深入的评估，他指出，产业结构变化可以分为三个阶段。第一阶段，农业畜牧业占据主导地位，在 GDP 和规模上都是最大产业。第二阶段，制造业和工业高速发展，第二产业迅速崛起。第三阶段，20 世纪初，旅游、教育、传媒等服务行业迅速发展，逐渐演变为最重要的产业。

国外将饭店和餐饮企业统称为接待业（Hospitality），属于接待服务业范畴。按照中华人民共和国国民经济部门分类，服务业是指第三产业中的一部分，它包括餐饮、住宿、旅游、仓储、寄存、租赁、广告、各种代理服务、提供劳务、理发、照相、浴池以及各类技术服务、咨询服务等业务，其中住宿业是指为旅行者提供短期留宿场所及相关服务的经营活动的接待性行业；餐饮业则是指通过即时加工、销售配送和相关服务，向顾客提供食物、酒水及消费场所的经营性设施的接待性行业。[1] 饭店和餐饮企业都是应用资本和配置资源赚取合理利润的经济组织，国家统计局将这两个行业并称为住宿餐饮业。服务业属性与制造业属性存在非常大的差异。在战略管理领域中，目前的主要研究成果多数来自对制造业环境战略的研究，尽管我们必须承认这些研究成果帮助我们理解战略管理产生了巨大的贡献，但运用这些制造业情境下发展出来的解释框架去分析服务企业存在很大问题，学术界和产业界都开始认同并鼓励人们探索能够真正体现服务业独特属性的管理模型。长期以来，研究者和实践者已经总结出服务业具有无形性、同时性、参与性、异质性和易逝性等特征属性。由于服务业的特殊属性，顾客对服务体验评价取决于生产者和体验者双方的接触感知，建立在

---

〔1〕 国民经济行业分类与代码（GB/4754-2011），载 http://114.xixik.com/hangyefenlei/，2018 年 9 月 1 日访问。

服务生产者的技巧、感觉和情绪的基础上。

中小民营企业是指可以独立经营，市场占有率小无法占据较大市场份额的中小规模民营企业。中小民营企业具有共性之特征：（1）具有高度的适应与应变能力；（2）具有较强的企业家精神与创业理念；（3）企业规模小较易分散风险；（4）具有较强的成本意识和市场导向。本书关注住宿餐饮业中小民营企业，在文中界定为中小规模的住宿企业（各类型饭店、饭店、民宿等）和中小规模的餐饮企业（餐厅、餐馆、酒楼、咖啡厅等）。根据我国工业和信息化部、国家统计局、国家发展改革委、财政部《关于印发中小企业划型标准规定的通知》（工信部联企业［2011］300号）中依据从业人员将我国的企业划分为大型、中型、小型、微型等四种类型（表1-2），其中住宿业和餐饮业的划分依据为：从业人员大于等于300人的属于大型企业；从业人员大于等于100人且小于300人的属于中型企业；从业人员大于等于10人且小于100人的属于小型企业；从业人员小于10人的属于微型企业。本书的研究对象主要来源于湖北省住宿餐饮业中小民营企业，包括饭店和餐饮企业两类。

表1-2 中国住宿餐饮业中小企业划型标准

划型标准	行业分类	从业人员（N=人）	营业收入（Rev=万元）
中型企业	住宿业	100≤N<300	2000≤Rev<10000
	餐饮业		
小型企业	住宿业	10≤N<100	100≤Rev<2000
	餐饮业		
微型企业	住宿业	N<10	Rev<100
	餐饮业		

现有研究多集中在制造业，大量研究成果表明，制造业企业的环境绩效和经济绩效密切相关（杨东宁和周长辉，2005 年；Blanco 等，2009 年；Chan 和 Hawkins，2012 年）。基于经验的相似性，有人建议服务企业可以从制造业企业环境行为研究、模型和框架中获益，然而，行业差异性决定了照搬制造业研究不可行。对于服务业而言，前因和后果之间的时间范围比制造业要复杂得多，受产品季节性和服务过程差异性影响，时间间隔、环境活动带来的孤立的滞后效应与制造业企业相比存在很大差异。与制造业不同，环境不仅仅是服务企业的生产要素之一，最终也作为产品销售（或输出）的一部分，当将经验证据概念化的时候，环境管理效率、绿色管理是提升生产效率并避免环境破坏的重要因素。随着我国住餐业绿色转型变革进程的加快，创建绿色饭店和绿色餐饮企业已成为住餐业转型的必经路径和最佳实践模式。我国住餐业周期性、脆弱性特征明显，受商业环境影响深远。宏观经济环境不景气时，住餐业中小民营企业并不能因为销售减少而降低成本，维系企业形象及产品质量显得更为重要。由于固定成本居高不下，饭店和餐饮企业时刻需要保持较高绩效以获利并可持续发展。正因为以上原因，本书理智选取这一未受到应有重视的领域开展研究，希望有限的研究结论有助于改善这种状况，呼吁理论界和实业界联合开展更深入的研究。

二、绿色饭店与绿色餐饮企业

根据美国绿色饭店协会（Green Hotel Association）的定义，绿色饭店是指管理者致力于执行节水、节能及减少固体废弃物的程序，利用节省下来的成本，来帮助我们唯一的地球的住宿服务接待企业。Alexander 和 Kennedy（2002 年）则将绿色饭店定义为“在提供服务的同时，努力通过有效利用能源、水和原材料，对待环境持友善态度的住宿服务接待企业”。国家标准《绿色饭店（GB/T21084－2007）》的定义为：在规划设计、建设和经营过程中，坚持以节约资源、保护环境、安全健康为理念，以资源效率最大化、环境影响最小化为目标，以科学的设计和有效的管理、技术措施为手段，为顾客提供安全、健康服务的饭店就是绿色饭店。它要求接待服务业转变观念、节约资源、降低成本、改善环境并用实际工作支持饭店的持续改进和发展。本书结合上述概念，将绿色饭店定义为：提供住宿的服务接待企业，基于环境保护前提，致力于节水、节能、节材及减少固体废弃物，坚持环保、节能、安全、健康的创新理念，通过员工和顾客的共同参与，将环境冲击降至最低的饭店。

Lorenzini（1994 年）将绿色餐饮企业定义为：以环保和节能方式拆除，采用创新结构设计、建造和运营的餐饮服务接待企业。Gilg 等（2005 年）指出，和传统餐饮企业比较，绿色餐饮企业聚焦 3Rs 原则——减量化（Reducing）、再利用（Reusing）、再循环（Recycling）和 2Es 原则——能源（Energy）和效率（Efficiency）。根据美国绿色建筑委员会 LEED（Leadership in Energy and Environmental Design）标准，国际公认的绿色建筑认证认为绿色餐饮企业建筑必须“设计和建造以改善环境绩效作为最重要的指标：节能、节水、二氧化碳减排，改善室内环境质量和资源有效管理”。国外一些连锁餐饮企业，如 Arby's，Carl's Jr.，Chipotle Mexican Grill 和 Subway 等，都已经开展绿色行动。

绿色饭店和绿色餐饮企业都坚持可持续发展的理念，以实现企业的长远发展为目标，体现出公平性、持续性和共同性的原则。从我国绿色饭店和绿色餐饮企业发展现状来看，我国现行并广泛推广的绿色饭店/绿色餐饮企业国家标准（GB/T-21084-2007）内容涉及绿色设计、清洁生产、节能管理、安全管理、健康管理、绿色宣传等诸多方面，其中绿色餐饮企业经营范围不包括绿色客房，其余标准要求一致。具体而言，绿色饭店和绿色餐饮企业应该满足以下五个方面的原则。

1. 绿色设计

绿色饭店和绿色餐饮企业都强调保护环境和节能降耗，通过采取各种途径和措施，提高资源的使用效率，减少对环境的污染。绿色建筑，强调人类和自然建筑的可持续共生，硬件和改造工程的设计应遵循与自然环境相结合与协调的原则。2015年1月1日，我国《绿色建筑评价标准》（GB-T50378-2014）正式实施，为我国绿色饭店、绿色餐饮企业建筑设计及建造过程提供了切实可行的操作规范及依据。

2. 安全和节能管理

绿色饭店和绿色餐饮企业应建有安全生产例会制度和事故隐患排查制度，不断完善食品安全、消防安全与公共安全等突发事件应急预案，落实员工培训内容。对于水、电、气、油等主要能耗，建立能耗计量和审计制度，进行监测和比对分析，同时积极引入新型节能设备、绿色技术和环境管理方法，提高能源使用效率。在条件成熟时，采取可再生能源和替代能源。

3. 健康管理

绿色饭店和绿色餐饮企业都以环境保护为出发点，关注现代消费健康、安全的需求，通过向消费者提供符合环保要求的、高质量的产品实现保护环境的目标。有机农业指的是在农产品生产过程中不使用化学肥料和杀虫剂。绿色饭店经营者重点关注绿色客房，客房设计和建造应选择环保无污染材料，有良好新风系统，隔音效果良好，为顾客提供洁净饮用水，所有设施设备每日定期消毒，公共区域和客房内放置有益人体健康的绿色植物。绿色餐饮企业应建有食品质量控制与保障体系，营业场所内有引导绿色消费、节约消费提示及绿色营销措施，顾客可以在体验美食旅游的同时从中吸纳环境保护的理念，有助于公众环保意识的培育。

4. 绿色宣传

绿色饭店和绿色餐饮企业都立足于消费者，通过为消费者提供安全、健康、卫生的产品和服务，引导消费者进行绿色消费，实现企业的经营目标，承担企业社会责任。绿色饭店和绿色餐饮企业还承担有环境教育和环境保护的双重责任，当顾客到访饭店或餐饮企业，他们不仅体验旅游和美食产品，而且还在丰富的自然环境或旅游过程中学习积累环境保护的经验。绿色饭店和绿色餐饮企业通过供应商筛选、参与环境投资等方式促进企业绿色转型，义务向公众传播绿色消费知识，设置有奖励绿色消费的具体方案，热心社会公益事业，企业社会责任感强。

5. 对社区负责

基于旅游视角观察住宿业和餐饮业，这两个产业构成大旅游业产业要素中的两个关键要素，即“住”和“食”，不再是地方性生产经营活动，而是旅游活动的组成部分。绿色饭店和绿色餐饮企业从业者应该充分了解自己的家乡环境，并为所在社区塑造绿色旅游目的地形象而努力。基于此，绿色饭店和绿色餐饮企业往往会利用当地人力资源，整合社区市场，主动为提高企业所在社区环境质量努力，避免破坏社区环境和动植物栖息地生态环境。

许多发达国家的公司将绿色管理整合到商业战略中，并发现这种整合给企业带来丰厚的回报。但在中国制度环境下，由于缺乏透明度，学者们较少接触这个行业，环境战略响应与企业绩效间的关系仍不清晰，对该类企业环境战略行为探索非常有必要。鉴于我国学术界对该行业的关注点不够、实证研究匮乏的现状，行业主管部门和企业管理者希冀学术界能够开展较为深入的研究引导服务企业可持续发展，在此背景下，本书确定住宿与餐饮业为主要研究情境，以住餐业中小民营企业为主要研究对象。

第四节　研究方案

一、逻辑框架

本书的研究逻辑基于“动机-行动-结果”三者间关系及影响程度展开。在梳理中西方文献和企业访谈的基础上，提炼并刻画中小民营企业绿色管理实践的驱动前因与绩效结果，在此基础上，从绿色智力资本和非正式制度支持的概念切入，探索非正式制度支持在绿色智力资本中介影响绿色管理实践与企业竞争优势过程中的调节效应，并通过住宿餐饮业大样本的实证研究加以实证检验，并基于实证研究的结果，从战略高度和实务建议提出研究结论和研究展望。本书具体逻辑框架如图 1-1 所示。

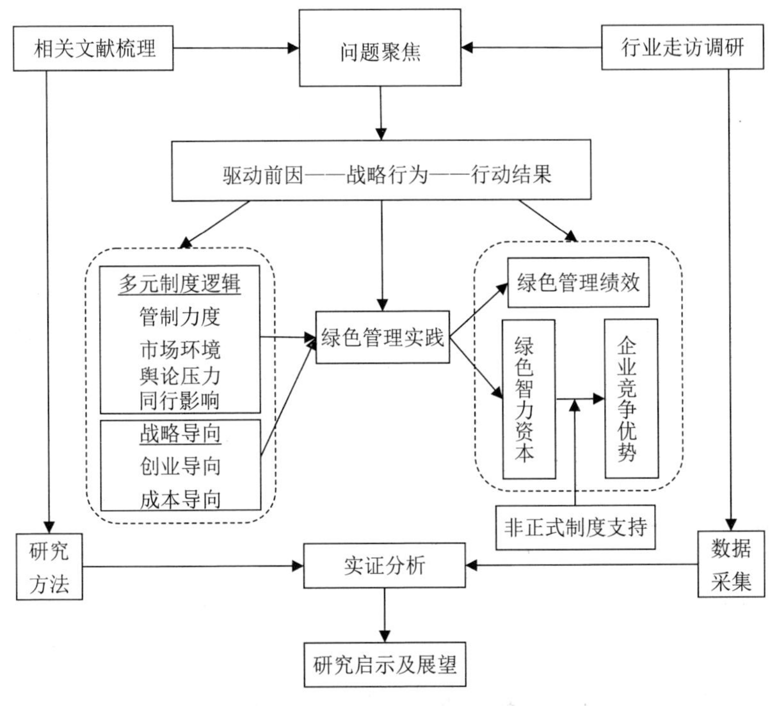

图 1-1 研究逻辑框架

二、研究方法

研究过程中践行“文献研究-实地调研-问卷调查-实证分析-结论阐释”的基本研究范式对所提出的问题开展研究，具体研究方法如下：

1. 文献研究

文献研究法主要指根据所要研究的问题搜集、甄别、梳理文献，并对文献整理的结果形成科学认知的方法。文献研究法的一般步骤如下：提出问题或假设、研究设计、搜索相关文献、整理文献、进行文献综述。

2. 实地调研

实地调研的主要形式包括：现场观察、现场访谈和问卷调查。本书采用了这两种形式相结合的方法开展研究工作。一方面通过现场观察和深入访谈提炼绿色管理实践的关键要素；另一方面通过问卷发放收集相关数据，对研究假设进行实证检验。

3. 定量实证

运用统计分析工具 SPSS 23.0、Amos22.0 和 Mplus 7.0 对调查数据进行定量分析。主要包括检验量表信效度分析、描述性统计分析，运用方差分析、多元回归分析、结构方程路径分析对研究假设进行统计检验。

三、内容结构

本书在梳理文献的基础上，结合对研究对象所处情境的充分把握，确定研究的主要问题，包括：（1）绿色管理的内涵？饭店和餐饮企业绿色管理实践的驱动因素是什么？（2）二元战略（战略导向交互作用）对企业绿色管理绩效有何影响？（3）传统“战略行为-竞争优势”研究范式中可否加入新的中介变量和调节变量？在将科学问题转化为具体研究内容时，“管理研究以解决现实中的问题为导向”这一基本思路，结合笔者工作领域和客观条件深入饭店和餐饮企业内部调研，从行业实践者角度出发，确定研究切入点。因此，本书围绕饭店和餐饮企业绿色管理实践开展理论和实证研究（图 1-1），具体内容包括：（1）扎根案例研究。基于我国住宿餐饮业转型期特征，研究中国饭店和餐饮企业绿色管理实践的驱动前因及影响因素具体维度，总结梳理本书实证研究整体框架；（2）阶段一实证研究。饭店和餐饮企业多元制度逻辑对绿色管理实践的前因影响；饭店和餐饮企业战略导向（成本导向和创业导向）对绿色管理实践的前因影响；二元战略整合对绿色管理绩效的前因影响；绿色管理实践的中介效应。（3）阶段二实证研究。绿色管理实践与企业竞争优势关系中绿色智力资本的中介效应；非正式制度支持在绿色智力资本中介影响绿色管理实践与企业竞争优势关系中的调节效应。

根据上述研究框架，全书分为六章，各章主要内容如下：

第一章“绪论”。本章主要内容包括：探讨了本书的研究背景，引出本书研究的核心问题，说明了研究的目的、归纳了研究的理论和现实意义。绘制研究逻辑框架图、说明全文内容结构安排。归纳了研究所用的方法，阐明了本书的可能创新之处和研究不足。

第二章“文献综述及研究进展”。作为本书研究的基础，本章回顾总结和分析了有关绿色管理、绿色管理绩效、企业竞争优势等方面的研究成果。文献回顾的思路遵循管理研究方法的一般范式，从定义、维度、前因变量和结果变量入手，对现有成果中的概念性研究和实证性研究进行梳理，试图寻找绿色管理实践的动因及效应。对现有研究成果的梳理与述评，为本书确定研究切入点，提供丰富文献基础。

第三章“住宿餐饮业绿色管理实践的质化研究”。本章作为后续章节开展实证研究的情境分析基础，从宏观、中观视角对文章涉及的国家制度环境和主要行业做了进一步的阐释，从多元制度逻辑和战略导向分析框架入手，基于外部多元制度逻辑（管制力度、市场环境、舆论压力、同行影响）与内部战略导向（成本导向、创业导向）视角分析饭店和餐饮企业参与生态标签认证、开展绿色管理实践的真实动机和绿色管理实践情况，初步确定后续实证研究整体框架，并将后续研究分为具体递进的两个阶段的研究。

第四章“绿色管理的驱动及影响机制研究”。本章基于第二章“文献综述及研究进展”提供的文献基础以及第三章的“住宿餐饮业绿色管理实践的质化研究”架构的情境分析，构建阶段一研究模型。首先对研究实证分析的设计过程、调研过程、数据来源以及变量量表发展进行了说明，通过先期小样本预试的数据分析，确定最终正式发放的问卷，并描述回收过程。此外，重点解释各个概念及其涵盖各维度量表的来源及题项，包括自变量、因变量、中介变量以及控制变量等。之后以多元制度逻辑和战略导向为切入点，理论分析并实证检验多元制度逻辑（管制力度、市场环境、舆论压力、同行影响）对饭店和餐饮企业绿色管理实践的影响，战略导向（成本导向、创业导向）对饭店和餐饮企业绿色管理实践的影响；以二元战略（成本导向与创业导向交互作用）为切入点，理论分析并实证检验四种不同战略导向类型企业绿色管理绩效的差异。最后进一步分析实证数据分析的结果，提出研究结论，并详细阐述这些基于实证分析验证得出的研究结论的理论意义和管理实践意义。

第五章“绿色管理实践与企业竞争优势：有调节的中介效应”。本章在阶段一研究（第四章）基础上，进一步开展阶段二研究。首先，对研究实证分析的设计过程、调研过程、数据来源以及变量量表发展进行了说明，通过先期小样本预试的数据分析，确定最终正式发放的问卷，并描述回收过程。其次，重点解释各个概念及其涵盖各维度量表的来源及题项，包括自变量、因变量、中介变量、调节变量以及控制变量等。之后以绿色智力资本和非正式制度支持为切入点，理论分析并实证检验绿色智力资本对绿色管理实践和企业竞争优势的中介影响，以及非正式制度支持在绿色智力资本中介影响绿色管理实践和企业竞争优势关系中的调节效应。最后，进一步分析实证数据分析析的结果，提出研究结论，并详细阐述这些基于实证分析验证得出的研究结论的理论意义和管理实践意义。

第六章“研究总结与展望”。归纳本书实证研究部分主要结论，分析研究存在局限，展望未来可能的研究方向。

第五节 本书可能创新点

本书对我国接待服务业生态标签认证现状、饭店和餐饮企业绿色管理实践进行了较为全面和系统的研究。接待服务业绿色管理研究未得到应有的重视，无论从理论或是实证研究都还未得到一致的观点。仅从企业经济理性或社会责任角度分析都存在片面性问题。本书尝试融合绿色管理、制度逻辑、战略导向等理论解释框架，提出饭店和餐饮企业嵌入在复杂的制度环境中，多元制度逻辑和战略导向是企业开展绿色管理实践的外部和内部驱动力。本书首先以多元制度逻辑和二元战略为切入点，构建基于“内外驱动—战略行为—绩效后果”逻辑链的综合理论模型，分别揭示了多元制度逻辑对我国饭店和餐饮企业绿色管理的驱动影响机制、战略导向（成本导向和创业导向）对饭店和餐饮企业绿色管理的驱动影响机制、交互的二元战略对绿色管理绩效的影响机制、绿色管理实践的绩效后果影响机制；在此基础上，以通过国家标准生态标签认证的中小规模的饭店和餐饮企业为样本，以绿色智力资本和非正式制度支持为切入点，揭示了绿色智力资本在企业绿色管理实践转化为企业竞争优势过程中的中介效应以及非正式制度支持对此中介效应的调节机制。得出的结论具有一定创新性和务实性，针对住宿餐饮业整体绿化的监管与推动、饭店和餐饮企业的战略导向选择，以及中小民营企业竞争优势获取路径提出合理建议，对促进我国住宿餐饮业可持续发展有一定启示作用。具体而言，本书创新点主要体现在：

第一，以接待服务业为研究情境，以饭店和餐饮企业为研究对象，从组织内外双重视角探索我国住宿餐饮业绿色管理的驱动和绩效后果影响机制。现有研究多聚焦制造、能源产业中的大型上市企业，对饭店和餐饮企业的绿色管理问题相对忽视。本书融合制度理论和二元战略理论视角，以饭店和餐饮企业为研究对象，理论分析并构建了“多元制度逻辑—绿色管理实践—绿色管理绩效”外部驱动模型和“战略导向—绿色管理实践—绿色管理绩效”内部驱动模型，实现了中小民营企业绿色管理实践驱动因素和影响因素多元制度逻辑视角和战略视角的融合，从而克服现有研究未关注住宿餐饮业绿色管理实践真正原因的局限性。综合考量了宏观、中观层面的多元制度逻辑带来的合法性压力和微观层面的战略导向对中小民营企业绿色管理实践的影响，初步体现跨层分析的思路，现有研究要么关注外部制度环境对企业行为影响，要么关注内部组织行为的影响，少有研究从组织内外两个层面开展系统性探讨，从这一点来看本研究比以往的研究范围更广，弥补了服务业绿色管理研究的不足。

第二，从成本导向、创业导向及二元战略整合视角出发，揭示了不同战略导向组合类型的服务企业开展的绿色管理实践会产生差异性的绿色管理绩效。本书梳理战略导向相关研究，发现现有关于战略导向研究大多停留在分析单一战略导向或者特定组合战略导向的影响效应。本书基于行业调研，尝试从成本导向、创业导向对绿色管理实践的前因影响出发，理论分析并实证验证了四种类型（交互型、成本导向型、创业导向型和保守型）企业在绿色管理绩效表现上的差异，发现成本导向和创业导向并非是一组冲突的战略导向组合，二者都能驱动服务企业绿色管理，而实施交互型二元战略的企业能够充分发挥二元战略导向的协同作用，在绿色管理绩效表现方面要优于其他类型企业。本书基于前人研究思路的扩展性的研究，丰富了对传统服务产业绿色管理前因的研究成果，也推动了二元战略协同效应的研究。

第三，引入绿色智力资本和非正式制度支持的概念，聚焦中国住宿餐饮业中小民营企业，揭示了绿色智力资本影响绿色管理实践与企业竞争优势关系的中介机制以及在此过程中非正式制度支持的调节作用。

现有研究忽视了绿色管理实践转化为企业竞争优势过程中的中介和调节变量的作用机制。因此，本书在原有“战略行为-竞争优势”研究范式的基础上进行拓展，构建“绿色战略行为-绿色智力资本-企业竞争优势”中介链条，建立有调节的中介模型，分析并实证检验绿色智力资本（绿色人力资本、绿色结构资本和绿色关系资本）在中小民营企业绿色管理实践与企业竞争优势之间的中介效应；分析并实证检验非正式制度支持在绿色智力资本中介影响中小民营企业绿色管理实践与企业竞争优势关系中的调节机制，从而揭示“绿色战略行为-绿色智力资本-企业竞争优势”中介链条的传导机制及非正式制度支持在此过程中的调节机制。本书实证结果还发现非正式制度支持对绿色智力资本三个维度中介效应的调节方向并不一致，有调节的中介效应结果对中小民营企业和行业管理具有一定启示。这种理论延伸，不仅弥补了以往研究对绿色管理转换为企业优势过程中中介和调节变量考虑的不足，而且进一步充实了中小民营企业竞争优势研究体系。

第六节　本章小结

本章论述了住宿餐饮业的选题背景、理论意义、现实意义，圈定本书针对的主要研究对象为中小规模民营的饭店和餐饮企业，界定了主要核心概念，明确了主要研究内容、研究方法和技术路线，并详细阐述了本书可能的创新点。下一章将对本书的理论基础及相关文献进行回顾和述评。

第二章
文献综述及研究进展

文献回顾和述评是开展科研工作的基础，本章对绿色管理的相关研究文献从不同的角度进行文献综述。本章内容将对绿色管理相关研究进行综述，第一部分将介绍绿色管理相关研究；第二部分主要介绍绿色管理绩效研究进展；第三部分对企业竞争优势相关研究进行梳理。通过对绿色管理前因和后果现有研究成果的整理与总结，初步勾勒本书的基本脉络，为后面实证研究奠定理论和文献基础。由于我国关于服务企业绿色管理实践的研究较少，本章以国外前沿的绿色管理实践相关研究文献为主，对相关概念进行辨析，试图全面回顾绿色管理的发展历程、理论内涵及研究进展。

为了了解国内外关于绿色管理方面研究的最新成果，使用相关基于网络的搜索工具，利用 Web of Science，Elsevier，Taylor & Francis，Scopus，EBSCO，Wiley，ProQuest 以及中国知网等数据库识别潜在有用的文章、书籍、章节和研究报告，可以发现，企业环保主义、绿色管理相关研究主要发表于以下期刊：*Journal of Management*《管理杂志》（影响因子：7.733）、*Academy of Management Journal*《管理学院学报》（影响因子：7.417）、*Applied Energ*《应用能源》（影响因子：7.182）、*Journal of Supply Chain Management*《供应链管理杂志》（影响因子：5.789）、*Journal of Cleaner Production*《清洁生产杂志》（影响因子：5.715）、*Energy Policy*《能源政策》（影响因子：4.140）、*Journal of Applied*

Psychology《应用心理学杂志》（影响因子：4.130）、*Journal of Organizational Behavior*《组织行为杂志》（影响因子：3.607）、*Journal of Environmental Psychology*《环境心理学杂志》（影响因子：3.494）、*Environment and Behavior*《环境与行为》（影响因子：3.378）、*Resources, Conservation and Recycling*《资源、保护和循环利用》（影响因子：3.313）、*Business Strategy and the Environment*《经营战略与环境》（影响因子：3.076）、*Ecological Economics*《生态经济学》（影响因子：2.965）、*Transportation Research Part A: Policy and Practice*《交通研究A辑：政策与实践》（影响因子：2.609）、*Journal of Business Ethics*《商业伦理杂志》（影响因子：2.354）、*American Journal of Community Psychology*《美国社区心理学杂志》（影响因子：2.108）和*Waste Management & Research*《废物管理与研究》（影响因子1.803）。鉴于研究领域主要涉及住宿餐饮业，因此也查阅了旅游接待业最有影响力的十种期刊，分别为：*Tourism Management*《旅游管理》、*Journal of Travel Research*《旅游研究杂志》、*Journal of Sustainable Tourism*《可持续旅游业杂志》、*Annals of Tourism Research*《旅游研究纪事》、*Cornell Hospitality Quarterly*《康奈接待业季刊》、*International Journal of Contemporary Hospitality Management*《国际当代接待管理杂志》、*International Journal of Hospitality Management*《国际接待业管理杂志》、*Journal of Hospitality & Tourism Research*《接待服务与旅游研究杂志》、*Journal of Travel & Tourism Marketing*《旅行与旅游市场学杂志》、*Asia Pacific Journal of Tourism Research*《亚太旅游研究杂志》。

产业界和学术界都在努力开展企业绿色管理领域的理论研究和实践探索，并希冀共同促进培育企业绿色管理行为。产业界实践过程中所呈现出的纷繁复杂的现象推动研究者们逐渐转向更加微观的视角：(1) 制度环境对企业绿色管理实践有重要导向作用。(2) 战略导向对企业绿色管理实践有重要导向作用。(3) 企业绿色管理实践和绿色管理绩效、企业竞争优势密切相关。(4) 绿色管理实践是企业环保主义价值观的重要体现。在这一背景下，关于企业绿色管理实践驱动因素和影响因素的问题逐渐成为环境组织行为领域研究的重要问题。

本书聚焦服务企业绿色管理的前因及后果。为了更好地理解绿色管理对服务企业的重要价值，本书将首先阐释绿色管理的理论基础，在此基础上，回顾绿色管理相关研究，并进行深入整理、分析和总结，进而对服务性组织绿色管理的前因、后果、中介方面的相关研究进行整理、分析与述评，循着“动机—行为—结果”的思路开展文献综述工作，为厘清研究思路、构建理论框架进行铺垫。

第一节　绿色管理文献综述

1991 年，美国学者 Patrick Carson 和 Julia Moulden 合著的 *Green is Gold: Business Talking to Business about The Environmental Revolution* 一书是绿色管理的早期研究成果，书中以案例研究向我们展示了知名企业绿色管理实践的成效，并指出绿色管理是更为有效的管理哲学。1993 年，德国学者 Waldemar Hopfenbeck 在著作 *The Green Management Revolution: Lessons in Environmental Excellence* 中正式提出“绿色管理（Green Management）”的概念，指出绿色浪潮推动企业环保主义观的形成，企业环保主义价值观被应用到行业实践和企业运营过程中产生绿色管理。

一、绿色管理的兴起及演变

在可持续发展成为世界潮流的背景下，绿色管理开始受到广泛关注，成为企业竞争性行动和竞争性响应的有效方式，企业努力识别环境问题，主动承担企业社会责任并将环境问题整合到组织决策过程中。通过对关键性历史事件的梳理（表2–1）可以发现，商业组织绿化发展经过漫长的道路，实业界曾普遍认为绿色管理对商业而言无关痛痒，然而社会、政府及消费者压力推动商业组织将绿色管理作为获取竞争优势的战略工具（Hoffman，2007年；Hart，2007年；Porter和Reinhardt，2007年；Schwartz，2007年），企业逐渐从大自然的“偷猎者”角色转变为“猎场守护人”的角色。因此，商业组织目前开始超越纯粹的服从，日益关注动态自我调节企业环境行为，例如，采纳比政府法规要求更为严格的环境绩效标准（Christmann，2004年），环境保护问题与企业竞争优势现已成为几乎所有大型跨国公司董事会的重要议题。

人类活动与环境息息相关，自人类诞生以来，就在不断地从自然环境中获取资源，在工业时代来临时，人类攫取资源达到峰值，绿色管理的历史演变过程经历了以下几个阶段（Haden，2009年）：

1. 环境意识觉醒阶段（20世纪70年代）

官方承认环境意识觉醒时代是20世纪70年代，以第一次联合国环境会议确立地球日为标志。1970年4月22日在美国爆发的群众性环境保护运动——“地球日活动”促进了发达国家环境保护立法的进程，1972年联合国第一次人类环境会议的召开标志着世界范围内环境意识的觉醒（Nattrass和Altomare，1999年）。

2. 环境事件频发阶段（20世纪80年代）

20世纪80年代发生了多起世界关注的环境事件，如1984年联合碳化物公司博帕尔（Union Carbide's）的气体泄漏事件、

1985 年南极上空的臭氧层空洞被发现、1986 年切尔诺贝利核爆炸事故、1989 年埃克森瓦尔德斯油轮泄露灾难。如此集中并频繁爆发的环境事件再一次在全球范围内敲响了警钟，人们开始对自己的行为进行反思。

表 2-1　环境意识觉醒的关键性事件及其后果

年份	关键性事件	后果
1984	联合碳化物公司博帕尔（Union Carbide's）的气体泄漏	这场由于企业不负责任造成的世界上最大的工业灾难，使得大型商业组织成为公众关注的焦点。
1985	南极上空的臭氧层空洞被发现	1987 年由 35 个国家共同签订蒙特利尔议定，该协定是为了控制二氧化碳排放而设计的。
1986	切尔诺贝利核爆炸事故	进一步推动工业发展和环境保护间的冲突和矛盾。
1989	埃克森瓦尔德斯油轮泄露灾难	全球工业开始认识到不能再忽视对环境的责任。
1987	世界环境与发展委员会（WCED）发布《我们共同的未来》	这份具有里程碑意义的报告指出，人口增长和大规模工业化正导致自然环境的恶性循环，并率先提出可持续发展的定义。社会推动使得企业意识到必须将环境保护纳入组织决策体系。
1990s	20 世纪 90 年代初绿色党派在欧美发达国家兴起	“污染者付费”的原则成为大多数国家环境立法的基础，政府介入帮助协调经济增长和环境保护的双重目标。
1988	《绿色消费指南》一书出版，仅在英国就在 40 周内销售 100 万册	该书相当受欢迎，可以帮助消费者作出有利于环境的购买决策。

续表

年份	关键性事件	后果
1990s	世界各地支持环保产品的消费者运动日益突出	消费者不仅将环保意愿纳入购买决策，同时也愿意为绿色产品溢价买单。消费者成为企业环保主义的另一个重要影响者。
1992	巴西里约热内卢举行的联合国地球峰会	又一里程碑式的全球会议，成立了可持续发展商业委员会，并指出商业领袖应致力于可持续发展，经济增长和环境保护密不可分。

3. 环境问题响应阶段（20 世纪 90 年代）

这个时代的特征是企业开始对环境问题及公众需求做出积极的反应，部分企业已经发觉对环境问题的积极响应有利于企业发展。Hart（1995 年）提出企业竞争优势在于与自然环境的和谐关系。“生态效率（Eco-efficiency）”一词首次出现并被广泛使用，一些企业不仅积极参与污染预防，减少环境危害，还主动制定环境战略并从中获益（Porter 和 Linde，1995 年）。

4. 环境保护普及阶段（21 世纪以来）

21 世纪以来，环境意识进一步在世界各国普及和接受，在商业领域，越来越多的公司在战略规划中考虑环境问题，环保成为公司业务开展的重心和前提，“保护环境，人人有责”不再是一句口号，而已深入人心。社会责任和道德动机驱动企业在激烈的市场竞争中借由环境保护积累新的竞争优势。绿色管理从“技术中心”范式向“可持续发展”范式转变（Gladwin 等，1995 年；Haden，2009 年），经济发展与环境保护相融合的增长方式被广泛认同。

近年来，公众环境保护意识和环境权益意识不断增强，社会监管力量不断壮大，公众对环境的关注日渐增长，这是社会进步的写照，同时越来越多的企业也开始关注组织与环境的关系，迫切想知道哪些因素会影响组织环境战略和环境行为。企业既要追求经济效益又要兼顾生态环境保护要求，既相互联系又彼此冲突，系统作用于企业最终绩效表现。早在 1987 年，Meffert 就观察到此种现象并提出了企业环境战略框架。1990 年，Paul Hawken 出版的《商业生态学》一书，书中观点深刻影响组织和自然环境的相关研究，成为商业战略、组织变革和发展的重要议题，引起组织社会学及其他相关研究领域的广泛关注。

二、绿色管理的理论内涵

大量研究成果从不同观察角度对绿色管理进行概念化界定（Haden 等，2009 年），从企业管理的角度来看，绿色管理被定义为“组织为了减少或消除对环境负面影响的管理实践过程”（Lee 等，2010 年）；从经济发展的角度来看，绿色管理可以为企业带来经济利益，降低运营成本；从环境保护的角度来看，绿色管理促使企业主动开展环保实践和信守环境承诺，开展保护生态环境的商业实践，比如节约用水、节约能源以及减少固体废弃物的生产经营，经济增长不能以污染环境、牺牲环境为代价；从资源利用的角度来看，绿色管理的目的是从根本上打破资源不足的瓶颈，企业主动控制资源耗费，高效利用现有资源。中西方学者从不同理论视角来理解绿色管理的内涵。

绿色管理是影响企业竞争力和盈利能力的战略性问题，现代企业面临改善管理和商业表现双重目标。在理想的经济学理论中，不存在市场失灵，利润最大化会使经济达到帕累托最优的结果，这的确对社会有益。现实世界中，由于企业成本和社会成本存在差异而导致冲突存在，冲突会带来非政府组织（NGO）、法律诉讼以及监管干预，还可能损害品牌形象和公司声誉（Heal，2010 年）。因此，绿色管理研究显现出两种对立的观点：双赢观和交互观。被誉为“竞争战略之父”的哈佛商学院教授 Michael E. Porter 是双赢观的代表人物（Porter，1991 年；Porter 和 Linde，1995 年；Porter 和 Kramer，2006 年）。Porter 和 Linde（1995 年）指出，通过绿色管理创造竞争优势是企业市场成功的关键因素。可以发现，Porter 和 Linde 提出的是动态的绿色竞争优势理论，政府制定严格的法规和较高的环境标准，企业可以借此采用绿色创新的技术，而先行动的企业会更具竞争力，且先动企业会试图说服政府提高法规标准以维持竞争优势。根据 Porter 的观点，传统观点从静态视角去观察保护环境和谋求利益的冲突，静态模型并不足以解释企业为了应对各种压力而动态调整的创新解决方案，而应该设计合理的环境法规，以创新举措迎接竞争挑战，回应多元利益相关者需求，着眼于结果而不是方法，可以不断促发企业创新，在创新中不断降低经营成本，减少能源消耗及环境污染，进而提升企业竞争力。基于战略管理视角，Winn 和 Roome（1993 年）曾将企业面临环境问题时的处理方式划分为四种类型，包括：（1）质量：实施环境质量管理；（2）健康与安全：构建良好工作环境、保障员工工作安全；（3）绿色营销：企业推广绿色产品并以绿色为主题开展营销活动；（4）价值：将环境伦理的概念导入企业环境管理的内容之中。Hart（1995 年）延伸了资源基础观，认为企业是商业生态系统中的一个组织单元，环境管理、产品质量管控和可持续发展齐头并进的战略组合可以维持企业竞争优势。Shrivastava（1995 年）基于系统论视角，结合 3M 公司的案例探讨发展环保技术对企业竞争优势的正向影响，进而提出了 VITO 模式：V（Vision）即企业绿化发展的愿景；I（Input）即生产的投入；T（Through）即转化过程；O（Outputs）即产出，并说明该公司从 1972 年响应环保倡议而在 VITO 方面的采取绿色管理实践而获取竞争优势。Nehrt（1998 年）也认为防治污染应该包括硬件改造和绿色技术革新两方面，在降低生产成本的同时兼顾环境治理，引导绿色消费。企业绿化过程体现企业管理思维由“补救”转为“预防”，引进降低污染的环保技术，培养具有环境责任意识的绿色员工，在产品设计及生产过程中，有效降低生产成本，提高市场占有率，同时将对环境的破坏降至最低。持有交互观点的学者则认为，企业对环保倡议的响应很有可能无法带来任何经济收益反而产生高昂成本（Walley 和 Whitehead，1994 年），双赢仅在国家层面有讨论价值，企业层面几乎无法实现。尽管越来越多的企业逐步认识到将自然环境纳入企业决策过程，对环境负责的必要性，但其环境承诺真实性仍有待商榷。绿色管理实践背后的环境承诺程度经常受到质疑和批评（Welford，1997 年；Milne 等，2006 年），企业缺乏道德的真诚承诺，在决策过程中管理者应该考虑道德因素，然而大多数管理者缺乏这种能力或意愿（Frederick 和 Hoffman，1995 年），甚至“劫持”了企业环保主义（Welford，1997 年）。不可否认的是，越来越多的企业积极响应环境保护倡议（Silverstein，1994 年；Porter 和 Reinhardt，2007 年）。主流战略学者们的研究也已经指出，企业战略越来越受到环境影响带来的压力（Dunphy 等，2007 年；Hoffman，2007 年；Porter 和 Reinhardt，2007 年；Schwartz，2007 年），很多公司现在都在宣传环境政策的整合为其创造双赢局面，并带来相当可观的成本节约。

从绿色营销视角来看，绿色管理可以帮助提升企业公众形象，企业在开展环保行动过程中产品和过程的创新也可能为企业带来经济收益（Cairncross，1994 年）。越来越多的案例证实环境恶化对人类生活品质或生活方式构成严重威胁，当消费者就这一点达成共识时，他们就会试图购买对环境负面影响冲击最小的产品，倒逼企业提供绿色产品或服务，绿色消费市场逐步形成（Peattie，1992 年），人类生存环境得以保护和延续。在绿色消费意识觉醒的背景下，学术界出现了诸多将营销与环境保护相结合的术语，例如“生态营销（Ecological marketing）”（Henion 和 Kinnear，1976 年）、“环境企业营销（Enviropreneurial marketing）”（Menon 和 Menon，1997 年；Varadarajan，1992 年）、“绿色营销（Green marketing）”（Kotler 和 Armstrong，1991 年；Peattie，1992 年）、“环境营销（Environmental Marketing）”（Coddington，1993 年；Peattie，1995 年）等。有关住宿餐饮业绿色营销战略的研究成果不断涌现（Rosenbaum 和 Wong，2015 年；Jelica 等，2015 年；Yadav 等，2016 年；Punitha 等，2016 年；Vasile 等，2016 年）。这些研究大多肯定了绿色营销的正面影响，但也有学者认为绿色营销是自由市场环保主义的衍生品，无法解决所有环境问题（Wymer 和 Polonsky，2015 年）。

住宿餐饮业在绿色管理实践方面已经积累了大量经验。自 20 世纪 90 年代初以来，饭店和餐饮企业纷纷采取自愿行动表明自己对可持续发展的承诺。在住宿业所采用的自愿工具中，最常见的是最佳环境实践，生态标签认证，环境管理体系（EMSs）和环境绩效指标评估（Ayuso，2006 年）。Blanco（2009 年）的研究表明，服务企业主动开展绿色管理实践的方式有两种。一种是企业在经营管理活动中考虑环境保护因素，通过开展系列环境活动直接提升经济绩效和成本优势，间接提高企业竞争力，这类活动包括更有效地利用原材料、减少污染排放、更环保的采购等。环境质量认证体系（如 ISO 14001）是此类绿色管理实践的主要方式，使组织能够开发和实施那些可以控制和影响与组织确定的环境因素有关政策目标，例如实施绿色采购计划（Clavercortés 等，

2007 年)。另一种是除了经营管理之外，企业可能会自愿进行环境投资以直接改善环境的结果维度。表 2-2 是住宿业主动开展环境管理的具体形式。

表 2-2 住宿业主动采用环境管理工具的具体形式

工具性策略	目标	举例
行为准则	遵守基本环境行为准则	WTTC 环境指南
最佳环境实践	采取具体环保行动方案以改善企业环境绩效	节能减排
生态标签	保证饭店环境绩效满足部分消费者需求	欧洲生态标签；绿色环球 21；绿色饭店标准……
环境管理体系	环境绩效评估纳入战略规划	国际标准 ISO 14001 中国 3A 厨房、4D 管理等
环境绩效指标	能源审计	水、电、气、油等消耗统计对比分析

来源：基于 Ayuso（2006 年）的研究整理。

基于以上分析，本书认为绿色管理的内涵应该包括以下三个要素:（1）环境保护：企业开展业务过程中对个人和社区、自然生态环境维护其可持续发展的可能性;（2）绿色产品和服务：设计与生产耗费资源最少的绿色产品，且这些产品可以回收再利用，服务过程中向顾客传递绿色环保理念;（3）绿色生产：在生产过程中，最大限度保护环境和有限资源，以绿色生产方式为消费者提供绿色产品，提高生产效率，降低废弃物排放量和能源耗费。本书采纳 Haden（2009 年）对绿色管理的定义，即住宿餐饮业绿色管理是组织全员将环境保护目标纳入组织战略，通过不断学习和积累获取竞争优势，以达到减少浪费、承担社会责任，实现组织可持续发展的应用创新过程。

三、绿色管理的价值观——企业环保主义

企业环保主义（Corporate Environmentalism，简称 CE）是绿色管理研究领域相对年轻的研究议题，西方经济学领域的学者多从环境伦理学角度研究企业环保主义，应用在制造业、能源产业的研究情境中，将它看成是此类产业企业动态能力获取的战略选择。企业环保主义是指为了保护生态系统和人类生存环境，企业在减少污染和资源利用方面所做的努力（Chrun，2016年）。企业环保主义可以由企业单方面开展，也可以由政府、行业协会或非政府组织（NGO）倡议或共同发起。政府行为并不能完全解释企业实施环保主义的完整动机，也有学者认为企业环保主义的动力来自于利益相关者施加的压力，是广义企业社会责任（CSR）中的一个子概念（Chrun，2016 年），从管理实践和规范的前提出发，企业以绿色管理实践来体现 CSR，寻求普遍认同的“正确”的价值观。通常情况下，具有强烈道德或宗教信仰的决策者可能会指导企业制定具体的环境政策（Prakash，2000 年；Brammer 等，2007 年；Chrun，2016 年）。在企业可持续性环境实践中，除了关注财务绩效，企业还践行对环境负责任的价值观、信念和行为（Shrivastava，1995 年）。企业环保主义行动实际上就是企业为了响应社会对企业更高道德要求而开展的具体行动方案（Ferrell 和 Ferrell，1997 年），在此过程中，企业将环境整合到组织运营的各个环节，发展出独具特色的绿色企业文化（Harris 和 Crane，2002 年）。

表 2-3 绿色管理定义及相关表述

作者	年份	定义
Banerjee	2002	企业环保主义：识别并将环境问题整合到公司的决策过程中，是企业解决环境问题的一种方式。企业环保主义有可能改变组织和组织成员的现有思维方式。
MacLean	2005	对企业环保主义的理解应基于历史视角，如果你读了企业环境报告，参加行业协会和专业人士的会议，你可能会发现企业环保主义正朝着社会责任和可持续发展的方向发生翻天覆地的变化。
Haden	2009	绿色管理：整个组织内部不断学习与发展，减少浪费，承担相应社会责任，将环境目标和组织战略目标整合起来以获得竞争优势实现企业可持续发展的创新过程。绿色组织：绿色组织的策略和实践与“可持续性”管理模式一致，这样的组织认识到自然环境对公司目标、实践和战略的重要性。
Sandhu	2010	企业环保主义的范式转变，企业环保主义已成为企业战略规划中不可或缺的一部分。

来源：本书整理。

值得注意的是，绿色管理和企业环保主义是两个截然不同的概念。企业环保主义是体现企业社会责任（CSR），特别是环境社会责任（ECSR）的先进理念和解决问题的方式，它有可能改变组织决策者及组织成员的思维模式，使企业朝着绿色管理的方向演变。绿色管理则是企业内部不断学习与发展，减少浪费，承担相应社会责任，将环境目标和组织战略目标整合起来以获得竞争优势的创新实践动态过程，只有树立企业环保主义观的企业才会实质性开展绿色管理实践。两者的共同点是驱动力同源，都源于外部多元制度逻辑和内部战略导向。企业环保主义体现企业绿色管理的价值观。

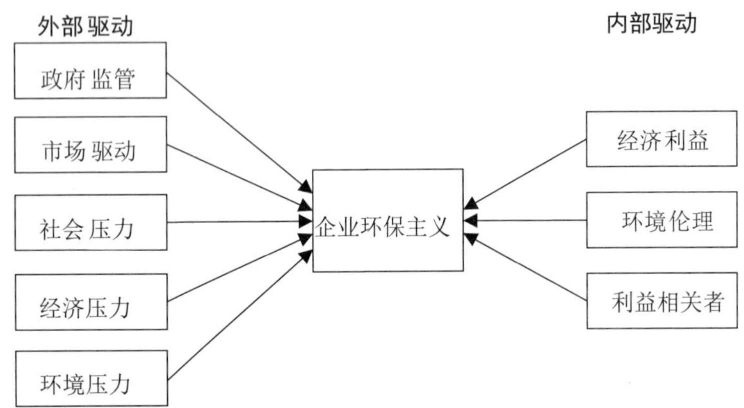

图 2–1　企业环保主义的驱动因素

学者们对驱动企业开展环保主义行动的因素做了归纳和分类（图 2–1），主要从外部驱动因素和内部驱动因素来进行分析。传统经济学观点将企业视为“理性经济人”，绿色管理的动机源于企业决策者对成本和风险以及预期收益的综合理性评估，亦即，企业决策者并不是为了保护环境，而更多考虑的是企业如何借由绿色管理达到提高经济利益和市场占有率的目的，例如企业可能会设法通过绿色管理转化外部环境规制成本。表 2–4 总结了企业绿色管理实践的四种模式。

表 2–4　企业绿色管理实践的类型

具体内容	类型	
	主动型	响应型
信息披露	自愿公司可持续发展和环境报告	全球报告倡议 碳排放信息披露项目 温室气体排放注册
环境政策和项目	企业环境项目	生态标签认证项目

来源：在 Chrun（2016 年）综述基础上整理。

Chrun（2016 年）从理性选择、社会学和优先权三个理论视角分析了企业环保主义的真正动机。理性选择视角认为，企业希望从“市场环境美德”中获益（Vogel，2005 年）。企业投资环境战略会产生机会成本，当企业确保排他性（此处排他性是指企业保证其他企业不会在自己做出努力的同时产生“搭便车”的投机行为）出现时，才会采取实质性环保行动。社会学视角认为企业环保主义体现社会对适当行为的规范（DiMaggio 和 Powell，1983 年；Rees，1997 年），认为企业并非为了降低成本考虑开展工具性绿色行动，驱动企业绿色管理实践的动力来自同行、社交和学习压力，网络嵌入性推动环境规范的传播，强化了环保标杆企业的示范效应，为企业具体开展绿色管理实践提供了大量信息来源。优先权理论则从工具性视角分析企业开展绿色管理实践的目的是为了获取先行者优势（Manzini 和 Mariotti，2003 年；Morgenstern 和 Pizer，2007 年）。香格里拉饭店集团于 2008 年发起“企业社会责任先锋”培训计划，这是一个旨在把集团的企业社会责任目标传播到旗下各个饭店和所在社区的创新项目。

Georgallis（2017 年）基于多层次理论的研究确定了促使企业关注社会问题、参与社会运动的机制，基于 Georgallis 的研究，可以初步确定企业积极参与环保行动的机制：首先，开展环保行动能够影响主要利益相关者对企业社会责任的期望，有助于企业社会声誉的提升；其次，参与环保行动过程中可能产生冲突或合作，无形中塑造了公司的声誉和合法性；最后，环保行动中的意识形态在此过程中触发了组织成员的环境价值观，并在企业内部影响决策者管理认知及决策。

营销领域学者们关注的是环境认证对顾客购买决策过程的影响（欧阳宇和陈好甄，2013 年；骆俊贤和刘长敏，2014 年；

Ramanathan 等，2016 年），认证后的环境标识作为绿色品牌的符号，有助于提高消费者为绿色产品支付溢价的意愿，生态标签认证有助于提升消费者的品牌信任程度和产品购买意愿。产品质量信号（如生态标签认证标识）帮助消费者更易于搜索生态标签认证产品，越来越多关于绿色饭店和绿色餐饮产品的信息可以帮助消费者迅速作出购买决策。一旦住宿和餐饮产品被贴上生态标签，绿色消费者购买的可能性就会增加，并且愿意为绿色产品属性支付溢价（Michaud 等，2012 年）。

人力资源管理领域学者则关注企业全面质量管理、员工满意度和企业绩效间的关系（Han 等，2016 年；Amin 等，2017 年；Lee 等，2017 年）。学者们从环境认证与员工环境支持行为的角度开展系列研究（Dvorak 等，2011 年；Paillé 和 Boiral，2013 年；Afsar 等，2016 年；Hooi Ting 和 Chin Cheng，2017 年），丰富了环境组织行为的研究。因此，中小民营企业积极参与环境认证。在绿色品牌发展中第三方生态标签认证发挥独特的保障作用。

概言之，企业自愿开展绿色管理实践被认为是企业对外部制度环境压力的战略回应，目的是减少商业活动对自然环境的影响，同时在社会和利益相关者的眼中，通过将环境行为与竞争战略选择进行合理匹配，从而努力成为社会和利益相关者眼中合法公司的一种手段。对企业而言，制度环境的改变意味着从熟悉的营销和生产环境向新技术、新竞争对手、新消费者态度、新政府监管和新社会监控的陌生环境变化，企业活动如果与现实环境脱节，则意味着组织缺乏内部效率。因此，企业态度开始从传统的内部导向转变为对环境开放，一方面，公众对企业的社会实用性提出质疑，另一方面要求企业承担社会责任和提高效率。

在过去的40年里，学术界对商业组织应否承担社会责任、社会责任对象以及承担程度等问题，存在许多不同的观点。例如，古典经济学家Friedman（1970年）认为企业唯一的社会责任就是为股东谋得最大利润，企业社会责任只是作秀工具，持有同样观点的还有Hayek、Rutherford Smith、Arthur Guinness等多位学者；Bowen（1953年）在其《商业人士的社会责任》中指出，企业应当追求那些符合社会价值观，并执行满足社会需求的活动，他的观点构成了利益相关者（Stakeholder）概念的基础，因此，Bowen也被称为“企业社会责任（Corporate Social Responsibility，CSR）之父”。1985年，Aupperle也在其著作中指出企业的动机（即企业行为的原因）既包括利润增长驱动，又包括对法律规制、企业伦理和社会规范的响应，因而可以将企业战略导向分为经济导向和企业社会责任导向。Goodpaster（1991年）在利益相关者概念基础上厘清企业社会责任的对象，应包括影响组织目标或被组织目标所影响的任何个人或群体，如员工、供应商、顾客、投资者、同行（竞争对手）、媒体、学校、政府、行业协会及一般社会大众等。

尽管缺乏共识，但企业社会责任通常被认为是一种可供企业利用的方法，即企业运营中既要获得利润又要在社会已有的法律和道德界限内提供社会需要的商品和服务，据此，Carroll（1991年）提出了CSR金字塔结构模型，由底部到塔尖分别是：经济责任（Economic Responsibilities）、法律责任（Legal Responsibilities）、伦理责任（Ethical Responsibilities）与慈善责任（Philanthropic Responsibilities），较完整的描述了企业整体社会责任。此外，从企业可持续发展的视角出发，不少学者主张企业制定战略时应设法同时满足其他利益相关者需求，才能持久经营并获得良好的社会支持（Huimin和Ryan，2011年；de

Grosbois，2012 年；Kucukusta 等，2013 年）。理论和实证研究也证明了企业社会责任正向影响企业财务绩效，企业社会责任是一种新的竞争战略，通过降低特定风险、改善企业运营绩效而有效提升企业价值（Porter 和 Kramer，2006 年；Jiao 和 Yawen，2010 年；Jo 和 Harjoto，2011 年）。

综上所述，企业越主动投入资源到环境战略行为，越符合日益严格的国际环保公约与越来越普遍的绿色消费意识，最终越容易获取环保竞争优势。企业主动参与生态标签认证项目本质上是一种转型期企业环境战略选择。具有变革动力的企业必须基于现有社会资本条件，对不确定性的商业环境下企业环境战略作出选择，主要采取的方式包括四种（Chrun，2016 年）：主动信息披露、信息披露响应、企业环境项目和环境认证项目。其中，环境认证项目是最普遍的形式，各国或地区行业协会积极参与并赞助环境认证项目（King 和 Lenox，2000 年）。

四、企业绿色管理实证研究

国外关于饭店绿色管理的研究及经验总结相对比较丰富，行业从业者也十分注重对绿色管理的宣传。《旅馆环境管理》就是由 11 家国际连锁饭店集团联合出版的出版物，旨在指导行业绿色管理，提升绿色管理能力。国际饭店与餐饮协会（International Hotel & Restaurant Association）曾将绿色管理作为 1999 年的主要议题，大力推动行业绿色可持续发展；2017 年 11 月 27 日第二届中国国际饭店业大会也明确指出，强调以生态和绿色为导向，大力发展绿色饭店、绿色餐厅、绿色产业链，建立绿色发展新模式。随着绿色管理在住宿餐饮业的深入发展，企业环保主义和绿色管理实践的相关研究也日渐丰富，表 2-5 对国外涉及绿色管理、企业环保主义的实证研究进行了梳理。

表 2-5 绿色管理实证研究梳理

作者	时间（年）	研究内容	研究结论
Masurel	2007	中小印刷企业环境投资动因	快速发展的中小印刷企业会投资环境保护以提高员工的积极性和绩效。
Berrone 等	2009	象征性行动（参与自愿的环境项目，绿色商标，环保委员会，环境薪酬政策和社区沟通）和实质性行动（环境专利和污染防治实践）对环境合法性的影响	象征性环境行动对合法性的影响不及实质性行动；当两者结合在一起时，影响会更大；象征性行动的影响往往是短期的，而实质性行动的影响既有短期的也有长期的。
Haden	2009	绿色管理的历史、实践和理论视角	较全面的定义绿色管理，并指出绿色管理实践过程中不可忽视的重要因素。
Forbes 和 Jermier	2010	新企业环保主义与商业生态	生态伦理和生态经济学应寻求平衡点。
Revell 和 Blackburn	2010	小企业可持续发展	对现有企业环境实践“双赢观”提出质疑，小企业如果对可持续发展毫无信心，他们就不会开展任何环境实践。
Sandhu	2010	企业环保主义范式转变	提出企业环保主义的阶段模型。

续表

作者	时间（年）	研究内容	研究结论
Cassells 和 Lewis	2011	中小企业环境责任和态度	环境实践能为中小企业带来效益，态度积极的中小企业主更有可能开展绿色管理实践。
Desai	2011	质量管理和组织学习自我报告	主动信息披露可以激励企业自我反省，持续改善企业绩效。
Iakovleva 和 Kickul	2011	社会资本、感知合法性和创业强度	社会资本影响女性创业合法性能力和财务能力，认知合法性起中介作用。
Arief 等	2013	中小企业战略灵活性	创业导向对中小企业绩效有正向影响作用，战略灵活性中介两者的关系。
Katis	2013	中小旅游企业绿色创新	饭店的转型明显滞后于所谓的“知识经济”和创新技术和方法的应用。希腊饭店应大胆绿色创新，维持竞争优势。
Jinji	2013	企业环保主义利与弊	企业环保主义可能减少政府政策法规的有效性。
Chahal 等	2014	中小企业绿色营销导向与企业绩效	绿化过程，绿色供应链管理，绿色战略动机，主动节能和绿色营销创新是绿色营销导向的主要维度。

续表

作者	时间（年）	研究内容	研究结论
Bowen 和 Aragon-Correa	2014	企业环保主义中的“漂绿”	对“漂绿”进行了界定，指企业刻意披露有利信息而隐藏不利环保信息的行为。
Hahn	2015	企业可持续发展冲突	提出企业可持续发展冲突的分析框架，识别并描述四种典型冲突并指出对策。
Raar	2015	中小企业环境管理信息系统	中小企业已经意识到其利益相关者对环境问题的关注，利益相关者是中小企业环境管理的重要驱动因素。
Segarra-OA 等	2015	不同的行为模式对企业主动环境导向的影响	识别三种行为模式：“环境反对者”“环境驱动者”和“环境培训师”。
Chrun	2016	直接企业环保主义和间接企业环保主义	区分了直接 CE 和间接 CE，指出企业财务绩效、环境记录和企业环保主义间的关系值得进一步探索。
Hahn	2016	公司可持续性研究进展	公司可持续性概念、研究主题和方法。

续表

作者	时间（年）	研究内容	研究结论
Jang	2016	餐饮业环境可持续管理	领导承诺和公众关注是餐厅环境可持续管理重要前因；节能节水和可持续政策显著影响餐厅绩效。
Kang 和 Park	2016	中韩中小企业绩效比较	用 IPA 分析从 9 个维度分析中韩中小企业绩效表现的影响。
Langwell 和 Heaton	2016	中小企业人力资源可持续性	美国中小企业运用人力资源管理实现了企业可持续发展。
Bothello 和 Salles-Djelic	2017	组织环保论的概念化路径	四种生成机制：同化、联合、共生、重组。
Cassells 和 Lewis	2017	环境管理和环境培训	新西兰中小微企业环境管理成效受到环境知识培训的影响。
Earnhart	2017	发展中国家的企业环境战略	企业环境战略研究日益增多，由于缺乏透明度，发展中国家企业环境战略的实证研究非常重要。
Iraldo 等	2017	亲环境战略与竞争优势	高管承诺是竞争优势的重要驱动，企业内部环境审计系统评估也是竞争优势的保障因素。

续表

作者	时间（年）	研究内容	研究结论
Martín-de Castro	2017	企业参与环境认证的本质、前因和后果	绿色管理实践和环境认证不是等价概念，没有参与认证的企业也可能开展绿色管理实践。
Schuler	2017	环境伦理学的内在价值	企业可持续性管理强调自然内在价值的伦理取向。

来源：本书收集整理。

质量管理和环境管理相融合的绿色管理研究已成为管理研究前沿问题（Karapetrovic 和 Willborn，1998 年；Wilkinson 和 Dale，1999 年；Kaynak，2003 年；Zutshi 和 Sohal，2005 年），这些研究均表明，绿色管理已成为关系企业存亡的重要支柱。成功绿色管理实践的标准主要包括：企业高管承诺、整合绿色管理实践系统所需资源、内部沟通与培训、内部审计制度等（Zutshi 和 Sohal，2005 年），绿色管理可以实现要素共享，避免组织不必要的重复（Wilkinson 和 Dale，1999 年）。Karapetrovic 和 Willborn（1998 年）总结了饭店企业融合两种管理体系的三种方式：先建立质量管理体系，后建立环境管理体系；先建立环境管理体系，后建立质量管理体系；同时建立质量管理体系和环境管理体系。不论采取三种方式中的哪一种，中小民营企业都必须考虑两种体系能否较好融合，而二者完美融合可以使企业受益，包括提高效率和组织有效性；避免重复劳动并降低成本；通过减少政策重复、优化工作流程和记录来避免官僚主义；通过内部成本控制和外部第三方审计达成组织目标和过程的一致；以及通过培训改善组织跨层级沟通等（Beechner 和 Koch，1997 年；Beckmerhagen 等，2003 年；Poksinska 等，2003 年；Zutshi 和 Sohal，2005 年）。在企业绿色管理实践过程中，社会互动的中介或符号的选择绝不是随意的。作为树立企业环保形象的工具，生态标签（Eco-labels）认证具有良好的技术和策略优势：（1）关于环境污染、油烟扰民、低碳减排、健康节能等问题的信息，恰好是社会公众非常关注的话题，能快速吸引民众的关注和持续支持；（2）生态标签认证标准清晰而明确，为企业评估环境管理绩效提供一个真实有效的良好工具；（3）中小民营企业数量众多，竞争激烈，信息披露较少，生态标签认证信息是向公众宣传企业、树立企业绿色环保形象的重要标尺；（4）环境保护信息尽管比较敏感，但并不那么紧急和迫切，也不太会引发政府规制的强力弹压，相关管理机构在认证初期持扶持和包容的态度，中小民营企业容易从中获得实惠和奖励。这些因素都在一定程度上增强了企业通过生态标签认证释放环保信号的表达效果。

以饭店为例，绿色管理是一项浩大的系统工程，需要有效的科学管理体系来保障，硬件和软件都要达到相应水平。饭店绿色管理体系应包括员工职责、管理要求、业务流程规范和督导机制等。同时还应建立完善的信息系统，包括客户资料系统、绿色客房维护信息系统和内外交流系统。客户资料系统是绿色客房满足顾客需求的前提和基础，维护信息系统则是服务设施得以良好运转的基础，内外交流系统则可以保障饭店及时获取市场竞争信息，最大效率实现客房绿色管理，最终实现饭店的可持续发展。根据 Rahman 等（2012 年）的研究，对部分中小饭店而言，绿色管理实践可能存在困难，规模效应可以解释为何大型连锁饭店比中小饭店更倾向于采用绿色环保的做法。部分学者也试图揭示饭店业环境绩效和经济绩效的内在联系（Ambec 和 Lanoie，2008 年）。March（2004 年）分析了饭店节水绩效并证实节水并未降低顾客满意度，Francisco（2007 年）基于西班牙饭店的研究证明企业社会责任正向影响经营绩效，这一观点同样得到其他学者研究的证实（Molina-Azorín 等，2009 年；Wright 等，2012 年；Testa 等，2017 年）。

国外对绿色饭店创建动机的研究表明，降低成本、高层管理者推动（Chan 和 Wong，2006 年）、激励员工、提高企业社会责任都是企业积极参与创建绿色饭店的内部动机（Kim 等，2017 年）；社会及监管机构的政策法规压力、市场竞争及趋势和消费者需求则是企业是否参与创建绿色饭店的外部动机。根据 Tzschentke 等（2008 年）的观点，道德动机和经济动机是两种不同类型的动机：道德动机是指企业对社会和环境的责任感，包含对利益相关者压力、政府规制和市场偏好的感知（Abdel-Maksoud 等，2016 年）；经济动机则是以成本为出发点，降低运营成本，提高工作效率（Butler，2008 年；Rahman，2012 年）。Blanco（2009 年）则把企业环境管理动机分为两类：（1）运营管理效率：为了更加合理配置企业资源，控制成本开支；（2）直接环境投资：服务企业对环境的直接投资可以改善环境质量，企业所处周围环境、所在社区虽然不属于企业，却是企业核心竞争力不可或缺的部分（Singh 等，2014 年），构成吸引消费者的重要价值要素。因此，如果服务企业没有把握绿色消费市场趋势，那么就有可能被先行通过生态标签认证的竞争对手抢占市场份额，失去原有竞争优势。Shou-Lin 等（2016 年）的实证研究表明绿色饭店国家标准认证能显著提高认证饭店入住率和运营绩效，整体提升行业发展水平。消费者日益增强的环保意识也为饭店带来了一定压力，新兴的绿色消费群体会优先考虑选择入住绿色国家标准认证的饭店，和在经过绿色国家标准认证的餐厅就餐，以此彰显其环保身份和态度。面对社会和环保意识高涨的新生代消费者，企业如获得国家绿色饭店/餐饮企业标准认证，就可以向消费者证明企业为了节约能源而持续监控环境、限制排放或杜绝浪费，这正是新生代消费者所关心的。创建绿色饭店/绿色餐饮企业的最终目的不仅是通过降低能源和其他资源消耗降低成本，更重要的是提升利益相关者心目中的企业形象。顾客愿意为绿色附加值产品溢价支付更高价格的关键因素取决于他们环境关心水平（Kang 等，2012 年）。尽管如此，我国住宿餐饮业中小民营企业开展绿色管理实践真正动机还不是很清楚。

通过对以上文献的梳理可以发现，学者们对中小企业绿色管理实践影响因素的观点可以大致分为两类：主动观和被动观。主动观的理论基础是企业社会责任。企业社会责任（CSR）被定义为企业有义务满足利益相关者需求并增进社会福祉，填补政府能力和资源的不足（Clarkson，1995 年；Waddock 和 Graves，2002 年）。以前，企业对 CSR 的投资被视为不必要的投资，时至今日，一些知名公司或企业集团正积极投资 CSR，通过环保技术提高他们的绩效，许多成功企业将 CSR 视为创新战略规划中的重要内容（Gallego Álvarez 和 Prado Lorenzo，2011 年）。政府规制、CSR 监管和国家环保标准出台对企业 CSR 战略导向具有直接影响。Kolk 等（2015 年）的实证研究表明，西方 CSR 结构适用于中国情境，中国消费者对中国企业的 CSR 期望高于跨国企业，因此中国本土企业应更加注重 CSR 的投资。利益相关者参与是协同生态环境规制的重要微观机制。被动观的理论基础是制度理论和资源基础观。在社会网络中，核心利益相关者从信息整合、咨询和决策三个层面参与到环境规制中来，环境规制涉及多方利益相关者的委托-代理关系，因此，作为社会价值观的形成和行为主体，例如，政府、行业本身（与政府的契约）、供应商、竞争对手、市场和整个社会。

以往文献对绿色管理方面进行了广泛探讨，为推动此类企业的可持续发展奠定了基础。通过百度学术的搜索，本书发现与绿色管理有关的跨学科研究也发展迅猛，除了工商管理领域，已深入到应用经济学、建筑学、教育学、科学技术史和法学等多个学科，并衍生出多个交叉学科主题，如绿色教育、环境意识、环境教育、人本管理等。在工商管理领域，绿色管理就是"将企业环保主义的观念融于企业的经营管理，承担并提倡面向环境的社会责任"的定义被学者们广泛认同。总结现有研究成果，主要存在两个问题。首先，大量成果都集中在跨国公司或污染高相关产业，但接待服务业绿色管理的研究较为欠缺。其次，研究集中在绿色管理的驱动机制方面，但目前极少有文献将驱动及影响机制整合到一个理论框架，割裂了前因与后果的链式影响，这就难以解释饭店和餐饮企业绿色管理实践的真正动机，不利于政府帮扶政策的制定和对企业绿色管理实践的引导。如何利用跨学科研究的现有成果，结合住宿餐饮业这一具体接待服务业情境，对此类企业绿色管理实践进行深入研究，还需要中西方学者们的共同努力。

第二节 绿色管理绩效

根据 Margaretha 和 Saragih（2012 年）的观点，绿色已成为全球企业追求的共同目标，全球化、客户行为和商业活动的消费趋势迅速趋向绿化，住宿餐饮业也不例外。绿色企业环境敏感度高、社会责任感强且拥有丰富的资源（Vij 等，2013 年），许多学者和研究人员一直在研究绿色管理的有效性，以减少对环境的影响。此外，国际绿色管理实践标准体系在世界范围内并广泛接受，如 ISO 14001，我国住宿餐饮业也出现国家标准《绿色饭店（GB/T-21084-2007）》，这些都为绿色管理提供了关于组织环境保护或社会标准方面定量和客观的评价体系。

绩效是一个多维度的构念，测量极具复杂性。现有文献对住宿餐饮业绿色管理绩效研究存在争议，有学者认为应纳入环境绩效和竞争优势（Mubeyyen 等，2015 年），有的认为仅从环境保护角度进行评估而将社会效应排除在外。住宿餐饮业无形性、同时性、参与性、异质性、易逝性的产业属性导致该类企业绩效测量更加不容易。在针对服务企业的绩效研究中，也存在着同样的争议，即服务企业绩效如何测量？涵盖哪几个方面？本书研究的主要内容之一是饭店和餐饮企业主动开展绿色管理实践后带来的绩效变化（以下称为“绿色管理绩效”），因此有必要对这一概念进行解释和界定。下面先就目前有关服务企业绩效的实证研究进行梳理。

一、服务企业绩效内涵

目前，绿色发展和环境问题是全球贸易和投资关注的重要因素。随着全球化、信息化时代的到来，消费者的行为和商业模式都发生了迅速的变化。服务企业有着不同于制造业企业的产业特性，服务企业绩效评估亦有别于制造业企业，中西方已有大量实证研究是基于制造业企业或大型跨国企业集团开展，但鲜见对服务企业绩效的实证研究成果的整理，因此本书将对国内外服务企业绩效实证研究现状及进展加以总结概括和梳理，见表 2-6。

表 2-6 服务企业绩效相关实证研究

作者	时间（年）	研究内容	研究结论
Nebel III	1978	动机、领导和员工绩效	管理永远是艺术和科学的混合体。
Motwani 等	1996	住宿业质量管理实践	服务企业必须专注于个人的属性和整体顾客满意度。
Singels 等	2001	ISO9000 认证和组织绩效	认证本身并不能提升组织绩效，组织认证动机会影响组织对认证作用的解释。
Liao 和 Chuang	2004	员工绩效和顾客绩效的影响因素	个人层面因素（责任心和外向性）和组织层面因素（组织氛围和员工参与）都显著影响员工绩效。
Chi 和 Gursoy	2009	员工满意度、顾客满意度与财务绩效	顾客满意度对财务绩效有积极影响，员工满意度对财务绩效没有直接的影响，员工满意度在两者间起调节作用。
Cavacoy 和 Crifo	2010	CSR 实践与企业绩效	企业的社会责任实践水平取决于不同 CSR 任务间的互补程度。
Tarí 等	2010	饭店绿色管理实践与绩效	饭店对质量和环境实践的承诺影响饭店绩效。

续表

作者	时间（年）	研究内容	研究结论
Jenkin 等	2011	绿色技术信息系统感知与环境可持续性	金融机构仍然处于意识和采纳的初级阶段，员工的态度、认知、行为会影响企业环境政策。
Teng 等	2012	饭店节能减排指标	饭店节能减排成功与否主要取决于管理支持和员工参与。
Wang	2012	全面质量管理、市场导向与饭店绩效	全面质量管理正向影响饭店绩效；市场导向正向影响饭店绩效，并中介影响全面质量管理与饭店绩效的关系。
李艳丽等	2012	服务认知-行为模式与员工服务绩效	一线服务员工的服务认知-行为模式影响其服务绩效水平。
田文彬	2012	服务导向、信任、服务承诺与服务绩效	服务导向正向影响服务承诺；服务导向正向影响服务绩效；情感型信任正向影响服务承诺；情感型信任正向影响服务绩效；服务承诺正向影响服务绩效。

续表

作者	时间（年）	研究内容	研究结论
谢朝武和郑向敏	2012	界面管理与服务能力、服务绩效	服务企业的界面管理有助于提升服务系统的整体效率。
张乃仁	2012	绿色学习导向、能力、形象对绩效的影响	绿色产品质量能够带来顾客满意度与顾客忠诚度；绿色企业形象对于顾客满意度与顾客忠诚度也有所帮助。
Alhadid 和 Rumman	2014	绿色创新与组织绩效	绿色创新伦理显著影响组织绩效，环境管理行为在此过程中起调节作用。
Singh 等	2014	饭店绿色发展战略	对回收利用效果的评估，突出对成本控制和顾客参与的评估。
陈俊硕	2014	绿色策略、绿色绩效与绿色竞争优势的关系	绿色策略显著影响企业绿色资产、绿色技术、绿色绩效以及绿色竞争优势，企业绿色资产与绿色技术具有显著的中介效果。
骆俊贤和刘长敏	2014	教育培训、内部营销与工作表现	内部营销知觉可分为教育训练、管理支持和协调沟通三维度；工作表现可分为服务绩效和行为绩效两个维度，内部营销知觉可以预测工作表现。

续表

作者	时间（年）	研究内容	研究结论
谢朝武	2014	安全服务能力与服务绩效	饭店员工安全服务知识、态度和技能等三要素对员工安全服务绩效有显著的正向影响。
Chen 和 Lin	2015	慈善捐赠（CCG）与饭店绩效	CCG 对饭店资产收益、股本回报和 Tobin'sQ 的影响呈现倒 U 型曲线，到达顶点之后，慈善捐赠负向影响饭店绩效。
Bal 和 De Lange	2015	灵活性人力资源管理与员工绩效	灵活性人力资源管理显著影响新生代员工参与性，显著影响年长员工积极性。
Kolk	2015	中国消费者的 CSR 感知	西方 CSR 结构适用于中国情境，原有四个维度整合为两个维度；中国消费者对中国企业的 CSR 期望高于跨国企业。
Karatepe	2015	高效工作实践、感知组织支持与工作结果	高效工作实践通过培训，授权以及奖励等途径影响组织情感承诺，组织情感承诺在工作绩效和角色外行为之间起完全中介作用。

续表

作者	时间（年）	研究内容	研究结论
林正哲等	2015	企业社会责任与员工行为	不同员工雇佣形态（如正式工和非正式工）调节企业社会责任活动对员工行为的影响。
Abdel-Maksoud	2016	利益相关者压力、生态控制系统与饭店绩效	利益相关者的压力会促使阿联酋饭店采用生态控制系统。
Han	2016	工作场所乐趣与团队绩效	工作场所乐趣通过提高员工工作趣味体验、促进人际信任、提升团队凝聚力提高团队绩效，与此同时，减少群体间的冲突并刺激人际关系行为。
Jeong 等	2016	移动设备使用和感知工作绩效	移动设备改善饭店员工的工作表现，提高其工作满意度工作表现，提高了工作满意度和保留率。
Ling 等	2016	服务型领导与员工行为绩效	服务型领导的涓滴效应影响饭店前厅员工的服务行为与服务质量。
Ramanathan	2016	饭店营销能力，运营能力，环境能力、多样化战略与绩效	运营能力和环境能力正向显著饭店业绩，营销能力显著负面影响饭店业绩，多元化战略不会对饭店业绩产生影响。

续表

作者	时间（年）	研究内容	研究结论
Rhou 等	2016	企业社会责任与财务绩效	CSR 意识（以媒体报道度量）调节社会绩效与财务绩效的关系。
Santos-Vijande 等	2016	服务创新协作与服务绩效	协作创新有利于顾客服务创新，使企业获取更多资源。
Wu 等	2016	员工绿色意识与绩效	饭店员工绿色意识、知识和能力影响绿色实践能力。
Amin	2017	全面质量管理、员工满意度和饭店绩效	全面质量管理显著影响员工满意度和饭店绩效，领导力和聚焦顾客有助于提升员工满意度和饭店绩效。
Azic	2017	员工满意度与饭店绩效	同事关系、员工整体满意度正向影响饭店绩效。
Dixon-Fowler 等	2017	环境委员会与企业环境绩效	环境委员会正向显著影响企业环境绩效，高管在此过程中会产生积极影响，出乎意料的是，没有找到支持利益相关者影响的证据。
Eilert 等	2017	组织规模与组织社会绩效	组织规模影响组织社会绩效，外部利益相关者压力和资源压力起调节作用。

续表

作者	时间（年）	研究内容	研究结论
Hua 和 Yang	2017	犯罪与饭店运营绩效	犯罪事件显著负向影响饭店运营绩效。
Kim	2017	企业社会责任（CSR）的影响	企业社会责任影响饭店员工 CSR 知觉、工作生活质量、情感承诺、组织公民行为和工作绩效。
Lau 等	2017	工作伦理氛围、员工承诺与服务绩效	工作伦理氛围直接影响组织政治感知、员工承诺及服务绩效。
Lee	2017	个人-组织适配、员工情感与任务绩效	个人-组织适配与组织情感、团队情感和工作情感有关，组织情感正向影响员工任务绩效。
Nazarian 等	2017	文化与组织绩效	民族文化影响平衡的组织文化，进而影响组织绩效。
Pipatprapa 等	2017	质量管理和创新与绿色绩效	市场定位，质量管理和创新直接或间接地影响绿色绩效。
Theodoulidis 等	2017	企业社会责任和财务绩效	CSR、企业战略交互影响企业绿色绩效。
Said 等	2017	饭店业节能效果的影响因素	员工培训显著影响节能效果。

续表

作者	时间（年）	研究内容	研究结论
Wan 等	2017	环保意识、环保动机与绩效	澳门饭店环保动机多出于成本控制考虑。环保实践的主要障碍包括缺乏政府环境规制、低星级饭店在绿色环保实践方面会面临更多困难。
Yu 等	2017	绿色饭店体验与顾客满意度	顾客在绿色饭店体验存在两面性。节能、购买选择和教育创新会影响顾客满意度，先进的绿色实践技术对顾客满意度的影响更大。
黄倩和谢朝武	2017	员工-顾客互动与工作效率、顾客满意度的关系	员工-顾客间互动频率和互动质量显著影响员工工作效率，工作效率中介影响员工-顾客间互动频率和顾客满意度的关系，部分中介影响互动质量和顾客满意度的关系。

来源：本书收集整理。

总结文献发现，简单套用环境管理文献中有关环境绩效的概念到住宿餐饮业显然不合适，难以反映住宿餐饮业特征及环境问题的复杂性和系统性。绩效本身是一个复杂且多维度的概念（Lumpkin 和 Dess，1996 年；方世荣等，2008 年），关于企业绩效的影响因素，不同学者持有不同观点。Wang（2012 年）指出组织绩效是一种用来评价企业经营绩效的综合性重要指标。Shieh（2008 年）认为组织为了全面审视自身绩效，适宜选取多元化构面进行测量，反映出组织战略行为的价值及必要性。一家绿色企业应该涵盖环境政策、环境管理体系、改善环境绩效的具体目标、环保采购、环境报告、降低对环境有威胁的产品使用次数、环境培训和教育、降低能源消耗等方面（Ramus，2002 年）。具有较好的环境绩效的组织还可以提高整体形象（Chen 等，2012 年），Hervani 等（2005 年）认为绿色绩效表现对绿色供应链管理而言尤为重要。Zhu 等（2008 年）在一项针对中国企业的研究中提出用污染物/废弃物排放、环境绩效、环保效率和环境声誉评估公司绿色绩效的方法。基于供应链开展的绿色管理绩效方面的研究成果越来越多（Sarkis，1995 年；Green 等，1996 年；Geffen 和 Rothenberg，2000 年；Bowen 等，2001 年；Florida 和 Davison，2001 年；Handfield 等，2002 年；Zhu 和 Sarkis，2004 年；Mirghafoori 等，2017 年），其中很多研究成果都对绿色因素和环境绩效间的关系开展了研究（Geffen 和 Rothenberg，2000 年；Handfield 等，2002 年；Zhu 和 Sarkis，2004 年；Rao 和 Holt，2005 年；Lee 和 Klassen，2008 年；Vachon 和 Klassen，2008 年）。

在中西方有关服务企业绩效实证研究的梳理基础上，本书认为对绿色管理绩效的考察应注意把握两点：一是绿色管理实践对环境保护的影响；二是绿色管理实践对企业组织绩效表现的影响。前者主要驱动来自外部多元制度逻辑以及决策者的环境保护意识；后者则体现在企业通过绿色管理实践提高了管理效率而产生的积极后果，包括财务绩效、社会绩效等方面。住宿餐饮业绿色管理绩效应该反映企业在环境管理方面努力的程度，以及这种努力如何导致企业管理效率相对于行业平均水平或同业竞争者提升的程度。同时，对绿色管理绩效的理解也应从狭义和广义上有所区分。狭义来看，是指企业在绿色管理实践过程中可以直接测量的环境指标方面的表现，往往是定量且标准化可以进行横向或纵向比较的，比如与去年同期比较企业用水量、污水排放量等；广义上看，则指的是企业持续改善能源利用效率、污染防治所产生的生态环境影响及社会环境影响方面的综合效率和累积效果，这些往往是非货币化、非定量化的，因此需要设置代理指标来进行统计。

二、绿色管理绩效的度量

从20世纪70年代起，中外学者就陆续提出较宽泛的组织经营绩效内涵及测量方面的观点。Campbell（1977年）提出衡量绩效的指标有：整体绩效、生产力、效率、利润、品质、离职率、流动率、工作满意度、动机、士气、组织成长、市场占有率等。Miller（1980年）表示绩效的衡量可由投资报酬率、有关投资的现金流量、市场占有率、市场地位稳定性、毛利率与员工生产力等六项标准进行评估。Drucker（1980年）认为企业绩效评估范围应包括：市场地位、创新、生产力与贡献价值、物力与财力资源、获利能力、管理者绩效与发展、员工绩效与态度、社会责任等。Guetat等（2015年）探讨公司治理对突尼斯饭店绩效的影响，并总结财务状况、社会绩效，组织绩效，业务表现和跨国绩效这六个绩效指标用于评估饭店绩效，证明公司治理正向影响突尼斯饭店业绩效。Venkatraman和Ramanujam（1986年）基于企业经营绩效的相关文献，将绩效衡量变量分为三类：①财务绩效：销售成长率、获利率、每股盈余。②业务绩效：市场占有率、创新能力、营销能力、生产附加值、技术效率。③组织效能：在前两项绩效基础上，再增加对利益相关者关心目标的满足（Drucker，1980 年）。Yaminetal（1999 年）认为，经营绩效的衡量可分为：财务性绩效与作业绩效两类。财务性绩效包括：销售成长、获利能力（如 ROI、ROE）、每股盈余（EPS）等。作业绩效包括：市场占有率、新产品销售、产品质量、营销效能、制造附加价值及其他技术性效率的衡量等。Best（2004 年）则提出基于市场的绩效衡量标准，包括：①内部标准：成本费用、存货周转率、ROI、ROE 等；②外部标准：市场占有率、顾客满意度、产品或服务质量、顾客重购率、新产品销售及市场成长率等。

绩效是企业用来衡量资源配置效率的结果，而绿色管理绩效的评估则需要从纵深的社会观点去评估。企业的环境绩效是绿色管理绩效的重要构面（Hart，1995 年），其衡量过程是一个系统性过程。企业在进行环境绩效评估时，应该选取适当的绩效指标，获得客观真实的数据，并考虑利益相关者的看法，以便为组织环保主义行动，产品与服务管理提供具体实用、可参考的信息。综合现有研究，对绿色管理绩效的测量包括污染物排放量的变化值（Levy，1995 年；Hart 和 Ahujia，1996 年；Stanwick，1998 年），企业为改善生态环境努力的程度（Wagner，2001 年），与环境有关的奖励和惩罚（Klassen 和 McLaughli，1996 年），企业信誉指数（Stanwick，1998 年），节能减排标准（如企业内部节能降耗审计、废弃物处理以及环保附加值等）等。Callan 和 Thomas（1996 年）认为，环境绩效评估原则包括十个方面：污染物降至最低；节约能源；减少废弃物排放；节省资源；降低风险；提供无公害产品；灾害补偿；揭露潜在危险；获得认证以及评估过程。一般常用来衡量组织绩效的指标既包括财务绩效指标又包括环境绩效指标（Hart，1995 年；

Judge 和 Douglas，1995 年；Russo 和 Fouts，1997 年）。国际标准组织（ISO）认为，环保指标应包括环境状态指标与环境绩效指标两类。环境状态指标指的是企业周边环境状况，包括管理绩效指标与操作绩效指标两类，管理绩效指标涵盖：评估管理效能、改善环保绩效的决策与行动效果，评估范围包括政策及方案实施、可操作性、财务绩效与公共关系；操作绩效指标则包括参评组织在操作层面的环境绩效，如原材料、能源、设施设备、产品、废弃物、空气污染排放、污水排放以及噪音、辐射等。降低污染排放可以分为事前预防和事后控制两类（Barret 和 Segerson，1997 年；Nehrt，1998 年；Shrivastava，1995 年），前者为进一步从源头开始解决环境污染问题，通过清洁生产、绿色营销与积极行政干预求得可持续环境绩效；后者则是对污染物、废气废水废弃物等，利用污染防控技术或设施设备进行处理，务求达到环保法规的管制标准（Berry 和 Rondinelli，1998 年；Hart，1995 年；Nehrt，1998 年）。而针对住宿餐饮业绿色管理绩效衡量指标，国内学术界研究成果并不多。主要原因在于企业整体绩效的测量并不简单。饭店和餐饮企业中大多属于中小型民营非上市企业，此类企业的财务信息很难获取，企业自行披露信息非常少。因此在度量时需用代理指标来进行综合评估，旨在全面反映绿色管理实践的绩效后果。饭店和餐饮企业的绿色管理绩效水平主要体现在财务绩效、社会绩效和管理绩效三个方面。

第三节　企业竞争优势

竞争优势理论是应用性和逻辑性俱佳的经典理论，其生命力源于内在逻辑的科学性。基于该理论，中外学者开展了大量研究。本书下面对企业竞争优势相关研究成果进行简要综述，尝试归纳出企业竞争优势研究发展方向，并针对本书研究主题，为后续研究开展做理论铺垫。

一、企业竞争优势理论脉络

企业经营战略的基本目标是获取竞争优势（Competitive advantage），一般而言，当一家企业利润率高于产业平均水平时，则认为其具有了竞争优势。决定企业是否具备利润方面的竞争优势有两个判断标准，一是顾客对企业产品及服务所愿意支付的价值，二是企业的生产成本。因此要达到利润率超越行业平均水平，企业除了对现有资源和潜能进行合理配置外，还要能够建立额外的资源和创新能力，使组织获取较高的效率、质量、创新与客户响应能力，才能使企业具有可持续的竞争优势。

表 2-7　竞争优势的定义

作者	时间（年）	术语表达	定义
Hatten	1978	竞争优势	选择一个能比较竞争者优异水平的市场，在其中参与竞争并获取优势。
South	1981	竞争优势	在与竞争对手相互竞争的领域，形成确实而可续延的经营优势。
Aaker	1984	可持续竞争优势	与主要竞争对手相比，占有竞争优势地位的一项或多项资产或技术能力。
Porter	1985	竞争优势	通过战略所取得强有力的竞争优势。
Rue 和 Holland	1986	竞争优势	完成某种事情的能力，而竞争对手在这类事情上不及或不能做得像本企业一样优秀。

续表

作者	时间（年）	术语表达	定义
Harvey	1988	竞争优势	比竞争对手获得更高利润水平的地位。
Murdick 等	1989	竞争优势	经由一般企业战略产生，相较于主要竞争对手所具备的有利的优势。
Charles 和 Gareth	1998	竞争优势	一家企业的利润高于产业平均水平则具备竞争优势。
Teece	1998	竞争优势	企业必须通过创新以适应环境获取竞争优势。

来源：本书整理。

竞争优势的概念最早在 1957 年由 P. Selznick 在其著作 *Leadership in Administration* 中提出。其后 Hofer 和 Schendel 将竞争优势描述为“一组经由资源配置形态而获得与竞争对手不同地位的能力”，这其中，竞争优势是自变量，绩效是因变量。Day 及 Porter 则将竞争优势视为战略目标，即因变量，而不在将竞争优势视为战略的一部分，当企业获取一项竞争优势自然产生较佳的绩效。

在全球化绿色经济和知识经济为主导的时代中，科学技术日新月异，创新产品不断涌现，企业面临更加复杂的制度环境演变，竞争更加激烈，竞争优势的塑造和维系变得越来越困难。美国经济学家 David J. Teece 曾明确提出：“在如今的社会科学领域，没有什么比破解国家和企业竞争优势的秘密更具雄心的了！”中外学者从不同理论视角诠释了企业竞争优势的来源，并对竞争优势开展了丰富的实证研究，构筑了精彩绝伦的理论体系（Porter，1980 年、1985 年；Rumelt，1984 年、1987 年；Barney，

1986 年、1991 年；Peteraf，1993 年；Hammer 和 Prahalad，1995 年；Teece 等，1997 年）。梳理企业竞争优势研究的发展脉络可以发现，学术界展现视角各具不同的研究，根据竞争优势的来源及路径可以将划分为四类主流观点：经典竞争优势观（竞争优势起源）、产业组织观点（竞争优势“外生观”）、资源基础观（竞争优势“内生观”）、动态能力观点（竞争优势“权变观”）。

1. 经典竞争优势观

经典竞争优势观以系统视角观察企业内部条件和外部环境，形成了以 SWOT 为分析框架的相对完整的理论体系。1962 年，战略管理领域奠基者 Alfred D. Chandler 的著作《战略与结构：工业企业史的考证》出版，奠定其在企业史及战略管理领域的重要地位。在 1971 年出版的《公司战略》一书中，著名管理学家 Kenneth R. Andrews 所提出的 SWOT 模型成为竞争战略研究的经典范式。1972 年，H. Igor Ansoff 首次提出战略管理（Strategy management）概念，随后又提出战略规划的系统理论、企业竞争优势概念，以及把战略管理与混乱环境联系起来的权变理论，因此被尊称为“战略管理的鼻祖”。

经典战略管理理论 SWOT 分析框架充分体现组织内外部关系对战略形成的重要性，为企业制定战略提供了相对完整的思路及程序，重点关注分析与推理，隐含的前提是相对稳定、可预测的经济环境，但随着全球化经济、循环经济、知识经济时代的到来，企业所处的环境呈现越来越明显的不确定性特征，SWOT 模型无法整合环境动态变化到分析架构中，因此显得可操作性不强。

2. 产业组织观点

传统经济学是产业组织观点的理论视角，认为市场力量具有强大作用，所属产业、竞争位势构成企业竞争优势的主要来源。产业组织理论几乎同步于经典战略理论。以哈佛大学的E. S. Masson 和 J. S. Bain 等教授提出产业组织理论 SCP 范式，即S—企业市场结构（Structure），C—企业市场行为（Conduct），P—企业市场绩效（Performance），逻辑观点为 P 取决于 C，C 取决于 S，突出了 S 的决定性作用，也就是说企业绩效取决于外生性的市场结构。Porter（1980 年）认为，企业竞争力源于“企业为客户创造的超过其成本的价值”，这部分价值正是客户愿意支付的价格，企业越能够向客户提供低于竞争对手价格却高于或等同于竞争对手所能向客户提供的价值时，企业的竞争力就越强。当一个企业能够实施某种价值创造性战略而其他现有或潜在竞争者都无法同时实施时，说明该企业在市场上具备了竞争优势（Barney，1991 年）。因此，企业竞争优势可以理解为在竞争性市场中，一家企业所具备的能够持续性超越其他竞争对手，更有效地向市场提供产品或服务，获得超额利润和发展机会的综合能力素质。此处的结构指的是企业所处的外部环境结构。制度理论将企业所处外部环境结构称为制度环境。制度环境既包括宏观经济环境，如国家财政、货币政策，也包括波特“五力模型”和钻石模型中所指的中观产业要素。产业结构分析将“理解企业所处产业结构”视为战略分析的起点，Porter 据此提出成本领先和差异化战略，为了进一步探索企业成本构成及差异化来源，他又开发了应用广泛的价值链模型，

相较于经典战略理论，SCP 范式分析法可操作性更强。然而也应注意到，SCP 范式重点关注产业结构差异，而忽略了企业内部差异，不太适应现代企业内部管理实践。以 Porter 为代表的战略学者对宏观经济学模型进行了修正，但其模型生效的前提是同一产业内企业具有同质性特点，产业结构决定企业战略

选择，对企业内部成长性考虑不足，因此，Porter 的竞争理论无法解释为何在相同产业内的企业竞争力会表现出巨大差异。因此，产业组织观点仅从外生视角分析企业竞争优势存在一定的局限性。

3. 资源基础观

1984 年，Birger Wernerfelt 基于 Edith Perrose（1959 年）的企业成长理论，提出了资源基础观学说，他将企业视为一个资源集合体，企业目前拥有或控制的资源会影响企业竞争优势及绩效，在现有资源运用和新资源培育之间寻求平衡就是企业成长战略的本质，其观点标志着企业核心竞争力理论的兴起，并在之后形成两个相对独立又互为补充的理论流派：一是资源学派，Wernerfelt 是该学派奠基者，经过 Lippman 和 Rumelt（1982 年），Jay B. Barney（1986 年、1994 年、1995 年、2001 年），Dan E. Schendel（1972 年），Dierickx 和 Cool（1989 年），Harold Demsetz（1983 年），Kathleen R. Conner（1991 年），Margaret A. Peteraf（1993 年），David J. Collis（1991 年、1994 年、1999 年），Cynthia A. Montgomery（1999 年）等人的发展形成了相对完整的理论体系；二是能力学派，以 1990 年 C. K. Prahalad 和 Gary Hamel 提出企业核心能力观为代表，经过 Stalk 和 Evans 等（1992 年），Teece 和 Pisano 等（1994 年、1999 年），R. N. Langlois（2002 年），A. Heene（1994 年）等人的发展，也形成比较完整的理论体系，该学派认为竞争能力是企业拥有的关键技能和隐性知识，是企业拥有的一种智力资本，它是企业决策和创新的源泉。基于组织理论视角，资源基础观重点研究企业内部资源特征及其生成机制，以此解释企业竞争优势转化的内在机制。

企业竞争优势源于能力的观点。资源基础观将与企业资源有关的两个关键性要素——企业竞争优势和企业绩效密切联系起来，将资源基础分析拓展至企业层面，从企业和市场两个视角为企业长远发展指明了方向。然而，随着知识共享时代的到来，科技进步会使企业内部资源变得越来越容易被复制和模仿。服务业的生产和消费同步的特征也决定了顾客需求多元化与分散化的不可逆性，大大增加了企业专有资源价值替代的风险，那么在这种情况下如何解释产业内竞争态势的差异？中小企业相较于大企业在战略决策制定方面更为灵活，可以在不同时期根据市场环境变化和自身资源优势进行战略路径调整，那么中小企业到底依靠什么获取持续的竞争优势？资源基础观强调竞争优势为企业内生，那么又如何解释外部制度环境、产业结构与商业生态网络中的竞争对手所共同形成的格局对企业的影响？因此，企业内生资源作用于企业竞争优势的情境因素影响还有待进一步探索。

4. 动态能力观点

动态能力观认为，环境对企业战略产生深远影响（Miles 和 Snow，1978 年；Hambrick，1983 年；Kim 和 Lim，1988 年；Boeker，1991 年）。权变资源基础观可以较好地解释转型期外部商业环境特征和内部资源能力如何共同影响企业商业模式和环境战略主动选择问题。根据 Aragcn–Correa 和 Sharma 的观点，尽管一般产业结构和商业环境相同，但其对企业的影响却存在差异，因为不同企业面对环境不确定性的管理解释不尽相同，组织为了在不确定的商业环境中探索特定的资源和能力，就产生了积极主动的环境战略，培育具有竞争性的价值（无法模仿、不可复制、路径依赖和社会复杂性）的企业动态能力（图 2–2）。企业和自然环境之间的管理策略可以描述为一个从反应性到主动性的连续过程（Aragcn–Correa 和 Sharma，2003 年）。目前全球宏观经济环境都加大了对企业环境保护规制的力度，企业从最初被动响应来自利益相关者压力和政府规制要求到后来主动游说政府修改政策法规并投资环境监控体系，是企业动态能力提升的体现。积极的环境行动包括预见未来社会发展趋势及社会规则，设计或改进现有业务流程以避免负面的环境影响（Hunt 和 Auster，1990 年；Post 和 Altman，1992 年；Hart 和 Ahuja，1996 年；Russo 和 Fouts，1997 年；Aragon-Correa，1998 年；Sharma 和 Vredenburg，1998 年），最佳环境实践产生新的企业竞争优势和价值战略（Eisenhardt 和 Martin，2000 年），企业得以快速适应不断变化的市场环境。

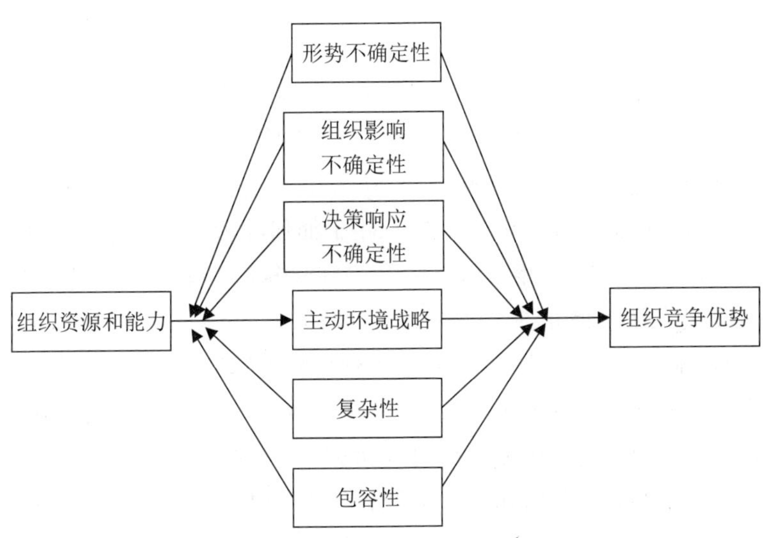

图 2-2 主动环境战略的权变资源基础观

来源：Aragcn-Correa 和 Sharma（2003 年）。

从动态能力视角来看，饭店和餐饮企业参与生态标签认证是企业环境战略实施的具体步骤，动机是为了寻求组织合法性和获取竞争性有价值的资源，企业可以通过参与环境认证项目实现一些绿色管理潜在目标，如获取合法性、学习新技术、提高生产效率、降低成本和风险等（Chan 和 Wong，2006 年；Clavercortés，2007 年；Blanco，2009 年；Arimura 等，2016 年），最终形成企业竞争优势。

市场竞争愈演愈烈，对于如何保持和发展企业核心竞争力的议题始终是学术界探讨的焦点。随着知识经济和绿色经济时代的融合，经济全球化、信息化程度不断增强，环境的不可预测性、复杂性、不确定性特征使得传统科学管理不再适用，应对模糊性问题需要新的管理范式。

二、绿色管理与企业竞争优势

有关环境责任的商业报告和案例研究一直将注意力放在大型企业（Jenkins，2004 年），而忽略了对中小企业这一特殊企业群体的研究。Revell（2007 年）认为中小企业应为全球 70% 的环境污染负责，许多中小企业专注于如何在激烈竞争中存活下来（Jenkins，2004 年；Parker 等，2009 年），基于此原则，他们遵纪守法，但很少尝试自发的行动（Rothenberg 和 Becker，2004 年）。然而，当中小企业意识到环境责任与企业竞争优势正相关（McKeiver 和 Gadenne，2005 年），员工更加稳定，利润稳定增长，形塑良好企业形象时（Neu 等，1998 年；Naffziger 等，2003 年；Peters 和 Turner，2002 年），他们开始愿意主动承担越来越多的企业社会责任（Blombäck 和 Wigren，2009 年）。此外，来自供应链上下游供应商和客户以及其他利益相关者压力也促使中小企业开展绿色管理实践实践（Ammenberg 等，1999 年；Fryxell 和 Szeto，2002 年；Roberts 等，2006 年），以保障自己在与商业网络成员互动时的协同水准。

传统资源基础理论认为，各类型企业拥有不同形态资源

（有形或无形），不同资源组合形成企业间难以复制和模仿的竞争能力，进而构成企业可持续的竞争优势。早期研究者认为，持续的环境监管会增加企业非生产性投资，会导致提高成本并丧失竞争优势（Walley 和 Whitehead，1994 年），反对性观点则认为严格的环境监管为企业可持续发展提供了提高效率的机会（Porter 和 Linde，1995 年）和跨国竞争优势（Porter，1991 年）。事实上，先行动者往往超越环境监管，成为行业环境监管规则制定者和行业壁垒设立者（Aragcn-Correa 和 Sharma，2003 年），成为企业跨国交易中竞争优势的源泉。早在 1996 年，Klassen 和 McLaughlin 就发现环境奖励与公司股票价格正向关系，积极主动的环境战略投资，而非污染应对性投资会持续改善环境和企业竞争能力，说明伴随企业开展积极环境战略的内外部因素会正向影响企业绩效（Klassen 和 Whybark，1999 年）。正如 Porter 所指出的，传统资源基础理论忽视了外部环境对企业的影响，过于强调内部资源的作用。在此背景下，权变资源基础观应运而生。组织理论强调一般商业环境和组织结构的重要性（Donaldson，1995 年）；而商业环境权变理论认为，优秀组织绩效是内外部因素共同作用的结果（Burns 和 Stalker，1961 年；Lawrence 和 Lorsch，1967 年），不同层次的环境变化需要不同程度的决策综合能力与组织相匹配的战略形式鉴别并发现机会和威胁。

Freeman（1984 年）指出任何个人或群体都能够影响组织活动，反过来也受到组织活动的影响，企业依赖利益相关者并从中获取企业成长所需资源，因此利益相关者能够影响企业业务运营及其决策（Swift，2002 年；Seidel 等 2009 年）。企业利益相关者并不是单一的，而是多元的，不同利益相关者向企业提出不同需求并希望得到企业回应。Revell 和 Blackburn（2010 年）对英国小餐饮企业实证研究发现，尽管政府将“生态效益”

描述为降低生产和服务成本，但大多数小企业主仍然将环境实践视为成本高昂的投入而拒不采纳。然而从长远来看，在环境污染日益严重、公众视线高度聚焦环境问题的背景下，前期环境实践投入成本能在后续企业经营过程中达到生产或服务质量提升、流程优化或效率提升的效果，有助于企业竞争优势形成，换言之，通过企业绿色管理来获取企业竞争优势，尽管绿色管理方面的投资是一项长远投资，短期内不一定看到立竿见影的效果，但绿色管理却能够使企业不容易被竞争对手模仿和超越，获取可持续的竞争优势。

第四节　文献述评

综合现有文献研究视角，饭店和餐饮企业绿色管理驱动前因和潜在后果梳理不清晰，绿色管理实践和企业竞争优势关系的中介因素和调节因素研究存在空白。整体而言，存在研究领域、研究视角和研究内容等方面的不足。

（1）从研究领域看，主要集中在特定产业背景组织层面的研究，跨层驱动因素和绩效影响的探讨不足，得出的结论也存在差异。企业绩效、企业竞争优势是企业绿色管理后果的主要体现和预期，制度环境、结构、战略等多元因素都有可能影响绩效，构成复杂的局面。不同理论视角下，学术界已对企业行为绩效的个别影响因素做了广泛探讨，然而却忽略了多元影响因素之间的相互关系和共同作用。已有的研究表明，饭店和餐饮企业参与生态标签认证，开展绿色管理实践是多方面因素综合作用的结果。本书将以我国住宿餐饮业为研究样本，整合外部和内部因素，进一步验证绿色管理实践的驱动因素和影响机制，弥补现有文献的不足。

（2）从研究视角看，西方关于接待服务业绿色管理研究相对较多，而我国学者对绿色管理的关注相对较少，尤其是涉及中国接待服务业的研究成果还很缺乏，在分析企业绿色管理实践驱动机制时，没有构建一个整体性分析框架，没有分析各影响因素的层次结构，因此整合驱动前因和绩效后果的实证研究值得进一步深入。虽然许多成果建议企业重视绿色管理，然而许多企业在具体实施时，常会受到产业价值链上下游合作企业的抗拒而降低成效。所以企业可以通过开展内部环境管理，将绿色管理整合到企业业务运营体系各个环节，或是改善企业员工的环境态度，培养主动的环保精神，以有效开展绿色管理实践。

（3）从研究内容看，研究内容主要集中在企业从社会网络中获取资源能力对企业价值、创新、联盟绩效等方面的影响。Hart（1995 年）基于资源基础观提出企业只有通过组织层面的能力提升，才能发展出具有可持续竞争优势的环境战略，而组织层面能力包括组织资产、员工技术、组织程序等难以被模仿或复制、稀缺性的组织内部资源。由此可见，绿色管理实践转化为企业竞争优势过程中，可能存在新的中介变量或情境调节变量，重新考虑这些变量并将其纳入整合性框架可以弥补对现有研究内容的缺口。

第五节　本章小结

本章内容包括对研究主要概念的文献综述，主要介绍了绿色管理、绿色管理绩效、和企业竞争优势的研究进展情况。本书关注的核心问题是饭店和餐饮企业绿色管理的前因及后果。因此，对上述理论进行回顾与综述，不仅为相关概念界定提供支撑，也为后续章节的理论分析奠定牢固的基础。围绕服务企业绿色管理，本书将开展下列研究：

第一，探析我国饭店和餐饮企业参与绿色管理实践的驱动机制和影响机制，以确定驱动我国住宿餐饮业服务企业绿色管理的真正原因，探讨驱动企业绿色管理实践的关键因素和绿色管理实践的影响效果，以提高行业内整体绿色化发展的可能。

第二，考察绿色饭店和绿色餐饮企业在参与生态标签认证项目、开展绿色管理实践后对企业竞争优势的影响效果，并在此过程中加入新的中介和调节变量，实证研究企业绿色管理实践对企业竞争优势提升的效果。

此外，国内已有研究多基于描述性的定性分析，实证研究服务性组织绿色管理实践的并不多见，导致服务性组织绿色管理前因及后果方面研究缺乏实证检验的说服力。关于参与生态标签认证后产生绿色管理转化为企业竞争优势的研究成果也存在缺失，特别在变量选择、情境变量、边界范围方面未达成一致，也缺乏实证结果的支持。因此，本书的实证研究结果，有助于揭开理论界和实业界对服务企业绿色管理能否真正带来绩效和竞争优势提升问题的“黑箱”。

在下一章，本书将结合具体的行业研究情境，对目前住宿餐饮业企业参与生态标签认证，开展绿色管理实践的实际情况开展案例质化研究。

第三章
住宿餐饮业绿色管理实践的质化研究

质化研究，或称为质性研究或定性研究，属于探索性研究方法，研究者本人即是研究工具，亲身涉入自然情景中探究社会现象。在质化研究中，研究者一般利用暗中观察或现场访谈等手段，尽可能收集与研究对象相关的一切信息，结合研究者阅历及经验，用归纳法对所有资料进行处理，挖掘社会现象背后的内涵及意义，并形成相关理论。与质化研究相对应的是量化研究，两者主要区别在于研究路径的方向不同：量化研究从理论出发，由理论演绎现象；质化研究从现象出发，由现象归纳理论。

由于住宿餐饮业绿色管理属于全新范畴，主要内涵是饭店和餐饮企业在生产和服务过程中降低能源消耗以应对自然环境污染和能源耗竭问题，积极开展环保节能和服务创新，体现企业社会责任。对于饭店和餐饮企业绿色管理实践，目前学术界还缺乏成熟的研究，特别是中国学术界极少关注这一领域。同时，本书以期在对绿色管理实践的驱动机理进行较为深入的阐释，不仅要考虑制度环境层面的驱动因素，还要探索组织层面一些新的变量可能对此类企业绿色管理实践的影响机制。因此，对于住宿餐饮业绿色管理实践的驱动和影响机制的研究，本书将结合探索性的质化研究与演绎性的量化研究，本章将首先对探索性质化研究进行梳理，然后在此基础上，后续章节将汇报量化研究对质化研究结论进行大样本实证验证的结果。本章研究分为三个步骤：①对我国住宿餐饮产业绿化进程背景资料进行描述和总结，并结合产业背景及研究客观条件选取案例对象；②描述案例企业基本情况，实地调研获得大量一手资料；③在访谈和文献资料的基础上相对严谨地归纳我国住宿餐饮业服务企业绿色管理实践的驱动因素和影响因素，提炼核心概念，形成本书研究的逻辑框架主线。

第一节　产业背景资料

通过政府对公民施加期望行为的绿色行动，可以减少全球的经济对环境的影响。在此背景下，接待服务业也开始逐步开展对环境负责任的管理活动，越来越多的服务接待企业加入到绿色行动中来，旨在减少对环境的威胁，通过降低能耗成本、吸引并保留顾客进而实现盈利增加。20 世纪 80 年代，欧洲的部分饭店开始将以企业环保主义为核心价值观的绿色管理思想引入企业运营过程中，对绿色饭店的发展起到了积极的推动作用。“绿色”通常被认为是“生态友好的”“环境友好的”或“可持续发展的”（Han 和 Kim，2010 年），Wolfe 和 Shanklin（2001 年）则认为“绿色”指的是减少对环境负面影响的行动。绿色饭店的英文表达是“green hotel”，但也有把绿色饭店称为“生态效益型饭店”或“环境友好型饭店”的，英文翻译分别为“eco-efficient hotel”和“environment-friendly hotel”。随着绿色消费趋势与社会期许的影响，数家跨国饭店集团如 Marriott，Hilton，Grecotel，Inter-Continental 及 Scandic 等都投入绿色行动多年（周佳蓉等，2014 年）。国际上对绿色饭店的衡量标准包括：建设过程对环境不构成威胁、设备运行不产生环境负面影响、运营环节能耗降至最低、为顾客提供满足人体健康需求的产品、积极参与环保社会公益活动。

随着全球环保意识的觉醒，人们开始意识到在住宿餐饮业内开展环境治理的必要性，但有关住宿餐饮业的环境治理缺乏环境保护法规制度和绿色评估标准的指导。在此背景下，各国陆续推出了绿色饭店标准，影响范围较大的包括：（1）起源于丹麦的绿色钥匙项目（Green Key）：该项目在全球范围内被广泛认可，认证对象包括饭店、客栈、青年旅舍、会议设施、露营区、度假屋、餐馆以及体育中心；（2）起源于加拿大的绿色钥匙生态评级项目（Green Key Eco-rating Program）：主要针对饭店、汽车旅馆和度假村的区域性认证项目；（3）美国和加拿大的阿托邦绿叶生态评级项目（Audubon Green LeafTM Eco-Rating program）：主要针对商务饭店（罗东霞等，2013 年）。

表 3-1　阿托邦绿叶生态评级项目的评审步骤及标准

<table>
<tr><th colspan="2">评审步骤</th></tr>
<tr><td colspan="2">1. 申请者首先要成为阿托邦绿叶生态评级项目的成员，并缴纳第一年会费。
2. 企业将完成长达 52 页的调查报告。
3. 阿托邦绿叶生态评级项目将根据企业完成的调查报告进行审核并准备一份环境绩效报告，承认饭店经营者在环境保护方面所做的努力并提出相应的改进建议。
4. 根据调查具体得分，进行生态等级的评级。
5. 由阿托邦工作人员进行的现场评估，以验证和评估参与者的环保实践情况。</td></tr>
<tr><td>等级</td><td>评分准则</td></tr>
<tr><td>一叶级</td><td>企业确实采取了一些环保措施例如减少能源和用水的使用。</td></tr>
<tr><td>二叶级</td><td>企业已经超越对环境问题的基本认识，对环境承诺以及节能减排方面进展良好。</td></tr>
</table>

续表

等级	评分准则
三叶级	饭店在采用行业最佳实践方面取得了卓越的进展。能源，资源保护，以及污染防治操作和管理，得分超过 50 分。
四叶级	饭店可以称为全面最佳实践者，在行业中处于领先地位并具有典型示范作用。评估得分超过 70 分。
五叶级	饭店是世界生态效率的领导者，不断引进新的环境政策和最佳实践作为目标和目标评估得分超过 90 分。

资料来源：根据 Sama（2010 年）整理。

美国和加拿大的阿托邦绿叶生态评级项目是为期 3 年的评审项目，项目与国家旅游局合作，每一位申请者都需要完成一份有关环境实践、企业规模和企业地址等问题的在线问卷。评审步骤以及评级标准见表 3-1。

基于传统观点，企业的生态反应是由来自市场和外部利益相关者（客户、供应商、竞争对手以及非市场代理人等）的压力造成的，非市场代理人指的是政府、非政府组织和社区。由于环境、战略和经济影响，企业开始承诺自愿采取环境改善措施，例如，国际标准化组织制订的环境管理体系标准 ISO14001 环境认证项目可以帮助企业改善形象，面向多元利益相关者展示企业环境承诺和环境组织活动。在我国，各个行业也结合行业特征和实际情况制订了行业规范及标准，如针对住宿和餐饮行业的《绿色饭店国家标准（GB/T21084-2007）》，为企业提供环境实践的依据。下面将简单介绍与住餐业相关的中国绿色饭店及国家级绿色餐饮企业认证的起源及发展历程。

20 世纪 90 年代中期，我国北京、上海、广州等经济较发达地区的涉外饭店受到国外绿色饭店的影响开始实施“绿色行动”，为我国绿色饭店发展奠定了基础。《浙江省绿色饭店标准》于 1999 年 3 月发布并实施，浙江省在全国住宿餐饮业率先开展绿色饭店创建工作，并于 2000 年评选出了全国第一批绿色饭店，为创建绿色饭店提供了具体行动方案。为了组织温室气体排放，倡导节能减排，政府推行一系列生态标签认证项目，非营利组织也大量倡导公益性绿色项目。政策主导部门代表政府导向，2006 年，《绿色旅游饭店》国家标准由中国国家旅游局制定并实施，一年后，国家标准《绿色饭店（GB\T21084-2007）》由商务部联合国家发改委、国务院国资委、环保部、国家标准委、国家旅游局等六部委联合制定和颁布。[1]这些都说明政策主导层面，未来绿色消费是主流趋势和必然方向。表 3-2 整理了与住宿餐饮业有关的行业法规和政策，从内容可以看出，政府对绿色消费日益重视，生态标签认证的制度环境已经成功构建。

表 3-2　住宿餐饮业相关行业法规和政策梳理

文件名称	发布时间	发布单位	主要内容
《食品广告发布暂行规定》	1998 年	国家工商行政管理总局	规范食品广告必须真实、合法、科学、准确符合社会主义精神文明建设的要求。
《绿色饭店等级评定规定》	2002 年	国家经济贸易委员会	规定了绿色饭店的定义、标准的适用范围、等级划分、等级划分的依据、评定方法、管理原则等。

〔1〕《2010 中国绿色饭店发展报告》，全国绿色饭店工作委员会 2010 年 11 月。

续表

文件名称	发布时间	发布单位	主要内容
《食品生产加工企业质量安全监督管理办法》	2003 年	国家质量监督检验检疫总局	从源头加强食品质量安全的监督管理，提高食品生产加工企业的质量管理和产品质量安全水平、保障人身健康和安全。
《关于做好建设节约型社会近期重点工作的通知》	2005 年	国务院	开展“争创绿色饭店”活动。
《关于开展创建绿色饭店活动的通知》	2005 年	商务部等国家六部委	倡导和创建节能环保健康型的绿色饭店，引导住宿企业发展资源节约型和环境友好型建设、树立绿色经营管理理念。
《食品卫生许可证管理办法》	2006 年	卫生部	食品卫生许可证管理、保障与实施。
《餐饮企业经营规范》	2007 年	商务部	从餐饮企业经营应具备的基本要求、经常场地、设备设施、规章制度、卫生安全和后续处理方面提出规范要求。
《绿色饭店》（GB/T–21084–2007）	2007 年	商务部等六部委联合制定	绿色饭店国家标准。

续表

文件名称	发布时间	发布单位	主要内容
《关于加快发展旅游业的意见》	2009 年	国务院	提出推进节能环保任务，创建绿色环保企业。
《关于加快住宿业发展的指导意见》	2010 年	商务部	提出推动住宿业转型升级，创建“绿色饭店”，推进住宿业节能环保；提升服务质量，规范住宿业发展。
《旅游饭店节能减排指引》标准	2011 年	国家旅游局	本标准是旅游饭店开展节能减排工作的操作指南。
《循环经济发展战略及近期行动计划》	2013 年	国务院	提出推进住宿餐饮业绿色化和倡导绿色服务，要求到 2015 年，住宿餐饮业单位增加值能耗明显降低。
《关于大力发展绿色流通的指导意见》	2014 年	商务部	进一步推动绿色饭店的创建工作，引导绿色消费。
《关于加快发展生活性服务业促进消费结构升级的指导意见》	2015 年	国务院	提出积极发展绿色饭店、主题饭店等细分业态，推动住宿餐饮企业开展电子商务，实现线上线下互动发展。

来源：作者根据政府部门官方网站发布内容自行整理。

中国绿色饭店 China Green Hotel

证 书

Certificate

根据中华人民共和国国家标准《绿色饭店》(GB/T21084-2007)

According to the national standard of GREEN HOTELS (GB/T21084-2007)

经全国绿色饭店工作委员会评定:

The National Green Hotel Committee assessed:

武汉金谷国际酒店

五叶级中国绿色饭店

China Green Hotel (Level V)

颁证日期: 2017年3月20日

Date of Issue

有效期: 2021年3月19日

Expiry

编号: 2017H0012

Number

全国绿色饭店工作委员会

National Green Hotel Committee

武汉金谷国际酒店

图 3-1 中国绿色饭店认证标识

图 3-2 国家级绿色餐饮企业认证标识

商务部大力推行供给侧结构性改革，并把绿色饭店和绿色餐饮企业创建列为商务工作的重点，积极倡导绿色消费，保护生态和节约资源。自 2005 年我国正式启动绿色饭店（餐饮企业）创建活动以来，全国各地纷纷开展绿色饭店（餐饮）创建活动，促进行业转型升级。部分研究者从绿色饭店创建动机（阮丹，2009 年；张萌，2011 年；何越，2015 年）、精细化管理（李才霞，2009 年；李和，2009 年；陈凯，2011 年；李岩松，2011 年）、绿色营销（韩笑，2007 年；范星宏和周娟，2013 年）、消费者视角（梁许萍，2012 年；楼燕芳，2016 年）开展研究，仅有少数研究者综述了绿色饭店及绿色建筑标准，但对具体指标并未涉及（罗东霞和李春颖，2013 年；马蓓和马金莲，2013 年；宋凌等，2016 年），而杨跃之和邬爱其（2004 年），向飞丹晴和赵大伟（2012 年）等的研究为我国绿色饭店标准的提出奠定了基础。《绿色饭店（GB\T21084-2007）》于 2008 年 3 月 1 日正式实施，为我国绿色饭店和绿色餐饮企业提供了可量化的评定标准，重视从绿色设计到绿色客房、绿色餐饮的生产和服务流程，按照细则评分分为五个等级，并用象征绿色环保的银杏叶进行标识（见图 3-1、图 3-2），较为客观和合理（罗东霞和李春颖，2013 年）。

为贯彻实施国家旅游行业标准《绿色旅游饭店》（LB/T007-2006），落实《中共湖北省委湖北省人民政府关于加快培育旅游支柱产业推进旅游经济强省建设的决定》（鄂发［2010］11 号）文件精神，进一步提高旅游饭店节能减排工作水平，促进旅游饭店业转型发展、推广低碳环保、科技智能的新产品和新技术，湖北省各地区积极开展并推进绿色饭店和绿色餐饮企业创建工作，地方商务局列出专项工作经费，保证创建工作有序开展。2016 年 8 月 10 日，省绿色饭店工作委员会在石首召开“2016 湖北省绿色饭店（餐饮）创建工作会议暨中国绿色饭店（餐饮）授牌仪式”，湖北省内绿色饭店和绿色餐饮企业申报创建工作迅速升温。以湖北省为例，《湖北省商务厅关于大力发展绿色流通的意见》于2014年11月25日正式发布，主要工作涉及绿色饭店创建工作。进一步开展绿色饭店创建工作，引导和推动大众化餐饮和经济型饭店发展。加强《绿色饭店》(GB/T21084-2007)宣传培训工作；加强绿色饭店评审员和企业创建绿色饭店内审员队伍建设。[1]

进入21世纪以来，随着居民收入增长和生活水平的提高，住餐业发展呈现加速趋势，企业数量、行业规模和企业利润都快速增长。在高速发展的形势下，一些公款消费和奢华消费风气开始盛行，住宿餐饮业出现浮躁现象，一些企业追求“高端、大气、上档次”，追逐高额利润和快速致富。2012年以来，国际国内经济形势均发生深刻变化，国民经济运行由快速增长进入新常态发展阶段。在中央“八项规定”“六项禁令”和反“四风”提出的新要求和艰巨繁重的转型升级改革宏观发展环境下，住宿餐饮业遭遇严峻考验。受政策和市场多重因素冲击，住餐业市场发展步伐放缓，增速持续回落，特别是餐饮行业，2013年收入增速甚至下跌至20多年来的最低点。针对市场的新变化，住餐业及时调整结构，转型升级，逐步朝着理性发展轨道发展，住餐业在市场结构和商业战略上都进行深层次变革，在坚持市场化为导向，消费结构多样化的努力下，行业业态不断丰富细化，经过结构调整、转型升级、行业洗牌、检验沉淀后，住宿餐饮业发展回暖并趋于稳定。2016年，中央“十三五”规划纲要发布并提出，2016年至2020年五年间，大众化餐饮、中档住宿的比重将由“十二五”时期的80%提高至85%以上。在“十三五”新经济政策指引下，中国的住餐业将迎来节能环保、空间集聚、产业融合、智能服务、品类定制的发展机遇期，投

---

〔1〕湖北省商务厅：“湖北省商务厅关于大力发展绿色流通的意见”，载 http://www.hbdofcom.gov.cn/swdt/wsgs/32531.htm，2018年9月1日访问。

向住餐业市场的资本也将大量增加，公众对行业持续关注。当前，住宿餐饮业房租、人工、原材料、能源等成本持续高涨，企业利润处于低位已成为发展常态并将长期维持，稳中求进，控制成本，环保节能，坚持满足大众消费为主体的多层次、多元化消费需求成为中小民营企业的共同目标。环境和能源问题日益成为困扰社会发展的重要问题，也已经得到社会各界的高度重视。当行业进入调整期后，市场需求结构发生很大变化，公款支撑的高端消费需求迅速降温，营业收入锐减，公款消费和奢靡消费势头得到遏制。一些高星级饭店和高端餐饮企业经营收入和利润明显下降。在严峻的市场结构调整和激烈的竞争中，住宿和餐饮消费开始由奢华走向理性，一些中小民营企业能够审时度势，以绿色消费需求为导向，及时调整经营方向。落实到我国住餐业，则体现为积极创建中国绿色饭店和国家级绿色餐饮企业，转变企业发展方式，采购使用节能环保设备，切实做好节能、节水、节材、节粮和资源保护利用工作，不向顾客提供使用一次性发泡塑料餐具。同时企业肩负引导顾客树立绿色消费观念、理性消费和减少浪费的重要职责。

以湖北十堰为例，全市 4 县 1 市 5 区，共计 100 余家企业填报创建绿色饭店（餐饮）申请表，经过省绿色饭店工作委员会组织专家（学者）初评，丹江口市汉江国际、房县金凤凰饭店、誉满诚饭店；竹山国际大饭店、玉都饭店；竹溪福泽饭店、龙王垭生态旅游饭店；郧西西悦华府饭店；郧阳区红太阳国际饭店；武当山特区武当山宾馆、太极会馆；十堰开发区琳琅国际大饭店、皇冠国际大饭店；茅箭区武当国际大饭店、万德国际大饭店、五湖商务饭店、堰丰饭店、龙安饭店、汉府国际饭店、九头鸟云鹤饭店、张湾区邦辉国际大饭店、希尔顿逸林饭店、李二鲜鱼村餐饮连锁饭店、六堰口之福火锅等 24 家通过初审评定。绿色创建工作旨在通过开展一系列绿色管理措施，促进行业转型升级，促进行业健康和谐发展，通过创建过程，加强绿色科学管理，使管理程序化、制度化、常态化。企业在参与创建绿色饭店（餐饮）过程中，对标整改投入了大量的资金进行升级改造。例如，希尔顿逸林饭店按照五叶级绿色饭店标准投资2个多亿于2016年开业迎宾，武当国际饭店投入资金50余万元进行提升改造，房县金凤凰饭店投资80万元进行达标改造，武当山宾馆投入资金400万元对宾馆进行了全面改造升级，堰丰宾馆也投入800万元进行全面改造升级，邦辉国际大饭店投入140余万元对节水、节电设施进行改造，这些企业不仅从企业软件、硬件投资建设，而且注意营造全员创绿氛围，提倡顾客绿色消费。最终，10家企业（包括：堰丰饭店、邦辉国际大饭店、郧阳区红太阳大饭店、丹江口市汉江国际饭店、竹山国际大饭店、郧西西悦华府饭店6家获评四叶级绿色饭店；琳琅国际大饭店、房县金凤凰饭店、房县誉满诚饭店、汉府饭店4家获评三叶级绿色饭店）获得最终挂牌。

湖北省荆门市的绿色饭店（餐饮）的创建成绩也很突出。在荆门市政协八届五次会议上，部分政协委员提出《关于在荆门住宿餐饮业推广绿色饭店（餐饮）品牌创建的提案》，引起各界高度关注，相关媒体均以《推广绿色餐饮势在必行》作为两会特别报道，在社会上产生广泛影响。在“2016湖北省绿色饭店（餐饮）创建工作会议暨中国绿色饭店（餐饮）授牌仪式”上，荆门帝豪饭店、金王子大饭店、东城饭店分别被授予“国家级五叶绿色饭店”和“国家级五叶绿色餐饮企业”；洪湖鸭子被授予“国家级四叶绿色餐饮企业”。2016年下半年荆门市凯莱世纪大饭店、星球国际大饭店申报创建国家级五叶绿色饭店，佰斯特餐厅、梁记粥铺、洪湖藕王、食尚家宴4家餐饮企业申报并成功授牌国家级四叶绿色餐饮企业。2016 年 11 月，荆门首家绿色餐饮企业九尊食上由于其创绿活动中的突出业绩，在全国绿色饭店工作委员会和中国饭店协会在海南三亚举办的“2016 中国绿色饭店年会”上，荣获“中国优秀绿色餐饮企业”称号。

在商务、民政、食药监等政府相关职能部门及湖北烹饪与饭店管理行业协会共同努力下，部分企业积极开展生态标签认证，提升经营效率，着力绿色品牌建设。本书在调研中了解到，目前发展较好的绿色饭店和绿色餐饮企业，无一例外都在提升企业经营水平和管理效率上不吝投入，以供给侧改革和调整为目标，优化内部经营管理制度，积极参与环境认证项目，整合产业绿色价值链，提高企业管理水平和经营效率。湖北省绿色饭店（餐饮）创建工作稳步推进，同时也让参评企业尝到了节能降耗、规范管理、降低成本、提升效率的甜头，截至 2017 年 12 月，获评绿色饭店和绿色餐饮企业达 75 家。

第二节　案例研究设计

一、研究案例选取

案例研究（Case study）是一种基于扎根理论（Strauss 和 Glaser，1990 年）的研究策略，指的是在自然状态下对某种特定情境中现象动态审视过程，并运用多种资料收集的方法（李平和曹仰锋，2012 年），适用于微观层面的行为研究。案例材料是事实说明的集合，对所搜集的事实和数据要求真实有效（冯旭，2010 年），它强调理论建构完全来自证据，以及开展渐进式的案例选择和数据收集。活跃的案例研究者们开发了各具特色的案例研究方法，以案例数量来划分，可分为单案例和多案例两种形式，前者是通过独特或极端的单个案例，对现有理论进行证实或证伪，后者则通过不同案例的比较和确认，形成较为完整或普适的理论。

本书案例研究对象的选取标准包括：（1）研究的主要问题是住宿餐饮业服务企业绿色管理实践的内外驱动前因，因此所选取的案例必须是饭店或餐饮企业；（2）拟采取多案例分析法，在广泛收集案例信息的基础上对所获得的材料进行编码和分析，因此对案例数据的获取来源有较高要求，行业协会新闻、政府主管部门公告、企业文件和档案记录、现场访谈、直接观察和参与性观察是信息的主要来源，辅以实物证据，多重信息来源增强了证据辅证效果；（3）绿色管理对组织绩效影响的反馈有一定滞后性，多元驱动前因分析视角也要求案例企业的成立年限达到一定要求。研究者由于工作关系，与住宿餐饮业企业家、政府部门高管、非营利组织多有工作往来，比较了解行业情况，希望通过对典型绿色饭店、绿色餐饮企业的案例分析，反映住宿餐饮业绿色管理真实情况。根据选取标准，并与学术界和实业界多位专家和专业人士的探讨，圈定湖北省近三年参与申报或者正在申报行业内认同度最高的生态标签认证项目（绿色饭店和绿色餐饮企业认证）的企业作为案例来源，具体选择四家企业（应企业要求，隐去企业具体名称）。原因在于，首先，这四家企业都属于住宿餐饮业，受到国家制度环境、法律规制和社区、消费者等多元利益相关者监督和约束，有开展生态标签认证的外部动机。其次，研究者本身是我国生态标签认证项目（绿色饭店和绿色餐饮企业）的注册评审员，每年参与大量评审项目，在评审中获取大量一手资料。同时，研究者与这四家企业的高管保持长期合作与联系，当地行业协会、政府部门也与这几家企业关系密切，便于案例资料的获取与收集。

二、案例研究方法

本书理论框架的设计是基于住宿餐饮业中小民营企业发展中遇到的实际问题和现实制度环境开展的，现场访谈是开展社会调研、进行问卷设计的前提和基础性工作，也是案例研究中所需一手数据的收集方法之一。因此，本书采用多种数据采集方法，包括：（1）对四家企业的总经理、高管团队和部门经理进行深度访谈，并在受访者同意的情况下录音存档；（2）收集了四家企业的文件资料，主要包括运营文件汇编、管理制度、服务手册、生态标签认证项目申报材料等；（3）对四家企业的网站以及新闻搜索引擎搜集有关四家企业的报道进行了内容整理；（4）对四家企业的整体环境、员工服务水平、各部门的运营情况等进行实地考察。

现场访谈法是指通过提前预约，访谈人员与访谈对象通过面对面交流或者网络、电话等通讯方式，由访谈人员提出预先设计好的与研究理论框架中涉及的概念及具体维度有关的问题（一般为开放性问题），受访对象即时互动回答，访谈人员对访谈内容进行笔录，或者在征求对方同意的情况下采取录音手段的调研过程。访谈人员在现场访谈过程中，可以较为灵活地根据受访对象的具体情况和个性特征采用不同的提问方式，并注意询问的语气语调，尽力保持和谐融洽的访谈氛围，使得访谈获得有价值内容和有效的结果，因此，现场访谈时访谈人员可能会随机增加问题，进一步补充访谈内容、拓展访谈范围，并观察受访对象的面部表情、举止动作和说话语气来判断哪些内容是对方重点强调的关键性信息。现场访谈中获取的信息是本书提出理论假设的现实依据，也是问卷设计的基础。在本书中，现场访谈进行的程序如下：

1. 前期准备工作

现场访谈前期的准备工作相当重要，直接决定访谈质量和结果。具体而言，前期准备要做好对所涉及问题的国内外文献的查阅与研读，对研究概念框架的内容有较深入的理论知识储备，在此基础上拟定现场访谈的内容和提纲。

首先，本书已经确定研究情境为我国住宿餐饮业，研究具体对象为饭店和餐饮企业，此类企业涉及利益面广，主要体现在：公众媒体关注度高、政府加大环保规制力度、环境敏感度高、与周边社区较易产生冲突等方面。据此，本书选取了住宿业和餐饮业各 2 家企业，分别来自省域内 4 个不同城市，城市经济发展水平各不相同，以避免由于区域特征相似而造成访谈内容偏差，从而使得现场访谈内容和信息具有代表性。同时，住宿餐饮业企业规模与其他产业有较大不同，中小企业占绝大多数，因此访谈对象是中小企业。

其次，在选择受访对象时，确保他们都是企业负责人及高管团队，针对本书研究对象，具体而言指的是饭店或餐饮企业的董事长、总经理、店长、总监、行政总厨和部门经理等中高层管理者，他们对本书中的战略导向、企业内外部环境、组织学习等方面的问题较为熟悉，视野也较为聚焦，从而保证访谈内容和信息较为客观和准确。

最后，在正式拜访企业、进行现场访谈之前整理较完整的访谈提纲。由于工作便利原因，笔者对这四家案例企业的基本情况比较了解，并事先将提纲发给企业负责人，请他们提前做好准备。四家案例企业也十分配合，保障了访谈效果。现场访谈的内容主要包括两类：一类是对基本情况的了解，既包括案例企业基本情况，例如企业规模、企业成立年限、企业所有制类型、认证意愿等，还包括受访者个人信息，例如受访者的职务、从业经历和学历等。另一类则是现场访谈提纲设计的有关企业内外部环境、行业发展现状等问题，并灵活根据需要扩展性询问了关于外部制度环境、内部战略导向、企业绿色管理实践情况及其影响（如绿色智力资本积累、绿色管理绩效、企业竞争优势）等情况，这些访谈内容对研究问卷设计有很大帮助（表 3-3）。

表 3-3　开放式访谈提纲

涉及范围	主要问题
外部环境感知	请简单描述贵公司对所处行业的看法？ 请描述贵公司目前主要竞争对手、供应链伙伴情况。 对绿色饭店或绿色餐饮企业国家标准有何了解？ 请描述贵公司与核心利益相关者的关系。
内部组织管理	请简要介绍贵公司的发展历史和组织机构沿革情况。 您对未来 3 年~5 年公司的发展有何愿景？希望达到什么目标？ 公司高管团队在进行重要决策时有没有考虑环境保护问题？ 贵公司的组织文化有哪些特点？ 贵公司在新产品和服务设计方面是否有先于竞争对手的情况？

来源：本书根据研究架构设计问题。

2. 现场访谈过程

在前期准备工作基础上，笔者主动联系案例企业负责人，由于相互之间比较熟悉，所以四家案例企业都欣然接受访谈，由于提纲提前通过 Email 等通信工具传递给案例企业负责人，所以访谈之前受访者已经对访谈内容有所了解。访谈正式开始之前，访谈人员再次向受访者介绍调研目的，强调访谈内容绝不会用于商业用途，调研旨在推进政府对行业扶持力度以及帮助企业明确未来发展方向，不会泄露企业机密，如此一来彻底打消企业顾虑，使得受访者客观真实地表达自己对问题的看法和意见，保证现场访谈所采集信息的信度和效度。此外，访谈就在饭店或餐厅包房中进行，尽量营造一种较为放松的谈话氛围，消除受访者紧张情绪及心理负担。访谈人员先从企业较为关注的领域开始访谈，这样容易引发对方的关注并快速进入谈话状态，随后较为灵活的推进访谈提纲中的问题，提问先后次序随机调整，以不打断对方陈述节奏为准，以全面覆盖访谈提纲设计问题为目的。

表 3-4　案例企业基本情况及负责人个人信息

案例企业基本情况				企业负责人个人信息				
	规模	年限	类型	职务	经验	年龄	学历	时间
HX	265 人	1.5 年	合资	副总	15 年	42 岁	硕士	73 分钟
HY	137 人	23 年	国有改制	总经理	30 年	52 岁	大专	65 分钟
CJ	185 人	8 年	民营	董事长	24 年	49 岁	高中	81 分钟
CR	160 人	3 年	民营	总经理	19 年	50 岁	大专	53 分钟

来源：本书整理。

3. 访谈后的整理工作

现场访谈结束之后，根据艾宾浩斯记忆曲线规律，为防止因时间推移对访谈内容的遗忘，尽快对访谈内容进行整理。一方面整理了案例企业的基本情况，主要包括企业名称、企业规模、企业成立年限、企业所有制类型、企业参与生态标签认证情况等，还有受访者个人信息如性别、职级、工作年限、职务和学历等；另一方面，对现场访谈提纲设计的问题访谈内容的总结，如将访谈内容归纳为外部制度环境和内部组织管理等方面。

三、数据搜集与分析方法

扎根理论强调对一手资料的获取。本书依托深度访谈获取的一手资料，补充搜集与案例企业有关的二手资料，具体包括企业内部管理制度、企业官网、企业内刊、认证提交材料、企业主动披露信息、行业协会年鉴和媒体报道等信息。在获取充足资料后对收集信息进行编码，目的是形成初始概念，提炼缩小范畴，形成核心概念，构建概念框架。通常经由以下三个步骤来实现：

第一，开放性编码：使用最重要或出现频次最高的初始代码，通过研究者的经验和敏锐的判断力，选出最能分析和代表研究信息的代码，逐步缩小层层筛选，探寻相关概念与范畴，并对其进行命名，形成概念。开放性编码应注意：其一，信息完整无缺失。应由对样本信息有把握且经验丰富的研究者进行逐步编码，以免遗漏关键信息；其二，基于文本或数据编码。应由真实文本或数据提炼范畴，而非为了获取范畴对文本或数据生搬硬套；其三，尽量客观而非主观，保持信息和数据的本来面目。

第二，轴心式编码：进一步聚类分析开放性编码过程中获取的初始概念，探寻它们之间的潜在关联。每一组概念的关系初步建立后，研究者区分出主范畴和子范畴，再进一步比较分析主范畴和子范畴间的关系，当主次关系确定之后，再对原始数据信息重新编排，将数据信息按主要逻辑联结。轴心式编码应注意：首先，综合考虑案例企业或受访对象所处的社会文化背景；其次，编码时以范畴为轴心，一次处理一个范畴，逐步向外寻找范畴间联结，随着编码的不断深入，各个范畴间关系越来越清晰。

第三，选择性编码：围绕研究核心问题确定核心范畴、主范畴及其间的典型关系结构（Strauss 和 Corbin，1998 年）。实际上，选择性编码就是提炼与统整形成概念分析框架的过程。

第三节　案例基本情况

案例研究对象为已经申报绿色饭店或绿色餐饮企业生态标签认证项目的饭店和餐饮企业（员工规模在 10 人~299 人之间），企业名录由全国绿色饭店工作委员会湖北省绿色饭店工作委员会办公室提供。

表 3-5　案例企业基本情况

企业名称	具体行业	成立年限	企业规模	企业性质
HX	住宿	不满 3 年	265 人	股份制
HY	住宿	20 年以上	137 人	国有改制企业
CJ	餐饮	10 年左右	185 人	民营企业
CR	餐饮	5 年左右	160 人	民营企业

研究期间为 2015 年 2 月到 2018 年 2 月共 3 年。具体选择四家住餐业中小企业作为案例研究对象（表 3-5）。应企业要求，生态标签认证信息和企业内部资料涉及商业机密，企业不愿公开，因此本书将四家案例企业编码为 HX、HY、CJ、CR。首字母 H 和 C 分别代表具体行业，H 代表住宿业（Hospitality Industry），C 代表餐饮业（Catering Industry）；后面的字母取企业名称中某个汉字的汉语拼音的首字母，以作区分。HX 和 HY 尽管都是住宿企业，但性质不同。HX 是国际联号的股份制企业，成

立时间尽管不长，但品牌属于知名跨国集团，管理相对规范，高管多具备国际视野，较为典型；而 HY 属于国营改制企业，历史悠久，在当地人心目中享有盛誉，是老牌国有改制企业代表；CJ 和 CR 都是餐饮企业，CJ 位于地级市，是当地知名的生态园林型餐厅，CJ 的法人代表同时也是当地行业协会的副秘书长，在当地属于“领头羊”式的标杆企业；CR 位于省会城市，经济相对发达，且品牌声誉良好，以连锁形式经营，总店和分店都积极参与生态标签认证项目。下面将简要介绍四家案例企业基本情况。

一、HX 饭店企业

HX 企业于 2016 年开业，由国内某多产业发展的企业集团投资人民币 4.1 亿元兴建，建筑面积达 3.5 万平方米，位于世界文化遗产地、国家重点风景名胜区所在城市，是当地新开业饭店中规格较高的五星级涉外饭店，以管理合同的方式获得某国际知名饭店管理集团系列品牌中五星级简约商务饭店品牌使用权，面向来自世界各地的游客。HX 拥有 267 间配备齐全的客房，4 个风格迥异的餐厅和酒吧，面积达 1212 平方米的会议设施，紧邻商业中心，是一家综合商务性的五星级饭店。

HX 参与绿色饭店认证的态度非常积极，绿色管理实践内容丰富，由于该企业 2016 年才正式开业，因此建筑设计、室内布局和功能分区都按照绿色饭店国家标准建设。现场访谈中我们发现，HX 参与生态标签认证带来了积极效果，一方面 HX 的外籍顾客较多，环保意识较强，对绿色饭店产品和服务认同感和满意度较高；另一方面，在三年的建设过程中，HX 严格执行国家标准，将先进的施工技术和管理手段贯穿施工全过程，顺利通过了该品牌所属国际饭店管理集团的审核。

二、HY 饭店企业

HY 有着悠久的历史（超过 20 年），是一家集餐饮、住宿、娱乐、购物于一体的综合型饭店。HY 与 HX 同处一个城市，但 HY 前身是当地政府部门某事业单位下设接待性质宾馆，改制后成立 HY 饭店管理公司，旗下拥有两家饭店和一家娱乐城。HY 拥有客房 86 间（套）、床位 155 个，以及可容纳 500 人同时就餐的大型宴会大厅和可容纳 600 人进行大型会议的会议厅，硬件设施较完备。

HY 绿色管理实践态度也非常积极，旗下 2 家饭店都申报了绿色饭店认证项目，总经理为女性，企业家精神凸显，较有魄力，在其带领下 HY 投入 800 多万元对不符合绿色饭店国家标准的硬件进行改造，并多次请行业专家到企业为员工展开绿色饭店相关议题的培训。通过我们实地考察发现，员工对绿色饭店认证项目比较了解，综合素质整体较高，对企业环保主义的理念较为认同。该企业自觉遵守法律、行政法规的各项要求，为确保创绿活动满足法律、法规的要求，HY 多次组织全体人员学习《食品卫生法》《绿色饭店（国家标准）》等认证法律、法规、标准，提高全体人员对法规的理解和认识。

三、CJ 餐饮企业

CJ 经过十年左右的发展，CJ 已成为当地最具影响力的餐饮品牌企业，旗下拥有一家生态美食园、一家宴会接待酒楼和一家商务饭店，是集特色餐饮、商务住宿、管理咨询等项目于一体的综合服务企业。CJ 生态美食园占地 5000 余平方米，其中餐厅面积 3000 余平方米，有风格各异包房 30 余间，可接待 10~40 桌宴会多功能厅两间，可容纳 900 余人同时进餐。通过实地考察我们还发现，CJ 生态美食园身处城区却独辟静处，在环境上营造出阳光绿色的精致园林风格景象，上百种南方名贵植物遍布全园，鸟鱼花木和谐融处，园内奇石文化主题突出，名家字画墨香沉蕴，先进的中央空调和新风系统，保持了生态园内四季如春。

CJ 在四家企业中属于绿色管理实践走在前列的企业，积极参加政府组织的生态标签认证项目，获得了多项荣誉，2012 年被评为国家五钻级酒家，曾作为先进代表参加全国绿色饭店经验交流会暨节能增效优选案例推广会。CJ 注重宣传，办有企业专刊，与媒体关系良好，正面宣传报道很多，形成良好口碑。CJ 企业在节水、节能、节气处理方面进行较大投入，日常注重细节管理，定期组织中高层管理者召开工作对照检查座谈会，有自己的啤酒专供厂家和蔬菜基地，在其他食材采购环节也对供应商有一定的环保要求。同时，CJ 关注慈善，开展“结对子”贫困山区帮扶活动，同时与社区多次组织环保公益活动。CJ 董事长具备多重身份，既是当地知名企业家，又是当地烹饪饭店行业协会常务副会长，与国家行业协会、湖北省行业协会以及其他地方行业协会多有往来，拜在我国某知名烹饪大师名下，同门师兄弟多达 50 余人，且都在餐饮行业发展，人脉甚广，相互学习切磋机会较多，曾随中国烹饪协会代表团出访多国参加“中国美食文化节”系列活动。

四、CR 餐饮企业

CR 成立于 2012 年，目前共有两家餐厅，均位于省会城市 AAAAA 级旅游风景区附近，总占地面积 5 万平方米，营业面积 1.2 万平方米，拥有一个花园大厅，一个宴会厅，一个户外水上餐厅，8 栋别墅会所，40 个 VIP 包房，以及 10 个棋牌休闲室的徽派风格水上建筑群，是集餐饮、休闲、娱乐、度假、旅游为一体的综合性生态花园饭店。

CR 是四家企业中最早参与绿色餐饮企业国家标准认证的企业，积极响应国家号召和地方政府宣传，用环保创新的理念塑造优质的企业品牌形象。CR 属于复合型餐饮企业，主打婚宴、棋牌、团餐，营业以来赢得本地消费者认可和赞誉，2015 年在同一城市又开一家占地 6000 平方米的超大型餐厅。

第四节　数据编码与类别合并

一、开放性编码

接下来本书以所获一手访谈资料和二手文字资料为研究材料，基于四家企业现场访谈的录音转文字材料、运营文件汇编、管理制度、绿色饭店或绿色餐饮企业申报材料（生态标签认证）、企业内刊、企业网站及相关新闻报道进行内容分析。在国内外众多绿色管理研究成果中，尚未有对中国住宿餐饮业绿色管理实践的内容分析。一旦企业确定环境战略，便会从基本经营方针、组织结构、创新技术等方面进行系统规划，拿出可行的具体举措。因此以案例企业已经实际执行的生态标签认证为研究主轴，不但可以反映出生态标签认证的内涵，也更适合整理生态标签认证动机及其结果的基础框架。而要深入了解企业已实际执行或既有的绿色管理实践，最正确、可靠且最容易获得的数据即为企业正式对外发布的企业社会责任报告以及企业申报时提交的资料。

开放性编码与访谈同时进行，研究团队成员在每次访谈结束后及时整理资料并编码，编码结束后再进行下一轮访谈。在此阶段，本书一共得到 73 个初始概念，剔除重复概念和无效概念后，得到 55 个有效初始概念，开放性编码的简要资料如下

（表 3-6）：

表 3-6　开放性编码简要资料（部分）

初始概念	典型性表述引用
多级政府部门规制 管制与执行 网络信息传播	各个部门都来管，我们也是不容易，都要招呼，消防局的最厉害，一票否决制，没有消防证根本不能营业，更别说参加绿色饭店评审了，我要不弄到消防证，怎么能参加评审咧！（企业负责人） 人言可畏啊，韩寒那么有名，他那个店的厨房卫生问题一被曝光，立马倒闭，再有名也没用，照样政府会来管你，一传十十传百，消费者都不再上门……（企业负责人）
主管部门支持	商务局的领导也很关心我们，组织专家给我们培训，让我们这些大老粗学到不少环保知识。（企业负责人）
政府扶持 政府奖励	政府对积极参与国标认证的企业，特别是我们这样的小企业，有一定补贴和奖励……（企业负责人）
社区互动 公益活动	我们每月都组织社区送爱心活动，比如春节期间环卫工人可以免费到我们这里用午餐；给社区空巢老人免费提供送餐上门服务……我们都已经形成传统了，员工也自发去做，不用强调都会去做的……（工会主席）
高管支持	我们饭店专门设立了创绿指挥小组，副总经理牵头，各部门负责人都是成员，有问题直接向总经理汇报……（人事经理）
成本压力	成本居高不下，房租、原材料、人工、水电都在不停地涨……（财务总监） 利润是越来越薄，现在毛利率能有 15%就阿弥陀佛了……我们还算好的，有的毛利率不到 10%也在苦苦支撑……（总经理）
规模扩张 主动创新 风险意识	我们老板当年就是推着小推车卖烧饼起家的，现在是我们房县数一数二的餐饮企业家，基本上房县人 10 个婚宴有 8 个会选择我们这里，我们目前在城中心又开了一家店，主打主题婚宴，每一个宴会厅都有特定主题，迎合年轻人的喜好……（店长）

续表

初始概念	典型性表述引用
人才缺乏	要知道，小企业留不住人，这不，我刚带上手的一个大学生，前几天又跳槽了，没办法，年轻人谁不愿意去更规范的大企业呢，我们是小庙供不起大菩萨……（店长） 我们越来越难招到年轻人，以前还可以招到农村进城打工的，现在农村扶持政策好，很多城里人恨不得都攀亲带故想转成农村户口了！一个月给他长个二三百人家根本不在乎，还是要辞职……“90 后”更麻烦，说不得，一不高兴就辞职……（总经理）
顾客需求	顾客口味越来越刁……我们这行都知道顾客都是喜新厌旧的，你不上新菜品、新技术、新设备，客户马上用脚投票，不来了……（销售经理）
利益相关者 披露信息 风险意识	食品安全、污水和垃圾排放……媒体都盯着呢，现在网络又发达，手机偷拍又方便（笑）……防不胜防，还是自己规矩点的好……（企业负责人） 有时候是自己人讲出去的，比如后厨卫生不达标，居然有员工拍了发朋友圈（笑），恐怖吧？（人力资源经理）
师徒制 关系资本 知名度	我们厨师行当都流行拜师父，像卢大师、余大师他们，哪个不是徒弟几十个？这还算好的，听说北方一个烹饪大师全国徒弟收了 300 多人，每人门槛费 4 万呐！……（行政总厨） 你说为什么要拜？这就是行规啊，要想在行业长足发展，一定要拜个有名的师父，可以获得很多别人得不到的消息，同门之间也互相帮衬，这都是难得的资源啊！……（行政总厨）
标杆企业 模仿 规范管理 竞争对手 创新能力	吴总的店是我们当地生意最好的餐饮企业，你看他那个厨房，啧啧啧，用潘秘的话说“厨房象客房一样干净”，我们兄弟几个（都是餐饮企业家，有自己的餐饮品牌）都向他的店看齐，他的店就是榜样！（企业负责人） 行业协会的理事单位互相都看着在，一家评审通过了，其他都想参评，想法很简单，他可以挂牌，我为什么不可以，而且的确管理规范多了啊……这年头，把成本控制好了才能赚钱。（企业负责人）

续表

初始概念	典型性表述引用
环境、卫生 技术升级	饭店率先参与评估环保、食品安全和风险，并提出切实可行的管控措施，以降低潜在的环保、食品安全与潜在风险。（申报材料）
节能减排 节水 节电 降耗 员工环境 意识	我们行政办公室主动搬到负一层办公，要求办公室员工杜绝“长明灯”，离开办公室随时关灯……电脑、复印机、打印机等办公设备要求员工设置为不使用时自动进入低能耗休眠状态，长时间不使用及时关闭，以减少待机消耗……电脑显示器开启休眠模式……下班前要关闭办公电脑、饮水机和照明灯等室内所有电器的电源开关。（办公室主任）
绿色设计 绿色生产 环保倡议 产品和服务	我们饭店装修设计请的是中国美院专家，装饰风格上融入了众多随州地方文化元素……（申报材料） ……今年推出的月饼礼盒，采用了环保设计理念，用的是可再生的材料，包装也简化了……你看这里还有保护环境的倡议书……（销售部经理）
绿色供应商 选择 绿色采购 绿色生产 媒体宣传 主动创新 竞争手段 利益相关者 关系	我们从源头上严格控制，确保供应商提供合格食材，确保食品安全……我们还自筹资金，建立种植基地，建造占地200多亩的玉明农场，源源不断地提供放心原材料，同时与大型水库养殖户、农户对接原生态食材，确保让客人食的营养、吃得健康！（总经理） 有机蔬菜我们在农村都有专供基地，你知道，有机蔬菜的价格是很高的，100%我们不敢保证，但是80%的比例是可以保证的……我们这里电视台都采访过我们的蔬菜专供基地，绝对是有机绿色食品。（采购经理）
食品健康 食品安全 企业形象 内部沟通	公司高层要求厨师队伍有强烈的社会责任感，有维护公众健康的爱心，悉心钻研传统烹调工艺，在烹饪过程中摈弃非天然、不安全的添加剂，拒绝色素，使用天然食材和天然调味品，制作出色、香、味俱全且营养健康的本色菜肴。（厨师长）

续表

初始概念	典型性表述引用
捐赠活动 公益活动 企业社会责任	我们老总喜欢做善事，曾经资助10名贫困生上大学，去年我们一个员工孩子得了白血病，她一次性就捐了2万多元。今年暑假电视台组织保康留守儿童夏令营，我们饭店一次性拿出20间客房免费提供给他们住……（副总经理）
学习与培训 鼓励创新	我们多次组织员工参与绿色餐饮企业国家标准学习，将专家请到饭店给员工进行培训，创绿小组成员多次前往已认证优秀企业实地考察学习……（总经理办公室）
环境态度 环保倡议 顾客互动	保护环境，人人有责；杜绝浪费，空盘行动；拒绝剩宴，倡导光盘；倒下的是剩饭，流走的是血汗；饭菜吃光，脸上有光；盘中粒粒皆辛苦，光盘行动你我助。（公共区域宣传标语）
政府奖励	2015年中国金口碑星级饭店；2015湖北省餐饮服务食品安全示范单位奖；2015年全国建筑工程装饰奖（鲁班奖）、示范饭店、优秀企业、餐饮名店……（获奖情况）
政治联系 知名度	我们老总很忙，因为他是协会秘书长，要处理很多协会的事务……自从他当选人大代表以来更忙了，经常要参加各种会议、接受媒体采访……当然实话实说，我们饭店在当地也更有名了……（办公室主任）

来源：本书整理。

在开放性编码形成初始概念基础上进行分类组合，通过进一步分析初始概念描述内容，归纳并初步形成与本书研究核心问题密切相关的子范畴，具体包括管制力度、市场环境、舆论压力、同行影响、成本导向、创业导向、绿色管理实践、绿色人力资本、绿色结构资本、绿色关系资本、绿色管理绩效、企业竞争优势、非正式制度支持13个子范畴（表3-7）。

表 3-7 轴心式编码形成的子范畴

核心概念	子范畴
政府扶持、多级政府部门规制、管制与执行、主管部门支持	管制力度
绿色宣传、绿色设计、绿色消费、技术升级、竞争对手	市场环境
网络信息传播、企业社会责任、利益相关者	舆论压力
绿色营销、绿色文化、标杆企业模仿、规范管理	同行影响
追逐利润、降低成本、服务流程改进、规模扩张、提升效率	成本导向
风险意识、主动创新、竞争手段、鼓励创新	创业导向
节能减排、节水、节电、降耗、环境、卫生、安全管理	绿色管理实践
学习与培训、员工环境意识、员工服务意识	绿色人力资本
高管支持、关系营销、内部沟通	绿色结构资本
团队凝聚力、绿色供应商选择、客户关系、公益组织合作	绿色关系资本
员工环保意识、生产/管理效率、社区互动、公益活动、政府奖励、媒体宣传	绿色管理绩效
降低成本、产品和服务、创新能力、知名度、企业形象	企业竞争优势
政治联系、顾客互动、利益相关者关系	非正式制度支持

二、轴心式编码

轴心式编码是由 Strauss 和 Corbin（1998 年）在早期扎根理论基础上开发的一种典型研究范式，可以通过原始资料挖掘探寻范畴间的内在联系，寻找主范畴和子范畴的内在联系。经由开放性编码初始概念所形成的诸多概念，在内容和关联上都相对宽泛和模糊，根据质性研究编码程序，本书聚焦住餐业中小民营服务企业绿色管理实践的驱动和影响机制，所以会将企业官方网站、内刊、申报材料、社会责任报告中有关绿色管理实践的内容选取出来，并参考绿色饭店/绿色餐饮企业国家标准对选取出的内容，通过轴心式编码进一步探寻初始概念之间的潜在关联，按照内在逻辑关系重组成为子范畴。例如"政府扶持""主管部门支持""多级政府部门规制""管制与执行"这几个概念其实都映射在管制力度这一个子范畴上面，可以归为一类。

进一步发现，管制力度、市场环境、舆论压力和同行影响都反映多元制度逻辑，因此归入多元制度逻辑主范畴；成本导向和创业导向都反映企业战略导向，因此归入战略导向主范畴；绿色人力资本、绿色结构资本和绿色关系资本子范畴构成绿色智力资本主范畴。

三、选择性编码

通过上一阶段轴心式编码发展出绿色管理实践的子范畴之后，需要进一步系统化子范畴间的关系，即采用选择性编码对进行梳理和分析，挖掘子范畴间关系并以"故事线"呈现研究内容背后的因果脉络，系统描述范畴间的关系，发展出研究的理论架构。在这一阶段，通过对多元制度逻辑、战略导向、绿色管理实践、绿色管理绩效、绿色智力资本、非正式制度支持、企业竞争优势七个主范畴及相应子范畴的深入分析，同时结合现场访谈记录及搜集的其他原始资料进行比对互补分析，将绿色管理实践确定为核心范畴，下一步应该探寻此核心范畴与其余六个主范畴之间的关系（表3–8）。

进一步发现，围绕绿色管理实践这一核心范畴存在两个递进关系的主导逻辑线。其一为多元制度逻辑、战略导向、绿色管理实践与绿色管理绩效之间存在显著影响，这一条主导逻辑的脉络为：多元制度逻辑和战略导向是绿色管理实践的驱动因素，绿色管理绩效是绿色管理实践的绩效后果，绿色管理实践在多元制度逻辑、战略导向和绿色管理绩效之间存在“桥接”的中介作用，有待进一步开展实证研究。其二为绿色管理实践、绿色智力资本与企业竞争优势之间的关系，其主导逻辑脉络为：绿色管理实践过程中企业积累绿色智力资本，进而影响企业竞争优势，绿色智力资本在绿色管理实践和企业竞争优势间存在“桥接”的中介作用，非正式制度支持水平属于情境因素，调节这一中介过程，有待进一步开展实证研究。

表 3-8 研究主要概念间的关系结构

主范畴	子范畴	结构关联与内涵
多元制度逻辑	管制力度	反映制度场域来自政府、行业主管机构的法律法规、行政命令、约束要求对企业的强制力度。
	市场环境	反映同一行业内市场变化、竞争强度和技术变革的快速变化程度。
	舆论压力	反映利益相关者通过社会舆论、媒体报道、网络信息对企业施加的压力，企业不得不对此作出回应，与利益相关者互动，体现企业合作、承担社会责任的姿态。
	同行影响	同一行业内被广泛认可的价值观和专业规范对企业的影响，体现企业对行业内标杆企业或竞争对手自然接受、主动学习的意愿或行动脚本。

续表

主范畴	子范畴	结构关联与内涵
企业战略导向	成本导向	对于成本战略的实施主要是通过对企业的产品的生产控制以及对企业产品的价值链的重新建立来获得低成本的竞争优势，这样可以为企业带来更多的利润增长。
	创业导向	参与产品、服务市场创新，承担一定程度的风险，进行有超前性的创新，以此打击竞争者。
绿色管理实践		企业通过清洁生产作业（流程改良、能源节约、废弃物减量、资源重复利用）、积极开展环保实践（生态标签认证、环境审计、办公室环保、主动参与社区活动等），生产对环境友善的产品，提供绿色服务和绿色营销，通过落实绿色管理，提高生产效率、降低成本、提高服务品质，以保持企业在市场中的竞争优势。
绿色管理绩效		反映企业在环境管理方面努力的程度，以及这种努力如何导致企业管理效率自身过去的绩效水平提升的程度。
绿色智力资本	绿色人力资本	服务企业对员工绿色服务专业知识和绿色服务节能技术方面能力与经验积累的投入，包括企业为了提高员工这方面能力与经验所展开的各种学习与培训。
	绿色结构资本	服务企业在硬件、软件、网络以及信息技术等方面的绿色智力开发与管理的基础架构。
	绿色关系资本	服务企业在智力管理、产品和服务环保性能方面与合作伙伴保持良好关系的一种协调能力。
非正式制度支持		是对正式制度支持的有益补充，是个体间、组织间在长期交往中无意识形成的价值观、信念、道德伦理、风俗习惯、意识形态等，具有持久的生命力，并构成潜移默化的社会文化的一部分。

续表

主范畴	子范畴	结构关联与内涵
企业竞争优势		企业所执行的绿色价值创造策略在市场上具有独特且有利的地位，所创造出的实质价值与利益可以与主要竞争对手形成差异，而且主要竞争对手难以模仿与复制。

来源：根据案例研究访谈资料整理。

第五节　质化研究结果

一、主要维度间的关系

根据扎根理论的研究方法，本书对深度访谈资料进行了较为深入的分析，综合运用对照、演绎和归纳的方法，逐步进行开放性编码、轴心式编码和选择性编码，提取核心范畴和主范畴，结合制度逻辑、绿色管理和竞争优势理论，最终提炼出本书的分析框架，各个维度之间整体逻辑关系如图 3-3 所示，为后续研究开展奠定基础。

服务型企业绿色管理的驱动及影响作用路径如图 3-3 所示。本书认为，政府、消费者、媒体和同行企业等利益相关者在宏观制度环境中扮演观察者和评价者的角色，他们会根据企业披露信息情况判断企业竞争力水平，作出价值判断，并与自身价值观和信念体系进行比较，然后通过多元制度逻辑（管制力度、市场环境、舆论压力和同行影响）来塑造和影响企业环境社会责任行为——绿色管理实践。概言之，多元制度逻辑协同企业战略导向交互影响企业开展绿色管理实践，企业在过程中通过不断学习、创新形成企业独有的绿色智力资本，进而在非正式制度支持水平调节下对企业竞争优势产生影响，企业竞争优势又通过企业披露信息传递给核心利益相关者。

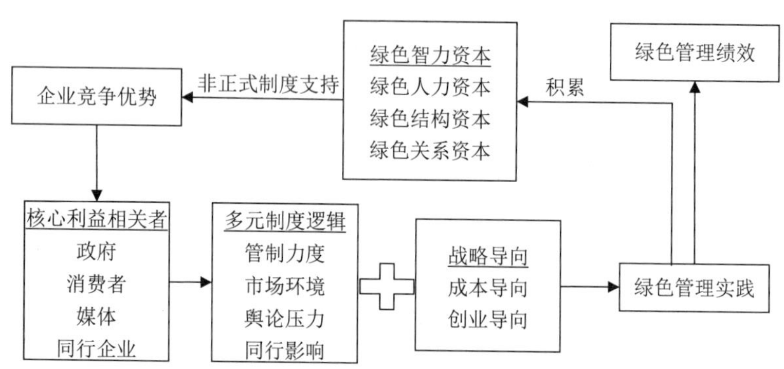

图 3–3　饭店和餐饮企业绿色管理实践的驱动及影响作用路径

住宿与餐饮业利益相关者包括政府主管部门、行业协会、中小民营企业及投资人、企业员工、消费者、媒体和同行企业等。住宿与餐饮市场的政府主管部门主要指的是商务部、省级商务厅下属饮食服务处。行业协会本质上是自发的自律性机构，其制定的行业规约会对整个行业产生较大影响。从行业协会组织结构来看，往往由行业精英组成，有的是标杆企业的老总，有的是德高望重的先行者，有的是相关政府主管部门的离退休官员。在我国，行业协会往往带有较浓厚的半官方性质。

从社会网络成员角度来看，拥有信息优势的政府主管部门和行业协会尽管可以通过披露信息的质量来影响住宿餐饮服务企业及投资人对市场价值的判断，进而决定是否投资，然而裁决性的信息披露行动，也会受到嵌入住宿与餐饮服务市场网络程度的影响。行业协会工作人员通过公开或非公开形式，收集与企业有关的信息并进行分析与预测，行业协会基于建立意见领袖地位的出发点，会将其年鉴或专业评估报告与建议透过内部网络进行传播，这些通过行业协会总结或摸索得到的经验、知识，在住宿与餐饮市场特定社会网络中与其他行为主体交流和互动，可以促使经验和知识的外溢，积累或扩散，可以帮助企业或投资人制定投资决策。因此，行业协会扮演的是住宿和餐饮市场中重要的信息中介代理的角色，企业通过加入行业协会，拓展与行业协会其他成员的关系，以尽可能多的获取信息中介代理所披露对企业可持续发展的有利信息。生态标签认证项目中（如我国绿色饭店和绿色餐饮企业认证），行业协会正是扮演信息中介代理的角色，带有半官方性质，根据本书实地调研情况看来，目前湖北省申报绿色饭店和绿色餐饮企业的饭店和餐饮企业，基本都是地方烹饪与饭店行业协会理事单位或成员单位，部分企业法人代表本身就在行业协会中身兼要职。因此可以初步判断，在现有住餐业企业网络中，由于非正式制度支持水平不同，企业掌握信息资源程度存在较大差异。

从行业视角看，政府主管部门（商务部、各省商业厅饮食服务处）、行业协会（中国烹饪协会、中国饭店协会及地方烹饪与饭店行业协会等）在住宿和餐饮市场中的网络地位，它们既是信息供给者，又是信息的需求者，它们运用专业知识以及所属机构之垄断性资源，一方面收集本行业企业重要信息，作为行业投资分析与预测的重要信息源，另一方面它们发布和传播的信息可以帮助投资者过滤与筛选重要信息并加以解读，进而形成重要的企业战略决策参考信息；从组织层面看，企业高管团队负责组织运营，并通过财务、税务报表、企业社会责任年报、企业内刊等形式，向公众及利益相关者公布企业绩效与未来发展态势，借以与关注此市场的信息需求者维持良好的互动关系。

二、整体分析框架的构建

通过第二章对企业绿色管理有关的文献综述可以发现，现有研究对企业环境行为、企业环保主义研究较深入，西方已经开展大量相关研究，然而，现有研究对服务型企业绿色管理实践前因与后果的研究相对单一，缺乏对绿色管理实践的驱动外因和内因的系统性考量，缺乏对服务型企业管理绿化过程的动态考量，忽视了企业内部绿色智力资本积累过程在绿色管理实践和企业竞争优势转化过程中的作用。因此，本书在以往战略管理范式"过程—资源—优势"的基础上进行了扩展，探索绿色智力资本与企业绩效、企业竞争优势之间的关系，建立"战略响应—战略行为—积累过程—竞争优势"传导链条，构建以绿色管理实践、绿色管理绩效、绿色智力资本和企业竞争优势为主线的研究框架，从而深入探索绿色管理实践过程中小民营企业可持续竞争优势的形成过程。根据以上分析，本书主要对企业绿色管理的驱动因素以及绿色管理实践后对企业竞争优势的影响展开研究。研究框架及概念间的相互关系如图 3–4 所示。

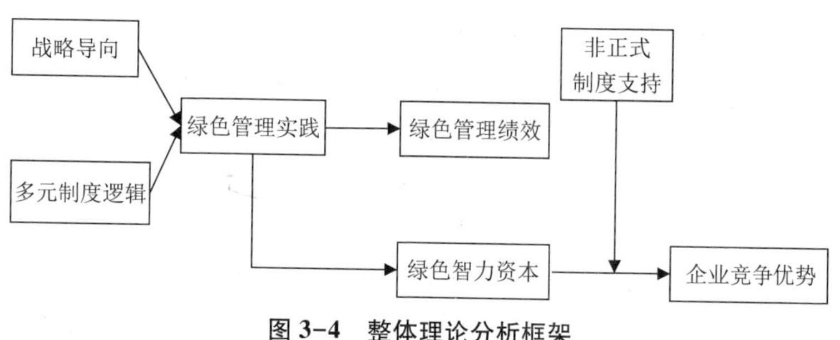

图 3–4　整体理论分析框架

前文曾提及，国内外学者在研究绿色管理与企业绩效、智力资本与企业竞争优势等关系时存在一些争议，并未获得较为一致的研究结论。如产业类型不同采用环境战略不同；绿色管理实践的差异性对企业影响存在差异；智力资本对企业绩效、企业竞争优势的影响因内部环境变化而不同等。总体而言，现有研究忽视了绿色管理实践对企业战略行为影响过程中的驱动因素和边界条件。据此，本书在建立绿色管理实践对企业竞争优势的影响研究主线的同时，将开展两个阶段的研究。第一阶段主要研究多元制度逻辑和二元战略整合框架下服务企业绿色管理实践的驱动和影响机制。第二阶段进一步研究绿色管理实践过程中积累的绿色智力资本在绿色管理实践和企业竞争优势关系中的中介作用，以及非正式制度支持对此中介效应的调节作用。

第六节　本章小结

综上所述，本章内容基于扎根理论研究方法对住宿餐饮业中小民营企业绿色管理实践开展质化研究，在此基础上构建后续实证研究的整体概念模型，并进一步将整体概念模型分解为两个阶段的研究，阶段一聚焦服务企业绿色管理的驱动和影响机制，阶段二则尝试探讨住宿餐饮业中小民营企业绿色管理实践转化为企业竞争优势过程中绿色智力资本的中介作用和非正式制度支持的调节作用，两个阶段的实证研究将分别在第四章和第五章展开。

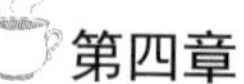

第四章
绿色管理的驱动及影响机制研究

第三章的质化研究发现饭店和餐饮企业绿色管理实践的关键驱动因素包括外部关键利益相关者共同建构的多元制度逻辑秩序和企业内部战略导向的能动性诠释，关键利益相关者包括政府、供应商、同行、员工、社区、媒体等，进一步构建了“多元制度逻辑”“战略导向”“绿色管理实践”“绿色管理绩效”四个核心概念。多元制度逻辑刻画企业外部多个利益主体共同建构的外部制度环境对企业绿色管理实践的制度性压力。内部战略导向描述转型升级经济背景下中国饭店和餐饮企业内部战略导向，结合案例研究和行业调研具体归纳为两类典型战略导向（成本导向和创业导向）。外部多元制度逻辑和内部战略导向交互作用下，不少饭店和餐饮企业开展绿色管理实践，并产生绿色管理绩效。因此，本章将依据多元制度逻辑分析框架，整合二元战略理论构建研究概念模型，实证质化研究结果并提出具体假设，以大样本数据检验中国饭店和餐饮企业绿色管理实践的驱动因素和影响后果，以拓展绿色管理理论的内涵和边界，推进绿色管理的前因与后果研究。

第一节 逻辑分析与概念模型

一、多元制度逻辑分析框架

传统制度理论从同构这一主导制度逻辑出发，强调组织行为趋向于结构上的同质化（Meyer 和 Rowan，1977 年；DiMaggio 和 Powell，1983 年、1991 年），这一解释框架倾向于解释新兴企业成长过程中面临的进入障碍和合法性门槛问题，却没有把组织能动性纳入制度场域分析框架，无法回答为什么组织在同构压力下仍然存在异质化的客观现实（杜运周和尤树洋，2013 年）。现实中的组织往往面临复杂的多元化的制度环境（孙晶，2009 年；杜运周和尤树洋，2013 年），企业文化、战略导向和组织结构都存在较大差异，不同制度逻辑间存在合作或竞争的多种可能性，因此不同企业对外部多元制度逻辑的认知和解释也可能不一样，企业可以根据自身情况选择响应的方式（Greenwood 等，2011 年），因此，现实中始终存在部分企业率先以创新的方式打破原有制度场域对自身的约束的现象。在此背景下，部分学者开始跳出制度同构的藩篱，从制度逻辑及制度多元性视角尝试解释组织行为多元化与制度变迁问题（Lounsbury，2007 年；Marquis 和 Lounsbury，2007 年；Dunn 和 Jones，2010 年；杜运周和尤树洋，2013 年）。Friedland 和 Alford（1991 年）基于西方社会环境首先提出制度逻辑的概念，认为在社会这样一个复杂交互系统中，存在五种核心制度秩序，各有其中心逻辑：资本主义市场、政治官僚、民主、家族和宗教。Thornton 和 Ocasio（1999 年）在 Friedland 和 Alford（1991 年）的基础上将制度逻辑引入产业组织层面，归纳了西方社会组织场域存在的 7 种主导逻辑（政府、市场、合作、社区、专业、家族和宗教），推进了组织场域的制度逻辑研究（李宏贵和谢蕊，2017 年）。组织行为动机的合理解释须纳入具体制度场域或社会情境，其中影响力较大的制度主体都有其核心逻辑——制度逻辑。制度逻辑是一系列以物质实践符号所表征的制度场域构建的组织化原则，具有模糊、抽象的特征，也恰好为个体或组织差异化地设计、理解并阐释这些组织化原则留有余地（毛丹，2016 年；李宏贵和蒋艳芬，2017 年）。受到新制度学派的影响，最初的制度逻辑往往被认为是从一个主导逻辑到另一个主导逻辑的转换（Scott，2001 年），随着制度变迁在全球范围内的普适，制度逻辑理论开始朝着制度多元化方向发展。多元制度逻辑的假设前提是，在制度场域变迁情况下，制度环境往往呈现碎片化、异质化特征，不同利益相关者冲突与平衡及多元制度逻辑并存导致组织面临来自多方利益相关者的冲突性压力，组织对相互竞争的多元制度逻辑的选择性响应导致组织行为的差异性局面（Lounsbury，2008 年；杜运周和尤树洋，2013 年）。制度逻辑既构成社会价值观及规范，同时又受到个体或组织行为的影响（Friedland 和 Alford，1991 年；李宏贵和谢蕊，2017 年）。这一解释框架为我们理解服务企业能动性响应多元制度逻辑并开展绿色管理提供全新视角。

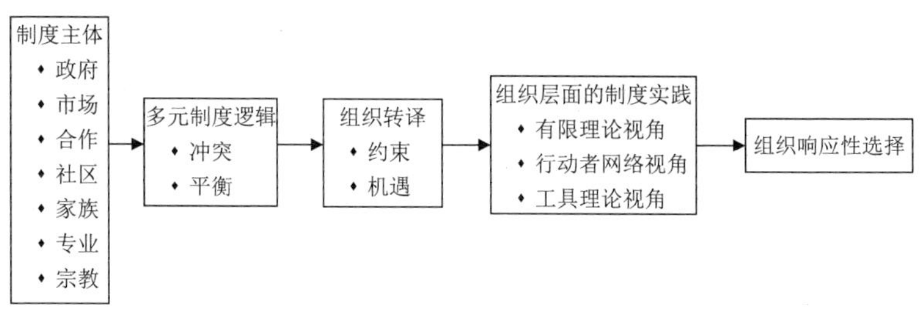

图 4-1　西方多元制度逻辑分析框架

基于西方对多元制度逻辑的现有研究成果，本书梳理出多元制度逻辑分析框架（图 4-1）。制度场域中存在多元制度主体，他们之间既有可能产生冲突，也有可能因合作需求产生平衡，嵌入在制度场域中的不同组织通过对多元制度逻辑的理解转译为组织层面的制度实践，进而作出组织响应性选择。组织对多元制度逻辑的转译包括两个视角：一是强调多元制度逻辑对组织的约束；二是强调多元制度逻辑给组织带来的机遇。从约束视角来看，制度场域中的行动主体受到社会层面的文化、价值观和规范等制度逻辑的影响，不同制度逻辑可能遵循不同原则或理念，约束行动主体形成独特的偏好和利益追求，占主导地位的制度逻辑成为行为主体的具体行动脚本，形塑企业经营原则和获利途径（Friedland 和 Alford，1991 年；李宏贵和谢蕊，2017 年）。特定制度场域下的制度逻辑塑造特定的行动主体特征，凸显群体特定的身份认同（Thornton 等，2015 年），可以这样理解，约束视角是组织对“制度同构”的反应，强调的是企业作为微观实践主体，其行为要符合社会的期望和要求，才能获取足够的成长空间。从机遇视角来看，制度逻辑将制度场域与参与社会意义建构的行动主体联系起来，一方面，制度场域多元化制度安排塑造并规范组织行为，组织嵌入在制度环境中，为了获取外部资源，组织价值观及其行为受到主导制度逻辑的规制（Thornton 和 Ocasio，2008 年）；另一方面，多元制度逻辑的存在也为组织创造性地塑造和改变制度逻辑提供了机遇（Thornton，2004 年），制度环境由嵌套其中的个体与组织建构，因此也会受到其能动性影响，例如，企业从内部进行战略导向调整，如改革现有组织架构、管理团队、技术创新和流程再造等；从外部试图改造制度环境，如通过媒体宣传、公共关系改善、提升非正式制度支持水平等方式努力优化外部制度环境，组织根据自身实际情况能动性地采取三种响应策略：适应、选择或控制。这种交互作用的嵌套关系可以从文化演变、制度层面、历史权变等视角解释组织行为因时因地发生变化的深层原因。显然，多元制度逻辑比传统制度理论更突出组织的能动性和积极主动性，体现组织与环境的互动，对实证研究更具指导意义。

多元制度逻辑在组织层面的制度实践层面从三个不同理论视角解释组织行为的差异性。有限理论视角以 Thornton 等（2012年）为代表，强调制度变迁过程中，因多元制度逻辑各自不同的作用，行动主体在嵌入社会网络的地位不同对多元制度逻辑的选择响应程度也不同，嵌入程度越深，多元制度逻辑对其约束越强（李宏贵和谢蕊，2017 年）。行动者网络视角以 Lounsbury（2008 年）为代表，强调关注行动主体的重要性，提出“操演性”的概念，即行动者如何构建实践过程，突出现象是如何在新环境中发生改变并被行动主体解释的，而逻辑能否转化为实践则依赖且受到物质安排和客体限制。工具理论视角将制度逻辑视为实现目标的工具，行动主体可以在竞争的环境中影响决策、证明活动或倡导改变，逻辑的构建、传输和使用取决于行动主体的利益、信仰和偏好（Binder，2007 年），行动者在逻辑运用方面，不管采用何种逻辑或出于何种目的都具有很大能动性，逻辑类似于“工具”被行动主体创造性地运用于实现行动主体目标的过程，Mcpherson 和 Sauder（2013 年）认为这种对逻辑创造性的自由运用有助于平衡多元制度逻辑对组织的要求。

可以发现，无论是哪种理论视角，企业对多元制度环境的观察和理解必须通过企业管理者的知觉诠释来释放，发展出企业独特的战略导向组合，而企业是否顺应外部多元制度逻辑的影响，也要根据企业战略需求来具体判断。因此有必要构建一个能够整合多元制度逻辑和企业战略导向的分析框架。

二、战略导向的二元性

战略导向领域的文献相当丰富，尤其是大量商业与管理领域学者对此议题表现出浓厚兴趣。从不同领域学者对战略导向的定义来看，可以分为行为、方向、资源和文化四种类型（林嵩和刘震，2015 年）。第一类基于行为定义战略导向，如 Venkataram（1989 年）认为战略导向是业务层面的战略，是一组有目的的行为集合，目的是实现资源最优配置以适应或改变战略环境。第二类基于方向定义战略导向，如 Gatignon 和 Xuereb（1997 年）定义战略导向为企业战略发展方向，企业遵循这一方向开展适宜行动以实现更优秀的业绩；Gao 等（2007 年）定义战略导向为“企业为了使其经营活动带来更优绩效所实施的一种引导并影响后续经营活动的战略方向”。第三类基于资源定义战略导向，如 Hitt（1997 年）认为战略导向源于企业对外部环境和内部资源的理解及认知，体现企业资源分配原则；Lau（2008 年）也认为战略导向反映了组织对市场竞争投入的状况。第四类基于文化定义战略导向，如 Noble（2002 年）认为战略导向隶属于组织文化范畴，是组织文化中的一个具体维度；Li（2005 年）则认为战略导向是引导企业管理行为与资源分配的组织价值观和信念的集合。在外部环境不确定性特征明显的情况下，大多数学者对行为和方向视角的定义较为认可。

通过梳理商业与管理领域战略导向研究主要成果，可以发现，研究趋势呈现从单一导向逐渐向多元导向演变的特征，但无论是单一导向研究或是多元导向研究，在对结果变量的处理方面仍以单一作用为主。根据张妍和魏江（2014 年）系统性的综述研究，将不同战略导向间的关系分为顺序型、替代性和互补型（Hakala，2011 年）。从定义和文献梳理中可以发现，战略导向与绩效关系是该领域最核心的议题。从战略导向类型来看，市场导向、技术导向和创业导向是研究成果最丰硕的领域，近年来还有不少学者对学习导向、资源导向、绿色创新导向和网络导向开展了研究。服务管理领域学者则较为关注市场导向和客户导向。制度理论认为组织绿色实践是在外界制度压力下为获取社会合法性而采取的行为，组织嵌入在所处的社会情境和制度环境中（钟榴和郑建国，2014 年），内外环境演化会促使组织最高管理者的注意力配置发生转移进而导致组织结构或组织战略导向发生变革。

二元战略源于企业内部资源基础观理论视角，并被定义为同时追求、管理和执行似乎相互矛盾的探索和利用式焦点战略活动（Han 和 Celly，2008 年；Lapersonne 等，2015 年），相互矛盾意指两种截然不同而又互补的维度，例如"低成本"和"差异化"战略，产生二元性探索优化或者创新式利用的混合战略价值。Lapersonne（2015 年）将混合战略实践分为两种类型，一是将二元混合战略视为企业在激烈竞争环境下强化竞争优势的实践场景，称为强化适应型；二是将二元混合战略视为需求-供给不确定的环境中的灵活战略选择，称为生存适应型。前者适用于那些已经具备相当竞争力需要在激烈竞争市场环境中进一步增强其竞争优势的企业；后者则适用于那些需要对原有战略进行灵活调整，应对动态多变的高度市场竞争的企业。Lapersonne 也指出，为了更好理解二元战略的优点，后续研究应注意阐明在不同产业背景下一家企业是如何平衡二元战略实践的。我国学者张妍和魏江（2014 年）在对战略导向的综述中也提到，对多种战略导向间的融合的理解主要基于三个视角：顺序视角、替代视角和互补视角（Hakala，2011 年）。前两种视角是基于时空节点的单一战略选择。顺序视角相信企业会由内及外做出理性战略选择，认为战略导向随时间推移发生演化，一种战略导向可能发展成为另一种新的导向，在此过程中，企业不断尝试发展出某特定时空情境下最适合企业的战略导向。替代视角指的是企业决策者根据自身对外部环境和内部资本的综合分析用一种新的战略去替代原有战略。互补视角基于动态演变视角看待战略导向的交互作用，亦即，企业是可能根据情境变化灵活选择战略导向甚至同时实施多个战略导向的。创业导向和成本导向是分属于创业学和经济学的两种不同类型的重要战略导向。由此也引发了新的思考——企业应该选择实施单一导向战略还是同时实施两种不同的战略导向？哪种方式更有利于企业发展？可见，二元战略起始于学术界对不确定性环境中企业复杂战略行为的思考，学者们想要考察不同战略导向对企业绩效的差异化影响（孙永风等，2007 年；Spanjol 等，2011 年；Johnson 等，2012 年；朱秀梅等，2012 年；杨张博和高山行，2015 年）。本书认为，不同战略导向可能带来企业绩效差异性表现，应该深入剖析不同类型企业利用战略导向交互作用的微观机制，以解答在何情境下企业是如何采用二元或多重战略导向的，导致了何种绩效结果，以帮助企业做出正确的战略选择。

在接待服务业背景下，学术界和实业界在企业战略导向的选择上仍莫衷一是，未能清晰解答以下原则性问题：对绿色变革大潮中的劳动密集型服务企业而言，不同战略导向下的企业绿色管理绩效是否存在差异？学术界就创业导向对高新产业企业绩效的重要作用开展了大量实证研究，并证明科技型企业创业导向带来的绩效表现最优。那么，为了获得更优的绩效后果，服务型企业应该实施单一战略导向还是整合战略二元性？目前学术界少有整合创业导向与成本导向的研究，有些学者认为两种战略导向在趋利性上存在矛盾。现实中是否真的如此？创业导向和成本导向能否同时开展？二元战略能否给服务型企业带来明显的绩效提升？这些问题在现有学术成果中找不到答案。为了回答以上问题，本书将基于国内外现有研究和第三章质化研究结果，选择成本导向和创业导向作为企业绿色管理实践的前因变量，将二元战略整合到概念模型中，实证分析和解释两种战略导向对饭店和餐饮企业绿色管理绩效的潜在影响差异，帮助住宿餐饮业企业不再在具体战略导向选择上迷失方向。

三、服务企业绿色管理：内外驱动的产物

制度场域中存在多个利益主体，它们彼此之间存在冲突导致组织处于多元制度逻辑之中（Friedland 和 Alford，1991 年），在服务业转型升级的宏观背景下，多元制度逻辑并存共同影响企业绿色管理行为。结合第三章质化研究的结论，在中国接待服务业具体情境下，对服务企业影响最大的利益主体包括：政府主管部门、行业协会、消费者、产业链客户、媒体和同行企业等，它们在服务业制度场域中拥有较强话语权，构建各自核心制度秩序：（1）政府主管部门以及行业协会形成对服务企业的管制主体，构建起管制秩序；（2）服务业以客户需求为导向，具有无形性、同时性、参与性、异质性和易逝性等特征属性，围绕绿色消费市场开展激烈竞争，构建起市场环境秩序；（3）服务业与人们生活消费息息相关，一言一行、一举一动都暴露在公众视野中，舆论媒体对公众影响更是无法想象，因此服务企业必须对舆论媒体监督予以配合，共同建构舆论压力秩序；（4）同一行业自有一套被同行广泛认可的价值观和准则，服务业也不例外，这种体现社会道德或规范的期待以及企业对同行自然接受、主动模仿的标杆或行动脚本，构建起同行影响秩序。

绿色浪潮的兴起实质上是各种意识形态、不同力量行为主体间博弈的场域，反映了企业利益相关者对企业可持续发展的话语建构，以及企业与其利益相关者的复杂互动关系。有趣的是，眼下服务业制度场域中的管制力度、市场环境、舆论压力和同行影响共同指向绿色管理，服务企业绿色管理开始成为新的潮流。本书认为，绿色管理实际上就是我国绿色消费转型升

级背景下的企业选择性响应的制度创业过程。一方面，服务企业嵌入在绿色消费市场制度环境中，为了获取有限资源和组织合法性认可，组织价值观顺应绿色发展浪潮，企业环保主义理念开始凸显；另一方面，部分企业接纳、认同、践行企业环保主义，在制度环境变革过程中先动响应多元利益相关者冲突性期望与诉求，率先开展绿色管理和环保创新，试图能动性影响和改变制度环境，使其朝着更有利于组织可持续发展的方向变化。这种能动性的选择，促使本书整合外部多元制度逻辑和内部战略导向的解释框架，将多元制度逻辑、战略导向共同纳入研究框架，弥补现有研究割裂了服务企业绿色管理前因和后果的链式影响的缺陷，试图揭开复杂多元制度环境中企业行为的复杂性动机的“黑箱”。

四、概念模型

通过以上分析，结合中国接待服务业制度环境特点和利益主体影响强度，本书在外部制度环境层面从管制力度、市场环境、舆论压力和同行影响这四个方面、在内部战略导向层面从成本导向和创业导向二元战略视角提出的绿色管理整合驱动机制，刻画企业在外部多元制度逻辑和内部战略导向共同作用下，主动实施绿色管理并提升企业运营效率的制度性安排的链式影响过程（研究架构如图 4-2 所示）。

第一，多元制度逻辑对绿色管理实践的前因影响。本书认为社会场域内并存的多元制度逻辑产生的制度性压力是驱动企业开展绿色管理实践的关键性因素。面临转型升级绿色经济发展背景下的中国服务企业嵌入在制度变迁的宏观制度环境中，受到来自组织外部管制力度、市场环境、舆论压力和同行影响四个主导制度逻辑秩序的影响。

第二，战略导向对绿色管理实践的前因影响。本书认为企业内部战略导向也是影响企业绿色管理实践的重要前因。战略导向主要从成本控制和创新意识角度分析，归纳出成本导向和创业导向两个不同维度。整合与平衡两种战略导向的二元战略会直接影响绿色管理实践带来的绿色管理绩效。

第三，绿色管理实践对绿色管理绩效的后果影响。本书认为饭店和餐饮企业开展绿色管理实践会对产生正向的绿色管理绩效影响。

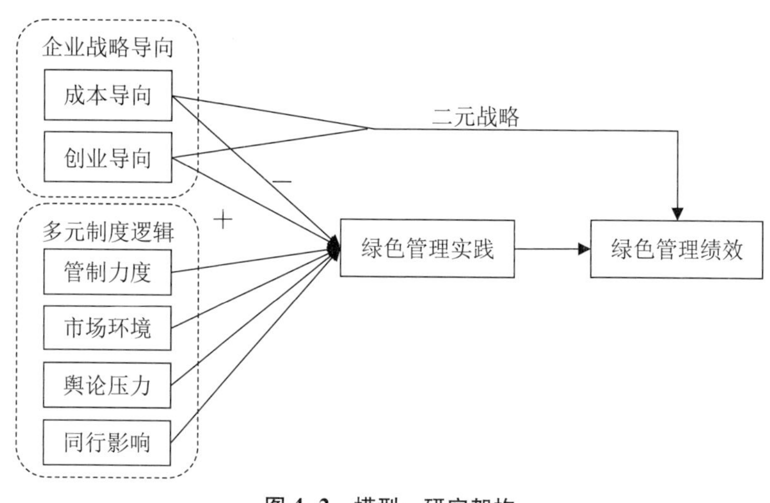

图 4–2　模型一研究架构

第二节　理论分析与假设提出

一、成本导向与绿色管理实践

在学术界，成本战略导向是战略导向研究领域较为传统和经典的一类。成本战略其基本思想源于 Porter 的竞争战略理论中基于价值链对企业成本的分析方法。在《企业成本战略管理》一书中，Shank（1985 年）对波特成本战略管理演变及方法进行了系统化分析，生产目标法、成本监控法、成本实施法等企业生产运营成本控制是成本战略的核心内容（Cooper，1998 年），到 21 世纪初，企业成本战略已自成体系，融合了柔性再造、业务流程再造及生产计划等核心概念的成本战略方法帮助许多企业成功控制了成本，也促进了学术界成本战略研究的完善和日趋成熟。比较典型的成本战略管理模式包括：Cranfield 模式（内部问题模式）、Cooper 模式（生产流程成本控制）、Shank 模式（价值链成本分析）和日本模式（目标利润倒推出目标成本）。可以发现，基于价值取向观点，不论是哪种成本战略管理模式，都属于为了实现利润增长而进行内部控制的战略导向，且不同时代特征赋予成本战略导向不同的关注内容，例如随着市场中对环保议题的重视，环境质量管理及成本控制成为当前学术界与实业界研究探讨的热点。

在激烈的市场竞争中，企业成本控制的能力决定了企业的获利能力。全球范围内，人们越来越认同环境污染意味着物质利用效率低，过程缺乏控制、成本管控不力的观点（Sheridan，1992 年；King，1994 年；Porter 等，1995 年）。特别在服务成本普遍高涨时，为了保证利润，服务型企业趋向于采取成本导向型战略。然而，企业在面临外部制度压力而对环境规制作出响应时，也必须考虑成本有效性问题。20 世纪 80 年代中后期，环境规制引发的企业环境成本补偿问题成为热点问题。一些学者认为由此导致的环境成本会导致企业生产经营成本增加，甚至担忧企业竞争力会因此下降（许士春，2007 年）。Masurel（2007 年）的研究发现，促使中小企业投资环保的重要前因来自外部，而非内部。中小企业对环境法规的认识和遵守程度低（Revell

和 Blackburn，2010 年），在部分中小企业看来，违反环境法规不一定会受到重罚的投机思想较为突出（Petts 等，1999 年）。企业会权衡和评估向公众进行环境披露的成本和收益（Hahn 等，2015 年），企业更加关注企业短期绩效表现和生存的基础（Lapersonne，2015 年），实施绿色管理可能意味着企业在污染减排技术方面的前期投入巨大，对一些中小企业而言，绿色变革实施起来相对困难，组织承担的风险较大，部分企业可能不愿承担风险而采取保守态度（Earnhart，2017 年）。因此，本书推论并提出假设：

H1 成本战略导向可能削弱饭店和餐饮企业绿色管理实践的动机。

二、创业导向与绿色管理实践

创业导向的概念起源于 30 多年前，现已成为战略管理和创业领域最受欢迎的研究方向之一（Wales 等，2013 年），被公认为应对环境不确定性的有效战略选择之一。研究理论视角多源于资源基础观（Barney，1991 年；Grant，1991 年）或动态能力观（Teece 等，1997 年；Teece，2007 年），将创业战略视为企业重要资源或能力，有助于提升企业绩效。关于创业导向研究，较有代表性的观点来自 Lumpkin 和 Dess（1996 年），他们在已有战略管理领域文献述评的基础上提出创业导向与绩效关系的整合模型，并指出，早期战略管理文献将“创业”等同于“企业应进入哪一产业发展?”，研究的是基本的创业问题（Miles 和 Snow，1978 年），关注的是战略内容本身。随着战略管理的发展，研究内容开始转向“创业过程”，亦即管理者运用企业家精神做事的方法，实践和决策方式，例如，尝试有发展潜力的新技术、抓住新产品市场机会并有从事风险投资的倾向，强调的是企业家精神的形塑（Covin 和 Slevin，1989 年、1991 年；Miller，1983 年），具体体现在五个维度：自主性、创新精神、风险承担、主动性和竞争进取性。

（1）自主性（Autonomy）。自主性是指个人或团队提出想法或愿景并将其付诸实践的独立行动。一般而言，这意味着在追求并实现愿景的过程中个人或团队自我指导的能力和意志。在组织环境中，则指的是不受组织约束的行动自由状态。根据学者们的观点，自主性强弱取决于两个关键要素，都表明企业家的行为具有高度统一的愿景（Hart，1992 年；Bourgeois 和 Brodwin's，1984 年）和强有力的领导（Mintzberg，1973 年；Mintzberg 和 Waters，1985 年）。就某种程度而言，这种自主性被部分学者认为等同于领导独裁专制（Shrivastava 和 Grant，1985 年），且常见于小企业，此类企业决策者的想法就是企业未来发展愿景。对新创企业而言，自主性是非常重要的创业导向维度，因组织规模、管理风格或所有权变化而变化。

（2）创新精神（Innovativeness）。反映了企业参与和支持新想法、新理念，进行实验创造性过程并产生新产品、服务或技术流程的倾向。Schumpeter（1934 年、1942 年）是第一位强调创业过程中创新精神重要性的政治经济学家，也是现代创新理论的提出者。1942 年，他提出了“创造性破坏”的经济发展过程，当现有市场结构被新引入产品或服务所打破，资源从原有企业转移，新创企业诞生，财富被重新创造，并推动经济的动态发展。创新代表了一种基本意愿，即背离现有技术或实践，超越当下的意愿（Kimberly，1981 年），主要体现在产品市场创新和技术创新两个层面，产品市场创新关注的是市场潮流对产品创新研发的方向的影响（Miller，1983 年；张婧和段艳玲，2010 年；张婧和赵紫锟，2011 年；魏江等，2014 年；Andersén 等，

2015 年；李先江，2016 年；Gast 等，2017 年），当前服务产品市场创新体现绿色发展、个性化体验和高科技运用的特点；而技术创新重点关注企业引进最新技术并应用于生产的能力。方法和先进制造工艺的发展目前学术界对技术创新的研究明显比产品市场创新方面的研究多。创新精神促使企业不断探寻潜在市场机遇，构成创业战略导向的重要内容。

（3）风险承担（Risk Taking）。对风险的理解取决于具体的应用情境。在战略管理领域中，Baird 和 Thomas 识别了三种类型的战略风险：第一类是冒险进入未知领域所产生的风险，在创业研究文献中经常提到的比如个人风险，社会风险或心理风险等（Gasse，1982 年）；第二类是投资风险，实际上是指风险回报权衡，即对投资可能产生损失的概率的衡量；第三类为借贷风险，即借贷风险承担行为，比如，承担沉重的债务或资源承诺，通过此种方式试图抓住市场机遇获得高回报。关于创业导向中风险维度的度量大多数学者仍采用 Miller（1983 年）的方法，即企业投资高风险项目的倾向，以及高管为了达到目标而采取大胆而谨慎的行为的偏好程度。一些企业家对企业研发很感兴趣，他们致力于生产创新、为客户提供复杂、高质量的产品，愿意承担培训、招聘、研发等投资风险并取得了巨大的成效。还有一些企业家试图找到最理想的方法，最大程度利用企业目前所拥有的资源，准确地进行市场定位。

（4）主动性（Proactiveness）。《韦氏大词典》将“Proactive”定义为“对未来困难、需求或变化的行为预期”。对企业而言，竞争主动性可能是至关重要的，因为竞争主动性意味着企业决策者能够提出前瞻性的观点并伴随着创新或新冒险的活动。一家竞争主动性强的企业在所处商业生态环境中往往扮演“领导者”的角色而非“追随者”的角色，因为它始终有意愿和远见去把握市场中新的机遇。个别学者将竞争主动性与竞争进取性相提并论，如 Covin 和 Slevin（1989 年）就在创业战略态势模型中纳入创新性（频繁而广泛的技术和产品创新）、主动性（具有侵略性的竞争倾向）和冒险性（高管具有很强的冒险精神）三个维度。尽管竞争主动性和竞争进取性联系紧密，但二者仍有明显区别。竞争主动性指的是一家企业在新进入市场的过程中如何把握市场机遇，它通过主动采取行动试图“形塑环境并影响环境”，甚至可能创造市场需求；竞争进取性指的是企业与竞争对手的关系，即企业如何回应市场上已经存在的趋势和需求。

（5）竞争进取性（Competitive Aggressiveness）。公司直接向竞争对手发起挑战，进入市场或改善市场地位，亦即有在市场上超越行业竞争对手的强烈欲望。竞争进取性以响应为特征，以正面交锋的形式进入市场，以非传统的竞争方式挑战行业领导者（Cooper 等 1986 年），分析和定位主要竞争对手的弱点（Macmillan 和 Jones，1984 年），专注于提供高附加值产品和服务，同时严格控制成本（Woo 和 Cooper，1981 年）。

从现有研究成果来看，学者们针对创业导向对绩效的影响存在不一致的观点。部分实证研究发现创业导向的企业绩效有正向影响作用（Lumpkin 和 Dess，2001 年；Wiklund 和 Shepherd，2005 年；Rauch 等，2009 年；Boso 等，2013 年），如 Lumpkin 和 Dess（1996 年）提出创业导向概念并构建创业导向与企业绩效间的关系模型。创业导向对中小企业绩效有正向影响作用，战略灵活性中介两者的关系（Arief，2013 年），关系的强度和方向因外部环境变化而变化（Shirokova 等，2016 年）。创业导向不仅停留在企业层面，而且存在于企业各个职能部门中（Andersén，2015 年）。与此相反，一些研究发现两者呈负相关（Hart，1992 年；Arbaugh 等，2009 年）；甚至还有研究发现两者关系是曲线相关关系（Tang 等，2008 年；Su 等，2011 年；Wales 等，2013 年；Dai 等，2014 年）。从权变理论和战略适配的观点来看，这种研究矛盾的存在是合理的（Burns 和 Stalker，1961 年；Lawrence 和 Lorsch，1967 年；Venkatraman 和 Camillus，1984 年），表明组织为了达到目标，期望在所处环境中表现的最好。

近年来，中国学者开始研究创业导向在中国初创企业成长中的作用。当今中国经济快速发展引起全球关注，中国整体经济环境处于转型升级时期，基于复杂多变市场环境形成的创业导向理论在中国背景的应用正引起中外学者关注，涌现出大批研究成果（薛红志，2006 年；王重鸣等，2006 年；焦豪等，2007 年；魏江和焦豪，2008 年；朱秀梅，2008 年；姚先国等，2008 年；张玉利和李乾文，2009 年；马鸿佳等，2009 年；李雪灵等，2010 年）。这些成果大多将创业导向视为企业绩效的自变量或调节变量，部分学者对新创企业和中小企业创业导向开展了实证研究（朱秀梅，2008 年；马鸿佳等，2009 年）。综上所述，企业倾向于在市场中寻找新的机遇以扩大市场份额、扩大企业规模。在复杂多变的商业环境中，企业必须具备创新创业精神并寻求竞争优势，将他们与竞争对手区分开来并在市场上创造一个可持续的地位（Rothaermel，2008 年）。Lumpkin 和 Dess（1996 年）指出任何一家公司都能有效地结合创业导向的五个维度进行战略选择。

传统观点认为环境规制会以牺牲经济竞争力为代价（Cairncross，1994 年；Palmer 等 1995 年；Walley 和 Whitehead，1994 年），然而却忽略了企业在产品和过程的创新过程中增加收益。创业导向在绿色经济时代开始凸显绿色特征，对企业绩效的提高及长期竞争优势的获取具有重要作用（Rauch，2009 年）。绿色创业导向是企业基于环保和盈利的双重目标参与绿色产品研发与市场创新，需要企业决策者具备一定风险意识，愿意承担一定风险，响应市场需求，进行超前性的绿色创新，打击竞争对手并开拓新市场而进行的绿色生态革命（李先江，2012 年）。由于全球性的环境问题日益突出，企业绿色创新已是大势所趋。诸多研究成果表明创业导向与企业绩效之间呈正相关关系（Wang，2012 年；尹苗苗和马艳丽，2014 年；Graham 和 Potter，2015 年；Shou-Lin，2016 年），企业绿色管理代表企业创新能力和生产效率（Porter 和 Linde，1995 年；Aguilera-Caracuel 和 Ortiz-De-Mandojana，2013 年），可以进一步提升企业竞争优势，提升企业环保社会声誉，影响员工环保承诺（Dogl 和 Holtbrügge，2013 年），提高企业组织合法性（Hart，1995 年），凸显企业组织管理能力和管理效率（Aragón-Correa，1998 年；Aschehoug 等，2012 年；Muhammad 等，2015 年），创业导向成为企业绿色管理实践的重要战略指向。因此，本书推论并提出假设：

H2 创业战略导向可能增强饭店和餐饮企业绿色管理实践的动机。

三、二元战略与绿色管理绩效

单个战略导向作为自变量、因变量或者调节变量的实证研究一直是战略管理领域的研究热点。然而，企业身处日益复杂的动态产业环境，仅关注单一战略导向已经无法解释战略导向与绩效间的关系，也无法解释同一市场环境下，具有类似战略导向的企业为何绩效结果仍然存在差异。因为企业所处外部市场环境相同，所以对此现象的探讨应该将视角聚焦在企业内部。不同的战略导向产生不同的结果，当外部环境变化导致单一战略失灵，企业若融合其他战略导向，则可以适时顺应环境变化，调整企业发展方向，这就涉及企业在特定时期战略导向之间的并存和交互问题。国内外已有不少研究者对不同战略导向间的交互作用开展了较为深入的研究，如市场导向与技术导向（Lansti 和 Marco，1997 年；Lane，2006 年），顾客导向和技术导向（杨张博和高山行，2015 年），创业导向与市场导向（彭正龙和何培旭，2015 年），三种战略导向整合（Hakala，2011 年；金露，2011 年）。

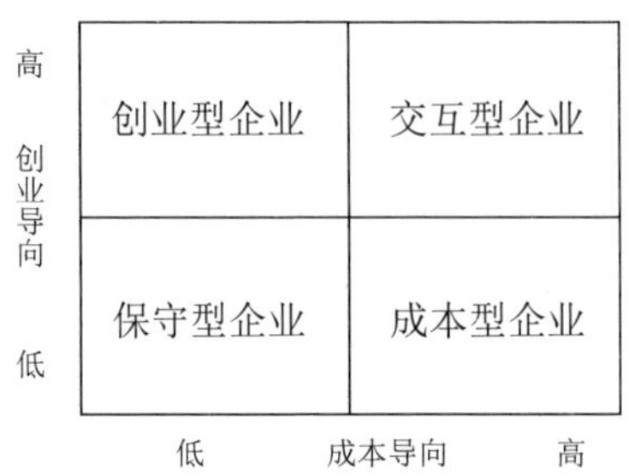

图 4-3　成本导向和创业导向整合的二维矩阵

为了比较不同战略导向交互对饭店和餐饮企业绿色管理绩效的影响程度，本书在（Olson 等，2005 年；张乃仁，2012 年；付强，2014 年；谭敏，2014 年）等人研究的基础上，构建成本导向和创业导向整合的二维矩阵（图 4-3），我国的部分学者已经采用了这种战略导向交互效应研究方式（鲁成方，2013 年；谭敏，2014 年；杨张博和高山行，2015 年）。本书将住宿餐饮业服务企业分为四类：交互型企业、创业导向型企业、成本导向型企业、和保守型企业。交互型企业具有双高属性，这类企业不仅重视节能减排技术和环境知识的学习，而且密切控制成本以获取合理利润；创业导向型企业具有高创业导向、低成本导向属性，这类企业过于关注企业在行业的创新能力领先地位，忽视了成本控制；成本导向型企业具有高成本导向、低创业导向属性，这类企业关注成本控制，相对忽视绿色人才培养和环保新技术研发；保守型企业具有双低属性，这类企业目前运营相对稳定，决策者相对比较保守，不愿承担风险，因此既不重视绿色创新能力的开发，也不注意控制成本。对饭店和餐饮企业而言，绿色创业离不开服务产品价值创新，而服务产品创新的核心是成本导向，因此创业导向和成本导向对服务企业而言同等重要，因此部分服务企业采取“两手抓”策略，整合创业导向和成本导向，实施二元战略。二元战略视角下，如果一个企业能够整合与平衡成本导向和创业导向，就能形成协同交互效应，较大幅度提升绿色管理绩效。Porter 等（1995 年）指出，许多企业忽略了战略导向“双赢”模式，即通过绿色管理实现降低运营中能源成本和提升生产效率的双重目的，强调获利能力的企业最有可能抓住“双赢”机会（EBRD，1995 年），反之，生产效率低下则不太可能把握机会。单一视角的研究并未整合或考虑其他战略导向的影响作用，同一企业可能整合两种以上的战略导向，凸显企业战略灵活性。杨张博和高山行（2015 年）基于对三家不同的案例企业的研究发现，企业发展出多种战略导向格局，但以平衡格局为主。Judge 和 Blocker（2003 年）的研究也表明，企业实施二元战略实际上是组织与制度环境互动影响的结果，企业一方面对外部多元制度逻辑作出差异性诠释，另一方面企业根据现有资源能动性进行战略调整，战略导向由单一性转向二元的战略选择。

基于上述分析，本书区分四种不同战略导向类型的企业并认为它们在绿色管理绩效表现上存在差异，因此提出假设：

H3 不同战略导向的企业绿色管理实践产生的绿色管理绩效表现存在差异。

四、多元制度逻辑驱动绿色管理实践

多元制度逻辑是企业绿色管理实践的重要前因，也是目前西方理论界颇为关注的前沿和热点问题。组织是一个“开放的系统”，是一个在有限理性制约下不断演化变动的生命体（周雪光，2008 年），组织面对外部多元制度主体不同的逻辑秩序时，会通过种种传递机制进行调整与反应，以获取所需资源，使组织在相对复杂的制度与规范下求得组织的生存与发展（DiMaggio 和 Powell，1983 年；Meyer 和 Rowan，1977 年；Scott，1987 年），组织只有策略性地接受单个或多个并存的制度逻辑，才能获得社会价值体系的认可与支持，进而实现组织的生存和成长（Zimmerman 和 Zeitz，2002 年；杜运周和尤树洋，2013 年），组织如若无法适时自我调整，将会危及组织生存（Selznick，1949 年）。Walls 和 Hoffman（2013 年）对商业环境领域企业主动实施环保战略的前因进行了归纳和梳理，发现在西方发达国家存在“积极的制度规范偏离”的组织现象，部分企业不仅对外部制度压力作出回应，而且积极开展绿色管理实践，甚至主动绿色创新超越法律规制内容和期望，获得良好的经济利益和社会效益（Hart，1995 年；Hoffman 和 Woody，2008 年），Walls 和 Hoffman（2013 年）对这一现象的解释是由不同核心利益主体建构的制度场域多元制度逻辑促使企业这么做，由一开始的被动响应到后来的主动实施，这一变化过程体现不同企业对多元制度逻辑的差异性诠释和理解。Verheul（1999 年）分析了供应商、客户和地方当局的外部网络如何影响中小企业的清洁技术的传播。除了受法律强制的行为之外，在环境保护方面主动投资的动机也可能是考虑以下两个原因：外部环境的压力和企业决策者的自愿选择，很明显，中小企业有动力去投资环境更多的是外部因素而不是内部原因（Masurel，2007 年），它们对外部环境的依赖性更强。在这种情况下，外部多元主导制度秩序的构建者很重要，因为他们可以提供额外的资源，鼓励并促成合作关系，并创建关键性资源。Masurel（2007 年）进一步分析了中小企业环境投资的驱动力主要来自五个方面：一是来自市场，包括满足消费者绿色需求，树立企业正面形象以吸引更多顾客，明确企业长远价值观、愿景和战略方向。二是来自员工，包括在安全与卫生方面创造更好的工作环境，满足员工需求和期望，改善管理动机，提高员工积极性。三是来自政府，包括环境法律法规要求，获得公共财政补贴等。四是来自社会责任，包括对舆论媒体的关注予以回应，承担令社会公众满意的企业责任。五是内部管理的需要，包括服务秩序和清洁，降低生产成本等。

本书基于 Masurel（2007 年）的研究，结合第三章的质化研究结论和第四章第一节提出的模型一研究架构，将住宿餐饮业服务企业面临的多元制度逻辑归纳为管制力度、市场环境、舆论压力和同行影响四个维度。以下针对每个维度进行研究假设推演。

（一）管制力度与绿色管理实践

Zimmerman 和 Zeitz（2002 年）认为外部制度环境中存在多方管制主体影响企业行为，例如，政府、主管部门、行业协会、非政府组织等，共同构成影响企业绿色管理的管制力度。一项对瑞典和波兰住宿业的实证研究发现，尽管饭店经营者意识到保护环境的必要性，但其环境保护积极性并不高，说明环保意识对饭店绿色管理动机的驱动作用不大，真正影响其绿色管理态度和行为的重要因素是经济因素和政府的环保政策（Bohdanowicz，2005 年；万绪才和敏丁，2011 年）。政府监管是企业考虑环境问题时最大的单一压力来源（叶强生和武亚军，2010 年），中国企业普遍受到政治合法性的压力（李宏贵和谢蕊，2017 年）。2008 年金融危机以后，中国政府加大了对住宿餐饮业的监管力度，主要体现在：（1）监管法律框架日益完善。2009 年 6 月 1 日以后，国家食品药品监管部门以《食品安全法》

为依据，出台《餐饮服务许可管理办法》《餐饮服务食品安全操作规范》等系列文件，餐饮食品安全法律法规框架体系越来越完善。2015 年，新版《食品安全法》审议通过并实施，为餐饮企业绿色管理提供制度保障。(2) 监管方式多元化。以餐饮业为例，2002 年起，监管部门对餐饮服务单位实行量化分级的管理模式。通过对餐饮服务单位的食品安全状况进行量化评价，来划分不同食品安全等级，从而便于采取针对性措施，提高监管资源，促进餐饮服务单位诚信经营。(3) 监管手段更先进。从快速检测技术的发展，到监管网络体系的完善，在网络信息技术的支持下，监管部分顺利搭建餐饮安全数据库，并努力实现各地数据资源共享，从而有效提升监管能力。此外政府资金投入、技术及信息扶持（Li 和 Atuahene-Girna，2001 年）、政府补贴（Wu 和 Liu，2011 年）、行业准入和政府投资项目（Dai 和 Liu，2015 年）等制度资本为政府规制的有效实施提供了激励信号。从管制力度视角来看，政府借由制定环保法律法规影响企业绿色管理行为，包括制定环境保护法案、管制法令、勒令停业、环境罚款等（Peattie，1992 年），政策监管能够鼓励和约束组织与环境的关系，促进组织积极开展环境质量管理，从而促使饭店和餐饮企业积极参与生态标签认证并开展绿色管理实践。基于以上分析，本书提出以下研究假设：

H4 政府管制力度越大，饭店和餐饮企业开展绿色管理实践的可能性越高。

（二）市场环境与绿色管理实践

市场环境从三个维度体现：市场变化、竞争强度、技术革新（Wang，2012 年）。市场往往是决定绿色管理前因和后果的重要机制（Zwetsloot，2011 年）。Shi 等（2017 年）的研究表明，国家政策层面的压力并不一定是绿色管理实践的直接前因，而区域性市场的制度压力会影响各类型绿色管理实践。在竞争战略权变理论研究中，企业战略导向决策主要影响因素来自企业市场竞争环境，包括行业现有竞争者数量及规模、政府行业规制、同行企业间同质化或差异化程度等。行业不同，竞争强度也不同。竞争强度是指企业所处行业竞争的激烈程度以及与同行竞争对手的对抗程度及其变化，行业竞争的激烈程度取决于同一区域内同行业企业数量的多寡，同行竞争对手的对抗程度及其变化则反映竞争态势的动态性、不稳定性与难以预测的特点（Lusch 和 Laczniak，1987 年）。竞争强度越大的行业，企业越有动力开展绿色管理创新活动，目的是将自身产品和服务与竞争对手区别开来，并且在成本控制上凸显优势（Earnhart，2017 年）。来自消费者的绿色市场需求是推动饭店和餐饮企业绿色管理实践的强大力量。许多研究发现消费者更倾向于选择对环境冲击较小的绿色无公害食品或服务产品，在以消费者为中心的服务业，如果企业不重视环保问题，将会遭受消费者联合抵制（Greeno 和 Robinson，1992 年），消费者对环保问题的观念改变和消费升级，绿色消费市场已经形成，倒推饭店和餐饮企业进行绿色转型，绿色管理势在必行。环保技术的持续进步，使企业的设备设施不断更新换代，自动化、智能化的环保产品和环保设施帮助提高企业的运营效率，降低能源消耗，提高服务质量，迎合消费者需求。基于以上分析发现，我国住宿餐饮业消费市场正朝着绿色方向变化、市场竞争日趋激烈，技术革新为住宿餐饮业绿色管理发展奠定了创新的基础。据此本书提出以下研究假设：

H5 市场环境变化越快，饭店和餐饮企业开展绿色管理实践的可能性越高。

（三）舆论压力与绿色管理实践

基于 Thornton 等（2012 年）对西方国家多元制度逻辑研究

中提出的舆论压力，结合中国服务业情境，本书认为舆论压力反映利益相关者通过社会舆论、媒体报道、网络信息对企业施加的压力，企业不得不对此作出回应，与利益相关者互动，体现企业合作、承担社会责任的姿态。企业运营不仅受股东影响，而且还受到众多利益相关者影响，广义的利益相关者范围包括企业股东、投资者、员工、供应商、顾客、社区、监管机构和媒体等，这些利益相关者都对企业活动存在直接或间接影响（王唤明和江若尘，2007 年）。这些广义利益相关者习惯运用舆论媒体工具，推动企业绿色管理（Hart，1995 年；Berry 和 Rondinelli，1998 年），例如，投资者或金融分析师试图了解企业如何应对现存或预期的环境风险，并要求上市企业发布企业环境责任报告；舆论媒体企图通过各种途径爆料揭露企业不当环境行为；企业所处社区也通过舆论媒体施压促使从业者改善环境污染问题，企业在与它们互动的过程中共同践行舆论压力，推动绿色管理的进展。Abdel-Maksoud（2016 年）的实证研究表明利益相关者通过舆论媒体施加压力促使阿联酋酒店采用生态控制系统。为了体现企业合作的姿态，企业不得不开展环境保护工作，并进而绿色创新，提升绿色创新绩效。现实世界中，由于企业成本和社会成本存在差异而导致冲突存在，例如非政府组织抗议，法律诉讼，监管干预等，这些冲突会导致企业丧失品牌形象和公司声誉（Heal，2010 年），因此许多企业开展绿色管理的目的是满足社会期许，积累组织声誉资本。声誉的基础是信誉，信誉能有效降低企业获得社会认可的成本和风险，那些拥有声誉资本的个体或组织将会更容易从中获益，例如获得项目开发批准，优先访问潜在的领域和产品，政府的信任，监管机构的信任，当地社区的宽容，被环境非政府组织攻击的风险最小（Gunningham 等，2004 年）。从能动性的角度出发，企业遵循舆论压力秩序，利用公共关系、媒体宣传表现企业在引导顾客方面所作出的努力和表率，体现企业社会责任，达到双赢效果，因此主动开展绿色管理（Lyon 和 Maxwell，2011 年）。基于以上分析，本书提出以下研究假设：

H6 舆论压力越大，饭店和餐饮企业开展绿色管理实践的可能性越高。

（四）同行影响与绿色管理实践

组织嵌入在一定专业领域社会网络中，形成产业价值链上的一环，与网络中其他成员共同形成网络价值依赖关系，形塑行业规范与专业标准，因此同行会对企业产生重要影响。网络嵌入性通过环境、结构、认知和文化等因素，影响企业与其他组织间的依赖和互动合作，进而影响企业行为与绩效（任新建，2006 年）。组织领域中的专业性社会网络（如行业协会）在企业间建立结构对等的联系，为企业在网络中获取战略咨询和专业知识搭建平台，并与重要利益相关者产生联结，标杆企业的价值观及专业行为规范在同行组织间发挥重要的示范效应，网络创造了一个共享的社会学习环境（Weick 和 Roberts，1993 年），组织将某些实践价值传递给网络中其他组织成员，成为规范组织行为的润滑剂（Wall 和 Hoffman，2013 年）。企业行为是同行竞合关系的体现，具体而言，技术创新、标杆模仿学习、资源共享、互补性生产、消费引导等都可以带来同行间良性竞合互动（Afuah，2000 年），这种同行间良性竞合互动过程就是同行影响形塑企业行为的过程。那些通过绿色认证或是把绿色环保纳入销售策略的饭店在入住率和盈利上都得到了显著增长（Shou-Lin 等，2016 年），当其他企业观察到这样的变化后会主动追随这些企业的行为。据此，本书提出以下研究假设：

H7 饭店和餐饮企业绿色管理实践很大程度上受到同行特别

是标杆企业的影响。

（五）绿色管理实践与绿色管理绩效

绿色管理实践被定义为广义的企业环境行为，这些行为能够帮助企业制定决策，并对环境产生积极的影响。企业绿色管理实践能够影响企业战略规划及业务职能策略的各个方面（Olson，2008 年），因此，越来越多的企业重新思考管理过程，以减少浪费，降低成本，实现可持续发展。黄忠发等（2012 年）认为绩效是一种衡量行为结果的标准，通常用于评估企业表现及可持续发展，因此，绿色管理绩效的衡量指标对企业绿色管理的重要程度不言而喻。绿色管理绩效是指组织通过合理配置现有资源，在开展绿色管理实践一定时期内经营活动的成效和具体表现。在 Dixon-Fowler（2017 年）的不同企业情境的元分析文章中发现，企业环境绩效（CEP）与企业绩效之间存在着显著正相关关系。就绿色管理绩效而言，事前预防比事后控制可以获得更佳的环境绩效（Hart，1995 年；Porter 和 Linde，1995 年；Shrivastava，1995 年；Berry 和 Rondinelli，1998 年）。Hart（1995 年）从自然基础观视角指出现代企业越来越受到自然环境的约束，污染预防能力的发展能有效降低污染排放成本。尽管在短期内，服务企业开展绿色管理会增加环保设施改造成本，但长远看来，前期投入会带来后续能源大幅降低、生产效率提升的效果而降低成本，增加企业长期利润，一些明智且有远见的经营者已经敏锐地把握到这一机会，权衡企业绿色管理战略的成本与收益问题，通过严格的预算约束促进企业开展环境质量管理的效率，争取政府补贴来弥补前期投入成本（Earnhart，2017 年），将环境保护纳入商业战略并从中获益（Esty 和 Winston，2006 年；Nidumolu 等，2009 年）。本书据此推论并提出假设：

H8 饭店和餐饮企业绿色管理实践能有效提升其绿色管理绩效。

第三节　样本与数据收集

一、问卷设计

本书依托封闭式问题组成的结构化问卷进行数据收集。问卷结构由六个部分内容组成。第一部分是对研究目的及填答要求的解释，以确保所有问卷填答者来自饭店和餐饮企业的中高层管理者；第二部分考察填答者对企业外部制度环境的感知；第三部分旨在了解目标企业战略导向，包括成本导向和创业导向方面内容；第四部分内容反映饭店和餐饮企业的中高层管理者对各自企业绿色管理实践情况的评价；第五部分包含企业绿色管理绩效的题项内容；第六部分包括企业信息和填答者个人信息。问卷所有题项表述都按照当前住宿餐饮业从业者惯习呈现，都反映了住宿餐饮业的客观真实情况。

二、量表初试与优化

问卷设计中的量表指标选取、题项内容、量表的信效度均直接影响问卷的可靠性，如果选取的量表达不到统计学意义上的信度和效度标准，则直接影响研究结果及其价值。由于本书涉及的量表几乎完全来自西方文献成果，要确保这些量表在中国情境下的适用性和可行性，本书根据文献查阅和专家建议，主要从以下四个方面对研究采用的量表进行审慎控制。

第一，科学选择量表。本书涉及的量表题项全部来源于已发表文献的成熟量表。为了使量表题项表述符合汉语语境和中国文化背景，本书查阅了这些量表在中国研究成果中的使用情况，如果还未有中国学者翻译量表，则严格采用翻译和回译程序，参考中国文化或中国企业管理实践的具体情况，对量表中不适合中国情境调查对象的内容进行调整，在此过程中充分征求和吸收相关领域专家或专业人士的意见和建议，确保测量语句在语义上符合中国情境的研究。根据变量内涵、适用情境及其理论基础最大限度地保留量表的内容效度，同时遵循创作——试填——调整——预调研——统计测试更正——最终确定的问卷调试过程，尽量设计出与研究概念框架最契合的问卷量表。

第二，企业现场访谈。由于我国学术界较不关注传统服务产业，尤其对于住宿餐饮业绿色管理与企业竞争优势相关研究起步较晚，描述性研究居多，实证性研究较少，因此本书主要参考西方相关研究量表。在预调研问卷生成前，我们选择住宿餐饮业四家典型企业进行了深入访谈，了解饭店和餐饮企业开展绿色管理实践的驱动因素及绿色管理实践具体情况，部分采纳四家企业的决策者及管理团队的建议，以保证问卷采纳量表具体题项的表述贴近中国住宿餐饮业的语境背景。

第三，广泛听取专家意见。在文献梳理和企业现场调研的基础上，为了保证问卷的内容效度，本书作者利用讲座研讨机会请教了普渡大学旅游管理领域的一位资深教授和华南师范大学的一位服务管理领域的专家教授，他们都对问卷涉及量表内容提出了中肯意见。根据专家的意见测量表具体题项内容及表述方式进行了调整。

第四，问卷预调研。预调研问卷形成后，先请 10 名从事饭店管理教学和研究的高校教师以及本书作者 2015 年参加香港理工大学旅游管理博士训练营的同学对问卷进行了评估和调试，如对相关表述做了修正以符合中国人的陈述习惯，随后利用

2017 年 6 月到潜江参加 2017 鄂菜产业发展论坛的机会对参会的企业进行预调研，在会议上联系发放纸质问卷，并针对性访谈了 4 家企业负责人，一共获得了 51 家企业共回收问卷 233 份，最终获得由企业中高层管理人员填写的有效问卷 209 份。研究使用 SPSS23.0 软件对问卷结果进行了效度和信度检验，CITC，KMO 与 Bartlett 球形检验得到 KMO 值为 0.932，Bartlett 球形检验显著（$\chi2=14888.281$，$df=2556$，$P<0.001$），说明样本数据适合进行因子分析。由于本书在问卷设计时所参考之成熟量表题项内容描述与本书研究之情境存在一定差异，因此本书根据服务产业属性特征对量表题项内容表述进行了适当调整，因此有必要先进行探索性因子分析，判断变量的维度划分是否合理。

表 4-1 表明，多元制度逻辑量表中的四个维度划分是基本合理的，大部分题项因子载荷系数都在 0.5 以上，仅有舆论压力维度中“媒体报道与关注影响本企业社会责任政策”这一题项因子载荷系数小于 0.5，因此删除该题项。

表 4-1　多元制度逻辑探索性因子分析结果

维度	题项	因子载荷			
		1	2	3	4
同行影响	部分同行企业因其社会责任履行表现良好而扩大了知名度	0.713			
	本企业密切关注同行企业的公共关系及营销策略	0.833			
	履行社会责任较好的同行企业其经营效益也较好	0.860			
	同行标杆企业的企业社会责任情况对本企业产生深刻影响	0.883			

续表

维度	题项	因子载荷			
		1	2	3	4
市场环境	在我们这个行业，技术升级很频繁		0.553		
	在我们这个行业，顾客的喜好变化非常快		0.662		
	在我们这个行业，生产及服务模式一直在更新		0.798		
	在我们这个行业，顾客随时随地都在寻找新产品		0.737		
	在我们这个行业，竞争对手频繁推出新产品		0.763		
管制力度	政府对违背社会责任的企业经营行为有严厉的惩罚措施			0.761	
	政府通过多种渠道宣传和推广企业社会责任			0.711	
	政府对公众反映的违背社会责任的行为做出迅速反应			0.816	
舆论压力	舆论压力媒体报道与关注影响本企业社会责任政策				0.234
	社会舆论使得本企业必须履行更多社会责任				0.824
	网络信息的传播迫使企业回应一些负面信息				0.886

由表4-2可知，战略导向量表中的两个维度划分是基本合理的，大部分题项因子载荷系数都在0.5以上。但是，创业导向维度中“我们公司高层管理者偏好风险项目”这一题项因子载荷系数小于0.5，因此删除该题项。成本导向维度中“我们公司密切监控关键业务环节的效率”这一题项因子载荷系数尽管大于0.5，但同时落在两个因子上，因此删除该题项。

表 4-2　战略导向探索性因子分析结果

维度	题项	因子载荷	
		1	2
创业导向	我们公司高层管理者偏好风险项目	0. 378	
	我们公司面临不确定性情况时，管理者常采取积极主动的态度	0. 798	
	我们公司管理者对竞争对手采取新的竞争手段予以积极回应	0. 852	
	我们公司管理者乐于尝试新的方法、新的解决方案	0. 868	
	我们公司管理者鼓励员工采取主动创新的工作方式	0. 881	
成本导向	我们公司将提高商业运营效率视为企业重要目标		0. 819
	我们公司对降低运营成本的关注始终高于一切		0. 811
	我们公司一直追求改进生产和服务流程从而降低成本		0. 789
	我们公司将规模扩张视为企业战略的重要组成部分		0. 720
	我们公司密切监控关键业务环节的效率	0. 507	0. 591

表 4-3　绿色管理实践探索性因子分析结果

维度	题项	因子载荷
		1
绿色管理实践	我们公司对节能减排贡献突出的员工予以奖励	0.853
	我们公司全员推广办公室环保行动	0.844
	我们公司建立完善的环境污染超标、消防安全及食品安全等突发事件应急预案	0.843
	我们公司经常开展员工环境知识学习计划和培训课程	0.832
	我们公司管理层积极组织并在认证及实施过程中发挥领导作用	0.827
	我们公司严格控制污水、噪声、固体废弃物排放量	0.808
	我们公司创建水、电、气、油等能源审计系统，并设置具体可量化比较的目标参照值	0.804
	我们公司经常组织员工参与社区活动（如环保宣传、慈善捐赠等）	0.776

表 4-4　绿色管理绩效探索性因子分析结果

维度	题项	因子载荷
		1
绿色管理绩效	绿色管理实践以来，我们公司媒体宣传次数增加	0.870
	绿色管理实践以来，我们公司节能减排效果明显	0.858
	绿色管理实践以来，我们公司回头客数量增加	0.855
	绿色管理实践以来，我们公司生产效率明显提高	0.854

续表

维度	题项	因子载荷
		1
	绿色管理实践以来，我们公司内部管理沟通效率提升	0.847
	绿色管理实践以来，我们公司员工环保意识明显提升	0.827
	绿色管理实践以来，我们公司获得政府奖励次数增加	0.826
	绿色管理实践以来，我们公司参与社会公益活动次数增加	0.825

由表 4-3 可知，绿色管理实践 8 个题项指向同一个维度，且各题项因子载荷系数均在 0.7 以上，说明题项能很好地描述绿色管理实践这一维度。表 4-4 结果显示，绿色管理绩效 8 个题项指向同一个维度，且各题项因子载荷系数均在 0.8 以上，说明题项能很好地描述绿色管理绩效这一维度。

通过探索性因子分析在多元制度逻辑构面顺利抽取出管制力度、市场环境、舆论压力和同行影响四个因子维度，此外成本导向、创业导向、绿色管理实践、绿色管理绩效等构面与问卷题项一致，信度和效度都达到较高水平。最终根据探索性因子分析结果，删除了多元制度逻辑舆论压力维度一个题项，删除了成本导向和创业导向各一个题项。未删减的原始问卷内容详见附录。

三、问卷正式发放与回收

根据 Martín-de Castro（2017 年）等人的研究，绿色管理实践和环境认证并不是等价概念，那些没有参与环境认证的企业也可能积极开展绿色管理实践。此外，第一阶段的研究主要目的是考量普适性饭店和餐饮企业绿色管理实践的驱动因素及影响结果，所以在选择现场访谈研究对象时，本书遵循标准如下：（1）填写对象为全国范围内的饭店和餐饮企业的中高层管理人员；（2）企业现任高管任职期超过3年，说明领导相对稳定，组织价值观统一；（3）根据企业申报等级按比例选取，由于极少有企业申报一叶和二叶绿色饭店或绿色餐饮企业，因此本书最终选择现场调研企业四家，其中四叶级绿色饭店1家、五叶级绿色饭店1家、五叶级绿色餐饮企业2家。

其次，通过邮件、微信或QQ向企业主要联系人发出填写问卷的邀请函，并对调查问卷进行网络回收。根据Sproul和Kiesler（1995年）的研究结果显示，互联网问卷调查在回收速度、填写完整度和填写错误率等方面均优于传统的问卷。因此本书利用问卷星网站提供的网页问卷编辑功能进行问卷设计，并通过微信、QQ客户端和邮件直接链接到本书架设于问卷星网站上的网页问卷中进行填答。只要受测者填答完整并确认送出，则系统会自动将收集所得的问卷数据储存于笔者在问卷星网站中申请的账号中，每一份问卷代表的是每一位受测者对本书网页问卷填答的结果。问卷发放方式包括：（1）通过湖北省商务厅服务贸易处、湖北省烹饪与饭店行业协会、卢永良技能大师工作室、邹志平技能大师工作室的帮助，借由工作业务上的往来，随机发放研究问卷给湖北省内已经获评绿色饭店和绿色餐饮企业的饭店和餐饮企业进行问卷调查；（2）根据作者工作单位的校友微信群，联系已经毕业且在饭店和餐饮行业就业并已经晋升到高级管理人员的学生，通过他们联系、询问并要求其工作的饭店协助进行问卷调查，包括湖北经济学院饭店管理校友群（287人）、湖北经济学院校友餐饮分会（139人）、牵手中国饭店总经理部落联盟（258人）、饭店圈（482人）等微信群成员所在企业。问卷调查时间自 2017 年 7 月 1 日至 2017 年 12 月 30 日，共历时六个月。在问卷正式发放阶段，来自全国各地的 518 名中小民营企业中高层管理者填答了问卷，其中，纸质问卷填答 151 份，邮箱/QQ/微信端网络链接填答 367 份。最后，对收集的问卷进行筛选，发现有 13 份调查问卷未填写具体单位或者企业类型与本研究不匹配，因此，最终获得了 505 份有效问卷。

四、样本统计特征

本书主要采用 SPSS23.0 对样本描述数据进行处理和分析。样本分布情况主要通过受访对象的地域分布情况、受访对象所属行业、性别、就职年限、职务等级、职能部门等进行分析。

表 4-5 是受访对象所在的城市分布情况，反映了模型最终样本（505 份）的数据来源。从表中可以看出十堰的样本最多，占样本总量的 27.1%，这与十堰市烹饪与饭店行业协会的大力支持有关，十堰的调查问卷回收率比较高。其次是荆门，占样本总量的 16.8%。第三是武汉，占样本数量的 13.7%。可见来自湖北的饭店和餐饮企业数量最多，能够代表湖北整体住宿餐饮业情况，湖北省外的饭店和餐饮企业也基本来自经济发达地区（如北京、上海、广州）或者旅游发达地区（如南京、三亚、苏州），样本具有一定代表性。

表 4-5　受访对象地域分布

地域分布	频次	百分比（%）	累计百分比（%）
安徽-合肥	1	0.20	0.20
北京-朝阳区	3	0.60	0.80
广东-广州	1	0.20	1.00
海南-三亚	1	0.20	1.20

续表

地域分布	频次	百分比（%）	累计百分比（%）
湖北-恩施	24	4.80	5.90
湖北-荆门	85	16.80	22.80
湖北-荆州	18	3.60	26.30
湖北-潜江	20	4.00	30.30
湖北-十堰	137	27.10	57.40
湖北-随州	38	7.50	65.00
湖北-天门	29	5.70	70.70
湖北-武汉	69	13.70	84.40
湖北-咸宁	3	0.60	85.00
湖北-仙桃	19	3.80	88.70
湖北-襄阳	49	9.70	98.40

表4-6反映了受访对象所属行业。从行业结构来看，住宿业最多，占样本总量的53.7%；其次是餐饮业，占样本总数的45.7%，其他服务业仅占0.6%，整体样本的产业分布与本书预设的样本对象所属行业相符。

表4-6 受访对象所属产业分布

所属行业	频次	百分比（%）
住宿业	271	53.70
餐饮业	231	45.70
其他服务业	3	0.60
合计	505	100.00

表 4-7　正式调查样本统计特征

人口统计变量	样本结构			人口统计变量	样本结构		
	类别	人数	有效百分比		类别	人数	有效百分比
性别	男	163	32.3	职务	高层管理者	86	17.0
	女	342	67.7		中层管理者	382	75.6
企业规模	小于 10 人	1	0.2		基层管理者	33	6.5
	10-99 人	180	35.6		一线员工	4	0.8
	100-299 人	282	55.8	分管职能	市场营销	91	18.0
	300 人以上	42	8.3		财务管理	99	19.6
学历	初中及以下	4	0.8		行政管理	83	16.4
	高中或中专	132	26.1		后勤管理	52	10.3
	大学专科	280	55.4		生产管理	64	12.7
	大学本科	87	17.2		服务管理	91	18.0
	研究生及以上	2	0.4		其他管理	25	5.0
企业性质	国有改制企业	66	79.4	发展阶段	初创企业	78	15.4
	民营企业	401	5.3		快速发展	253	50.1
	家族企业	27	2.2		稳定规模	171	33.9
	三资企业	11	79.4		衰退时期	3	0.6
参与认证	是	488	96.6	协会成员	是	483	95.6
	否	17	3.4		否	22	4.4

表 4-7 汇总呈现了受访对象人口统计特征。整体样本中,男性 163 人,占 32.3%,女性 342 人,占 67.7%,女性多于男性,这与住宿餐饮业的实际情况相符合。从学历结构看,大学专科占 55.4%,高中或中专占 26.1%,和其他行业相比,住宿餐饮业普遍

学历不高。从职务来看，受访对象大多为中层管理者（包括部门经理、楼面经理等），占 75.6%，还有部分是对企业整体情况十分熟悉的高管（包括总经理、总监、店长、行政总厨等），占 17%，中高层管理者占比 92.6%，这一群体对企业内外部环境、绿色管理实践情况比较了解，是适合的受访对象。

从企业特征来看，受访对象主要来自小型服务企业（35.6%）和中型服务企业（55.8%），共占比 91.4%，占绝大多数，也是本书研究的目标对象。从企业发展阶段来看，“刚刚创建，各种资源比较匮乏，目前求生存是我们的首选目标”的初创企业占 15.4%，“开始步入良性轨道，正进入一个快速发展时期，需要调整企业战略实现规模扩张”的企业占 50.1%，“规模已达到相当程度，企业更加关注社会责任的承担和履践”的企业占 33.9%，而“已经过了高速发展期，目前非常不景气，难以适应社会发展，面临被淘汰的局面”的企业占 0.6%，说明填答较为客观，绿色管理实践开展较好的企业大多来自快速发展和稳定规模的企业。从填答人员分管职能来看，财务管理占 19.6%，市场营销管理占 18%，服务管理占 18%，行政管理占 16.4%，生产管理占 12.7%，后勤管理占 10.3，其他管理占 5%，各主要职能部门都有涉及，较为合理。96.6%的受访企业都参与了国家标准的生态标签认证——绿色饭店或绿色餐饮企业认证，只有 17 家表示不愿意参加认证，但他们仍然开展了绿色管理实践。95.6%的受访企业是当地烹饪与饭店行业协会成员单位，只有 22 家企业没有加入行业协会。综上所述，受访对象整体上是对企业内外环境及绿色管理实践情况是非常了解的。通过对受访对象的人口统计特征分析，可以认为样本选取基本合理。

第四节　变量测量

一、多元制度逻辑

在一个多变的商业环境中,能够成功管理与多元利益相关者的关系成为企业成功的关键因素和可持续竞争优势的来源(黄旭锋,2011 年)。组织为了生存和发展,会策略性灵活运用社会场域中多元制度逻辑,如此才能获得社会认可与支持,实现企业可持续发展(Zimmerman 和 Zeitz,2002 年;杜运周和尤树洋,2013 年)。据此,本书将制度场域内的服务企业受到来自多个利益主体架构的多元制度逻辑纳入企业绿色管理实践的前因范畴,基于沈奇泰松(2010 年)、Zwetsloot(2011 年)、黄旭锋(2011 年)、刘伯恩(2014 年)等人的研究,将企业面临四类主导逻辑秩序带来的压力:管制力度、市场环境、舆论压力和同行影响。其中,管制力度主要指的是政府的法律法规、行政命令、约束要求对企业的强制力度;市场环境是指同一行业内市场变化、竞争强度和技术变革的情况;舆论压力是指企业不得不对社会舆论、媒体报道、网络信息做出回应,体现企业合作、承担社会责任的姿态;同行影响是指同一行业内被广泛认可的准则或规范,体现社会道德或规范的期待以及企业对同行自然接受、主动模仿的标杆或行动脚本。本书中的多元制度逻辑量表题项及其来源或依据见表 4-8:

表 4-8　多元制度逻辑量表及来源

变量名称	编码及题项内容	来源或依据
管制力度	1. 政府对违背社会责任的企业经营行为有严厉的惩罚措施 2. 政府通过多种渠道宣传和推广企业社会责任 3. 政府对公众反映的违背社会责任的行为做出迅速反应	沈奇泰松(2010年) Zwetsloot(2011年) 刘伯恩(2014年)
市场环境	1. 在我们这个行业,技术升级很频繁 2. 在我们这个行业,顾客的喜好变化非常快 3. 在我们这个行业,生产及服务模式一直在更新 4. 在我们这个行业,顾客随时随地都在寻找新产品 5. 在我们这个行业,竞争对手频繁推出新产品	黄旭锋(2011年)
舆论压力	1. 媒体报道与关注影响本企业社会责任政策 2. 社会舆论使得本企业必须履行更多社会责任 3. 网络信息的传播迫使企业回应一些负面信息	刘伯恩(2014年) Brown(1996年) Green(1994年)
同行影响	1. 部分同行企业因其社会责任履行表现良好而扩大了知名度 2. 本企业密切关注同行企业的公共关系及营销策略 3. 履行社会责任较好的同行企业其经营效益也较好 4. 同行标杆企业的企业社会责任情况对本企业产生深刻影响	刘伯恩(2014年) 沈奇泰松(2010年) Teo等(2003年)

二、战略导向

在本书研究中,主要涉及成本战略导向、创业战略导向,以及两种战略导向的整合的二元交互战略。本书将成本战略导向的定义为:对于成本战略的实施主要是通过对企业的产品的生产控制以及对企业产品的价值链的重新建立来获得低成本的竞争优势,这样可以为企业带来更多的利润增长。本书将创业战略导向的定义为:企业积极参与产品、服务市场创新,承担一定程度的风险,进行有超前性的创新,以此打击竞争者。本书中的成本战略导向量表参考了付强(2014 年)和 Olson 等(2005 年)等学者的研究成果,设计了 5 个题项来测量中小民营企业成本战略导向。本书对创业导向的测量量表是基于姜飞飞等(2016 年)的研究量表,设计了 5 个题项进行测量。具体测量题项见表 4-9。

表 4-9　企业战略导向量表及来源

变量名称	测量	来源或依据
成本导向	1. 我们公司将提高商业运营效率视为企业重要目标 2. 我们公司对降低运营成本的关注始终高于一切 3. 我们公司一直追求改进生产和服务流程从而降低成本 4. 我们公司将规模扩张视为企业战略的重要组成部分 5. 我们公司密切监控关键业务环节的效率	付强(2014 年) Olson(2005 年)
创业导向	1. 我们公司高层管理者偏好风险项目 2. 我们公司面临不确定性情况时,管理者常采取积极主动的态度 3. 我们公司管理者对竞争对手采取新的竞争手段予以积极回应 4. 我们公司管理者乐于尝试新的方法、新的解决方案 5. 我们公司管理者鼓励员工采取主动创新的工作方式	姜飞飞等(2016 年)

三、绿色管理实践

本书参考高明瑞等（2010 年）的定义，将绿色管理实践定义为：企业通过清洁生产作业（流程改良、能源节约、废弃物减量、资源重复利用）、积极开展环保实践（生态标签认证、环境审计、办公室环保、主动参与社区活动等），生产对环境友善的产品，提供绿色服务和绿色营销，通过落实绿色管理，提高生产效率、降低成本、提高服务品质，以保持企业在市场中的竞争优势。绿色管理实践的测量取自已有成熟量表，本书在借鉴 Martín-de Castro 等（2017 年）、陈俊硕（2014 年）和庄顺斌（2016 年）等学者相关量表的基础上，结合我国住宿餐饮业研究情境，参考我国国家标准《绿色饭店（GB/T21084-2007）》相关内容，共设计 8 个题项反映饭店和餐饮企业绿色管理实践的具体情况，每个题项都用 Likert 的 5 点量表法施测。

表 4-10 绿色管理实践量表及来源

变量名称	测量	来源或依据
绿色管理实践（GMP）	1. 我们公司严格控制污水、噪声、固体废弃物排放量 2. 我们公司创建能源（水、电、气、油等）审计系统，并设置具体可量化比较的目标参照值 3. 我们公司经常开展员工环境知识学习计划和培训课程 4. 我们公司经常组织员工参与社区活动（如环保宣传、慈善捐赠等） 5. 我们公司管理层积极组织并在认证及实施过程中发挥领导作用 6. 我们公司已建立完善的环境污染超标、消防安全及食品安全等突发事件应	Martín-de Castro（2017 年） 陈俊硕（2014 年） 庄顺斌（2016 年） Prajogo 等（2012 年） Tarí（2010 年）

续表

变量名称	测量	来源或依据
	急预案 7. 我们公司全员推广办公室环保行动（如纸张双面打印、随手关灯\水龙头、减少空调使用、减少使用塑料袋等） 8. 我们公司对节能减排贡献突出的员工予以奖励	

四、绿色管理绩效

组织绩效是衡量组织达成目标的程度，理论界关于组织绩效衡量指标的选择没有统一的标准，学者们多根据具体研究情境、研究目的和研究内容采纳不同的绩效指标进行测量。测量方式包括客观数据和主观评价两种形式，当客观数据获取困难，调查样本涉及不同规模、不同类型企业时，主观评价方式更科学，两种测量方式具有一致性（Schudy，2012 年；Dess，1987 年）。本书采取主观评价方法，请企业高管团队成员将本企业与同行主要竞争对手进行比较，根据企业自身表现为组织绩效的各个维度客观评分。可能有部分学者会对组织绩效主观测量的有效性提出质疑，但本书采纳主观评价方法是经过深思熟虑的，主要原因如下：首先，在中国背景下，想要获取服务企业组织绩效的客观数据非常难。此类企业极少为上市公司，无法从股票市场上获取企业信息，即便从网络上获取一些资料，其准确性和真实性也难以保障（Bae 等，2003 年；Tarí，2010 年；薛驰宇，2015 年）。其次，主观测量组织绩效的方法已经被广泛应用（Tsui 等，1997 年；Bae 和 Lawler，2000 年），现有研究成果中，不少研究都验证了组织绩效的主观测量和客观测量显著相关（Dess 和 Jr，1984 年；Venkatraman 和 Ramanujam，1987 年；Verhage 和 Waarts，1988 年；Wang 等，2003

年；黄营杉和齐德彰，2004年；吴国睿，2016年），管理者对企业绩效的判断与同行评价基本一致。再次，组织绩效的客观测量不一定比主观测量更有效，自我评价的测量方式尽管会有些许偏误，但此种偏误并不会随着问卷填答者的不同而产生系统性差异，并没有证据显示组织内部的会计报表、营业额统计、ROI等客观数据会比自我评价的测量方式更加客观（Govindarajan，1984年；Brownell和Dunk，1991年；Sohi，1996年）。又次，直接参与决策的企业高管团队成员对组织绩效的感知比客观现实更重要（Day和Nedungadi，1994年），组织绩效自我评价并不会缩小或放大自变量和因变量之间的相关性，本质上与组织绩效客观数据测量方式相同的结果（Churchill等，1985年）。本书样本来自住宿和餐饮两个行业，尽管这两个行业都从属于接待服务业，但调查样本在属性、规模、地域、年限等方面存在显著差异。基于以上分析，本书将采用主观评价的绿色管理绩效测量方式。此外，未参与生态标签认证的企业并不一定代表绩效不高，而可能是高绩效以牺牲环境为前提或者未将环境绩效考虑在内。

本书参考国外ISO 14030和中国国家标准《绿色饭店（GB/T21084-2007）》主要指标，将绿色管理绩效定义为：企业全面推动绿色管理实践以来，在业务运营、环境管理、市场表现方面的综合的效率与能力改善情况。在借鉴Amin（2017年）、Wang（2012年）和庄顺斌（2016年）等多位学者研究成果的基础上，基于更加客观、全面度量企业绿色管理实践后绩效的原则，从员工环保意识、生产效率、社会公益活动、节能减排效果、内部管理沟通、回头客数量、政府奖励次数和媒体宣传次数八个方面进行描述。

表 4-11　绿色管理绩效量表及来源

变量名称	测量		来源或依据
绿色管理绩效	绿色管理实践以来，我们公司	1. 员工环保意识明显提升 2. 生产效率明显提高 3. 参与社会公益活动次数增加 4. 节能减排效果明显 5. 内部管理沟通效率提升 6. 回头客数量增加 7. 获得政府奖励次数增加 8. 媒体宣传次数增加	Amin(2017 年) Wang(2012 年) 庄顺斌(2016 年)

五、控制变量

本书以产业类型、企业类型、企业规模和职务类型作为控制变量，因为阶段一研究的主要目的就是探寻住宿餐饮业绿色管理实践的前因及后果，由于研究涉及受访对象对制度环境的理解和内部战略导向的把握，普通员工由于工作内容和社会资本局限可能难以理解和客观把握，因此在发放问卷时筛选的主要原则就是受访对象必须为企业管理团队成员。因此，为了减少潜在干扰因素对实证分析结果的影响，本书选取产业类型、企业类型、企业规模和职务类型作为主要控制变量。

表 4-12 将阶段一模型涉及所有变量进行汇总，其中，多元制度逻辑(MIL)、成本导向(CO)、创业导向(EO)为前因变量；绿色管理实践(GM)为中介变量；绿色绩效(GP)为因变量；产业类型(INDU)、企业类型(TYPE)、企业规模(SIZE)、职务类型(POSI)为控制变量。

表 4-12　模型一变量信息汇总

变量名称	变量符号	计算方法
产业类型	INDU	住宿业=1,餐饮业=2
企业类型	TYPE	交互型企业=1,创业型企业=2,成本型企业=3,保守型企业=4
企业规模	SIZE	微型企业=1,小型企业=2,中型企业=3,大型企业=4
职务类型	POSI	高层管理者=1,中层管理者=2,基层管理者=3
多元制度逻辑	MIL	问卷调研数据
成本导向	CO	问卷调研数据
创业导向	EO	问卷调研数据
绿色管理实践	GM	问卷调研数据
绿色管理绩效	GP	问卷调研数据

第五节　实证分析与研究结果

一、共同方法偏差检验

共同方法偏差是指由于同样的数据来源或同一问卷填答者、同样的测量环境、题项语境或项目本身特征所造成的预测变量与校标变量之间的人为共变,可能导致研究结果的混淆所发生的偏差,是一种典型的系统误差。为了避免同源性问题,样本搜集选择了不同区域不同类型的饭店或餐饮企业。此外,本书借鉴 Harman 单因素检验法(Podsakoff 等,2003 年;Mackenzie 和 Podsakoff,2012 年)来进行检验。具体而言,本书利用 SPSS23.0 软件,对阶段一模型变量进行探索性因子分析，因子分析提取的第一个主成分解释的方差占总方差的比例为 21.144%<50%，说明不存在严重的共同方法偏差。

二、信效度检验

信度（Reliability）指的就是测量结果的稳定性和可靠性，即假定屡次重复测量的结果都很接近，则测量的信度能够认为是很高的。学术界一般用 Cronbach's Alpha 系数来进行内部一致性信度分析，当量表的 Cronbach's Alpha 系数值大于 0.7 时表明量表内部具有较好的一致性，Pedhazur 和 Schmelkin（1991 年）则认为当 Cronbach's Alpha 系数>0.8 时量表的信度相当好。正式问卷量表的 Cronbach's Alpha 系数为 0.962，多元制度逻辑的 Cronbach's Alpha 系数为 0.916，成本导向的 Cronbach's Alpha 系数为 0.853，创业导向的 Cronbach's Alpha 系数为 0.861，绿色管理实践的 Cronbach's Alpha 系数为 0.932，绿色管理绩效的 Cronbach's Alpha 系数为 0.942，由此可见，主要变量都具有很好的内部一致性，信度良好。然而，具备信度的量表不一定具有效度，量表具有较好的信度之后，还需要更进一步检验量表的效度。效度（Validity）反映测量工具能否真实测量出所欲测量问题的程度。由表 4-13 中 KMO 值可以看出，多元制度逻辑、战略导向、绿色管理实践和绿色管理绩效的 KMO 值最小为 0.846，显著性水平均达标，说明变量均适合做因子分析。

表 4-13 模型一各变量 KMO 和 Bartlett 球形检验分析结果

变量	KMO	近似卡方	自由度	Sig
多元制度逻辑	0.892	4380.712	91	0.000
战略导向	0.846	2462.206	28	0.000

续表

变量	KMO	近似卡方	自由度	Sig
绿色管理实践	0.901	3262.904	28	0.000
绿色管理绩效	0.916	3437.734	28	0.000

一般而言，对于已知维度的量表，效度检验一般选择的统计学方法是验证性因子分析（CFA）。本书利用 Amos22.0 软件对正式问卷发放收集的 505 个样本涉及的主要变量进行二阶验证性因子分析（图 4-4），评估战略导向、多元制度逻辑、绿色管理实践和绿色管理绩效四个主要变量的拟合效度。模型适配度指数一般参考 CMIN/DF、RMR、RMSEA、GFI、AGFI、NFI、TLI、CFI 等指标（详见表 4-14 中标准），其中，AGFI、NFI、RFI、IFI、TLI、CFI 等指标需达到 0.8 或 0.9 以上，数值若大于 0.9 表示模型具有良好的适配度，大于 0.8 则表示模型适配度可以接受（Hu 和 Bentler，1999 年）。在评估结构方程模型是否与模型采集数据契合，黄方铭（2004 年）建议以多数指标为判断标准，亦即上述适配指标中多项符合，及可以认为模型适配成功。表 4-14 可见，每项拟合指标均达到拟合标准，意味着该模型与量表匹配情况较好，说明阶段一四因子模型变量测量的区分效度较高，整体适配度较好。

表 4-14 模型一的二阶验证性因子分析模型整体适配度检验

拟合指标	CMIN/DF	RMR	RMSEA	GFI	AGFI	NFI	TLI	CFI
拟合标准	<5	<0.05	<0.08（若<0.05 优良；<0.08 良好）	>0.90	>0.90	>0.90	>0.90	>0.90
多元制度逻辑	3.961	0.027	0.077	0.935	0.903	0.900	0.938	0.957

续表

战略导向	3.428	0.024	0.069	0.978	0.942	0.981	0.972	0.986
绿色管理实践	2.141	0.009	0.048	0.993	0.962	0.995	0.990	0.998
绿色管理绩效	2.908	0.009	0.062	0.987	0.950	0.992	0.984	0.995
四因子模型	2.761	0.035	0.074	0.975	0.947	0.912	0.910	0.908

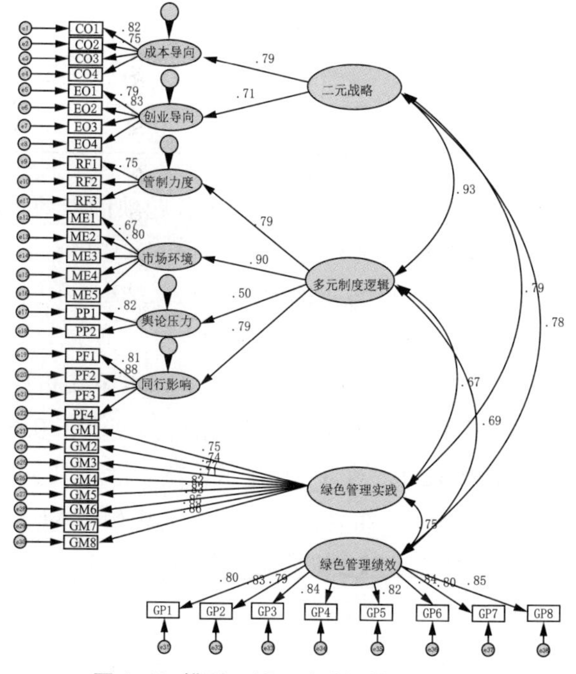

图 4-4 模型一的二阶验证性因子分析

（N=505；p<0.01；DF=659；CMIN/DF=2.761）

区分效度。根据 Fornell 和 Larcker（1981 年）给出的标准，如果 AVE 大于潜在变量之间相关系数绝对值的平方，说明内部相关性要大于外部相关性，表示潜在变量之间是有区别的，那么判别效度高。表 4-15 显示的是潜变量间区分效度的分析结果，表中加粗数字表示 AVE，未加粗的数字表示潜变量之间的相关系数的平方，均满足 Fornell 和 Larcker（1981 年）给出的标准，因此可以认为模型变量具有良好的区分效度。

表 4-15　模型一主要变量区分效度的分析结果

潜变量名称	二元战略	多元制度逻辑	绿色管理实践	绿色管理绩效
二元战略	**0.66**			
多元制度逻辑	0.55	**0.76**		
绿色管理实践	0.62	0.44	**0.59**	
绿色管理绩效	0.61	0.47	0.55	**0.67**

收敛效度。因子载荷直接反映量表各题项的能效，因子载荷大于 0.5，则认为题项具有内容效度（Chin，1998 年），说明指标能够解释潜变量 50%以上的方差。平均方差抽取量（AVE）反映量表每个维度的聚合效度，AVE 越大，说明测量指标的共同指向性越强，越能反映同一类问题（Fornell 和 Larcker，1981 年）。组合信度反映量表内部一致性，组合信度大于 0.6 说明量表的各个维度信度较好。表 4-16 显示，整体量表的全部题项的因子载荷全部大于 0.5，组合信度全部大于 0.6，AVE 全部大于 0.5，说明模型整体拟合效度非常好。

表 4-16　模型一量表具体维度效度的分析结果

量表	维度	题项	因子载荷	信度系数	测量误差	组合信度	平均方差抽取量（AVE）
多元制度逻辑	管制力度	管制力度 1	0. 75	0. 56	0. 44	0. 78	0. 54
		管制力度 2	0. 72	0. 51	0. 49		
		管制力度 3	0. 75	0. 56	0. 44		
	市场环境	市场环境 1	0. 64	0. 41	0. 59	0. 87	0. 58
		市场环境 2	0. 80	0. 64	0. 36		
		市场环境 3	0. 78	0. 60	0. 40		
		市场环境 4	0. 82	0. 67	0. 33		
		市场环境 5	0. 77	0. 59	0. 41		
	舆论压力	舆论压力 1	0. 94	0. 88	0. 12	0. 77	0. 64
		舆论压力 2	0. 63	0. 40	0. 60		
	同行影响	同行影响 1	0. 79	0. 63	0. 37	0. 93	0. 76
		同行影响 2	0. 90	0. 80	0. 20		
		同行影响 3	0. 89	0. 80	0. 20		
		同行影响 4	0. 90	0. 81	0. 19		
二元战略	成本导向	成本导向 1	0. 82	0. 68	0. 32	0. 84	0. 58
		成本导向 2	0. 76	0. 58	0. 42		
		成本导向 3	0. 85	0. 72	0. 28		
		成本导向 4	0. 57	0. 32	0. 68		
	创业导向导向	创业导向 1	0. 76	0. 58	0. 42	0. 91	0. 73
		创业导向 2	0. 81	0. 65	0. 35		
		创业导向 3	0. 89	0. 79	0. 21		
		创业导向 4	0. 94	0. 89	0. 11		

续表

量表	维度	题项	因子载荷	信度系数	测量误差	组合信度	平均方差抽取量（AVE）
绿色管理实践		绿色管理 1	0. 70	0. 43	0. 57	0. 92	0. 59
		绿色管理 2	0. 67	0. 44	0. 56		
		绿色管理 3	0. 70	0. 49	0. 51		
		绿色管理 4	0. 69	0. 47	0. 53		
		绿色管理 5	0. 84	0. 71	0. 29		
		绿色管理 6	0. 87	0. 76	0. 24		
		绿色管理 7	0. 86	0. 75	0. 25		
		绿色管理 8	0. 84	0. 70	0. 30		
绿色管理绩效		企业绩效 1	0. 77	0. 60	0. 40	0. 94	0. 67
		企业绩效 2	0. 81	0. 66	0. 34		
		企业绩效 3	0. 82	0. 67	0. 33		
		企业绩效 4	0. 81	0. 66	0. 34		
		企业绩效 5	0. 82	0. 67	0. 33		
		企业绩效 6	0. 85	0. 72	0. 28		
		企业绩效 7	0. 83	0. 68	0. 32		
		企业绩效 8	0. 85	0. 72	0. 28		

三、变量描述性统计分析

阶段一模型变量描述性统计结果见表 4-17，其中 GP 与 GM 相关系数尽管较大，但由于 GM 为因变量，且两者相关系数（r=0. 705<0. 8），在基本可以接受的范围内。进一步发现 VIF 最大值为 4. 454，小于 10，说明多重共线性问题不是很严重。

表 4-17　模型一变量描述性统计结果

名称	INDU	TYPE	SIZE	POSI	MIL	CO	EO	GM	GP
INDU	1								
TYPE	-0.135 **	1							
SIZE	-0.295 **	-0.107 *	1						
POSI	0.001	-0.083	0.106 *	1					
MIL	0.170 **	-0.590 **	0.161	0.137 **	1				
CO	0.103 *	-0.712 **	0.094 *	0.122 **	0.594 **	1			
EO	0.145 *	-0.802 **	0.173 **	0.152 **	0.550 **	0.506 **	1		
GM	0.308 **	-0.558 **	0.091 *	0.176 **	0.592 **	0.520 **	0.555 *	1	
GP	0.215 **	-0.536 **	0.113 *	0.192 **	0.600 **	0.562 **	0.514 *	0.705 *	1
均值	1.470	2.270	2.720	3.910	4.110	4.257	3.851	4.057	4.197
标准差	0.511	1.259	0.609	0.510	0.551	0.639	0.755	0.689	0.674
VIF	1.261	4.454	1.191	1.061	1.997	2.422	3.255	1.965	—

说明：* 表明 $p<0.05$，** 表明 $p<0.01$；$n=505$

四、多元回归分析

本书利用 SPSS23.0 构建多元线性回归模型。模型 M1 以绿色管理绩效为因变量，对产业类型、企业规模、职务类型、成本导向作层次回归；模型 M2 以绿色管理绩效为因变量，对产业类型、企业规模、职务类型、创业导向作层次回归；模型 M3 以绿色管理绩效为因变量，对产业类型、企业规模、职务类型、二元战略作层次回归。表 4-18 显示，创业导向与绿色管理绩效显著正相关（$b=0.552$，$p=0.000<0.01$），成本导向与绿色管理绩效显著正相关（$b=0.516$，$p=0.000<0.01$），二元战略（成本导向 * 创业导向）与绿色管理绩效显著正相关（$b=0.564$，$p=0.000<0.01$），说明二元战略正向影响绿色管理绩效的效果最明显。根据回归方程的显著性检验标准，判定系数 R2 反映解释变量在预测变量回归方程中所能解释的比例，在多元

回归方程中，通常使用调整的 R2 来评价拟合效果。F 值表示的是模型中被解释变量与所有解释变量之间的线性关系，若 F>Fa（k，n-k-1），则拒绝原假设，即认为模型中各个解释变量联合起来对被解释变量有显著影响，反之，则无显著影响。表 4-18 结果表明，模型 M1 调整的 R2 为 0.361，模型 M2 调整的 R2 为 0.299，模型 M3 调整的 R2 为 0.396。F 值均大于 FINV（0.05，4，500）= 2.39，说明列入模型的各个解释变量联合起来对预测变量有显著影响。解释变量 VIF 最大值均小于 10，说明无共线性关系。综合分析得出，实施不同类型战略导向的企业其绿色管理绩效表现存在差异，当饭店和餐饮企业实施创业导向与成本导向交互的二元战略时，其绿色管理绩效表现最佳。

表 4-18　二元战略对绿色管理绩效影响的标准化回归结果

预测变量	因变量：绿色管理绩效（GP）		
	M1	M2	M3
解释变量			
产业类型（INDU）	0.381 ** （5.177）	0.036 ** （4.312）	0.299 ** （-4.004）
企业规模（SIZE）	0.179 * （2.891）	0.115 （1.750）	0.085 （1.383）
职务类型（POSI）	0.026 ** （3.200）	0.221 * （2.976）	0.086 * （2.696）
成本战略（CO）	0.516 ** （14.215）		
创业战略（EO）		0.552 ** （11.823）	
二元战略（CO * EO）			0.564 ** （15.572）
R2	0.605	0.552	0.633
调整后 R2	0.361	0.299	0.396
F	72.230	54.735	83.583
N	505	505	505

说明：* 代表 p 值小于 0.05，** 代表 p 值小于 0.01；（）表示 t 值；所有系数均为标准化系数。

表 4-19　设定模型影响路径检验结果汇总

影响路径	估计值	C. R.	P	假设结果
成本导向→绿色管理实践	0. 335	7. 102	** *	不成立
创业导向→绿色管理实践	0. 373	7. 669	** *	成立
管制力度→绿色管理实践	0. 292	5. 913	** *	成立
同行影响→绿色管理实践	0. 171	4. 157	** *	成立
舆论压力→绿色管理实践	0. 168	3. 079	0. 002	成立
市场环境→绿色管理实践	-0. 054	-1. 079	0. 281	不成立
绿色管理实践→绿色管理绩效	0. 75	11. 874	** *	成立

说明：** * 代表 P 值小于 0. 01。

本书利用 Amos 22. 0 软件对预设模型进行 SEM 结构模型路径分析（图 4-5）。

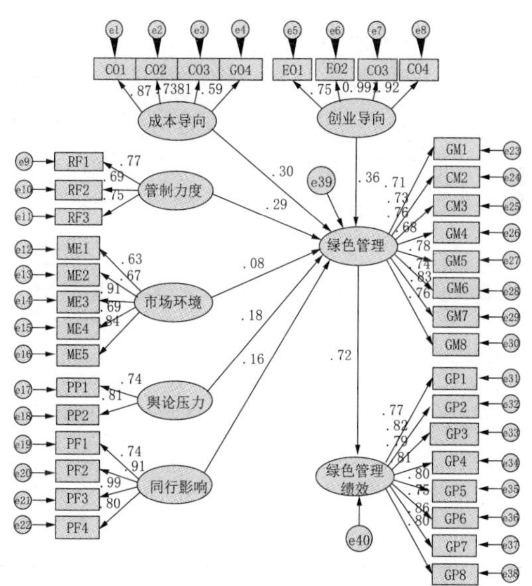

图 4-5　绿色管理实践驱动与绩效后果影响机制模型

表 4-19 的影响路径检验结果汇总列出了绿色管理实践前因与后果模型中变量间直接影响的路径系数，共计 6 组变量之间达显著水平（p<0.05），说明这几组组变量之间具有显著相关性。成本导向与绿色管理实践之间正向相关（p=＊＊＊<0.01），假设 H1 未被验证支持；创业导向与绿色管理实践之间正向相关（p=＊＊＊<0.01），假设 H2 获验证支持；管制力度与绿色管理实践正向相关（p=＊＊＊<0.01），假设 H4 获验证支持；舆论压力与绿色管理实践正向相关（p=0.002<0.01），假设 H6 获验证支持；同行影响与绿色管理实践正向相关（p=＊＊＊<0.01），假设 H7 获验证支持。绿色管理实践与绿色管理绩效之间显著正向相关（p=＊＊＊<0.01），假设 H8 获得验证支持。同时可以看到，市场环境与绿色管理实践之间没有相关性（P=0.281>0.05），因此假设 H5 未被验证支持。

根据 Baron 和 Kenny（1986 年）所提出的中介效应检验方法，观察自变量与因变量直接作用以及中介变量在自变量和因变量之间间接效应的显著性，直接效应越接近于 0，同时间接效应越显著（p<0.05），越说明中介变量完全中介（total meditation）自变量和因变量间的关系。表 4-20 显示，绿色管理实践的中介作用为完全中介。

表 4-20 绿色管理实践的中介效应检验结果

变量关系	效应	效应系数	p	结果
同行影响→绿色管理绩效	总效应	0.082	0.022＊	支持
	间接效应	0.113	0.026＊	
	直接效应	0	…	

续表

变量关系	效应	效应系数	p	结果
市场环境→绿色管理绩效	总效应	−0.055	0.218	不支持
	间接效应	−0.06	0.258	
	直接效应	0	…	
舆论压力→绿色管理绩效	总效应	0.084	0.012 *	支持
	间接效应	0.127	0.006 **	
	直接效应	0	…	
管制力度→绿色管理绩效	总效应	0.174	0.009 **	支持
	间接效应	0.207	0.003 **	
	直接效应	0	…	
成本导向→绿色管理绩效	总效应	0.178	0.015 *	支持
	间接效应	0.22	0.016 *	
	直接效应	0	…	
创业导向→绿色管理绩效	总效应	0.209	0.01 **	支持
	间接效应	0.264	0.013 *	
	直接效应	0	…	
绿色管理实践→绿色管理绩效	总效应	0.734	0.009 **	支持
	直接效应	0.734	0.009 **	

说明：* 代表 p 值小于 0.05，** 代表 p 值小于 0.01。

五、方差分析

本小节方差分析的目的是对假设 H3 进行验证。有学者总结了二元战略相关研究，指出二元结构的表达可以采用相乘项的形式（He 和 Wong，2004 年；谭敏，2014 年）。首先，利用

SPSS23.0 软件分别计算成本导向与创业导向得分的中位数（成本导向中位数 4.5；创业导向中位数为 4.0；二元战略导向 = 成本导向 * 创业导向，中位数为 17.5；绿色管理绩效中位数 4.25）；其次，运用中位数划分出前述四类企业类型（见图 4-3），即交互型企业（成本导向得分>4.5 且创业导向得分>4.0）、成本导向型企业（成本导向得分>4.5 且创业导向得分<4.0）、创业导向型企业（成本导向得分<4.5 且创业导向得分>4.0）和保守型企业（成本导向得分<4.5 且创业导向得分<4.0），为了消除变量间的量纲关系，从而使数据具有可比性，在方差分析之前本书对控制变量以外的所有变量进行了标准化处理，描述性统计结果见表 4-21。

表 4-21　方差分析描述性统计结果

因变量	组别	均值	标准差	样本个数
绿色管理绩效	交互型企业	0.56	0.70	205
	成本导向型企业	0.16	0.86	51
	创业导向型企业	-0.05	0.84	104
	保守型企业	-0.81	0.96	145
	总体	0.00	1	505

在企业类型的划分基础上，本书采用单因素方差分析对研究假设 H3 进行统计检验。表 4-22 为单因素方差分析结果，检验统计量 F 为 77.763，p = 0.000<0.001 说明显著。由此可以认为四种不同战略导向类型企业的绿色管理绩效总体均值存在显著差异。

表 4-22　单因素方差分析结果

	平方和	自由度	均方	F	Sig
组间	160. 125	3	53. 375	77. 763	. 000 **
组内	343. 875	501	0. 686		
总计	504. 000	504			

说明：** 代表组间存在明显差异的显著性水平为 0. 01。

在方差不齐的情况下进一步做非参数检验，本书选择 Tamhane's T2 进行方差分析的事后比较程序，以此检验研究结果是否支持假设 H3。具体比较方式是将交互型企业与其他三种类型企业的绿色管理绩效均值进行比较（图 4-6、表 4-23）。

表 4-23　事后比较结果

企业类型（I）	企业组别（J）	平均值差值（I-J）	标准误差	显著性	95%置信区间	
					下限	上限
交互型	创业型	0. 60721322	0. 09609896	0. 000 **	0. 3515261	0. 8629004
	成本型	0. 40032696	0. 13002234	0. 018 *	0. 0479323	0. 7527216
	保守型	1. 36646906	0. 09368824	0. 000 **	1. 1179957	1. 6149424

说明：* 代表平均值差值的显著性水平为 0. 05；** 代表平均值差值的显著性水平为 0. 01。

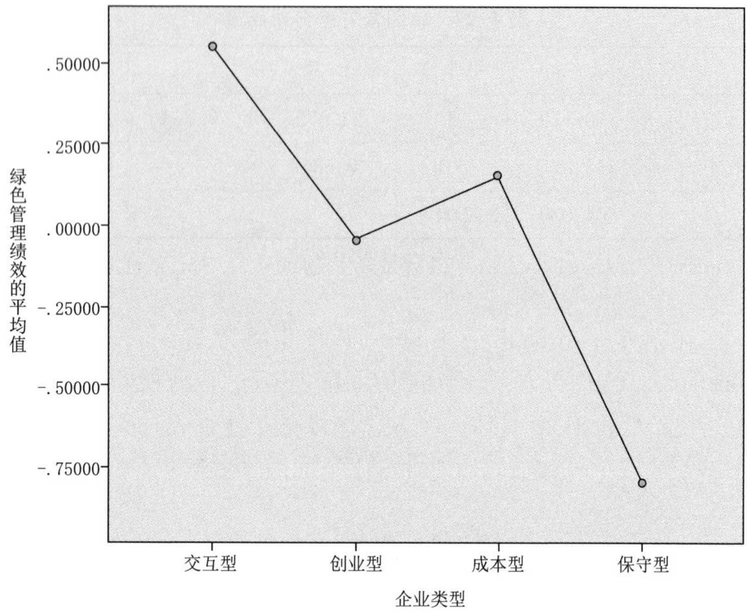

图 4-6 事后比较均值图

结果表明，交互型企业在绿色管理绩效表现方面优于成本导向型企业，平均值差值为 0.40（p=.018<0.05）；交互型企业在绿色管理绩效表现方面优于创业导向型企业，平均值差值为 0.61（p=.000<0.01）；交互型企业在绿色管理绩效表现方面优于保守型企业，平均值差值为 1.37（p=.000<0.01）。图4-6 可以清楚观察到，四种类型企业中，绿色管理绩效表现从大到小依次为：交互型企业>成本导向型企业>创业型企业>保守型企业。交互型企业、成本导向型企业和创业导向型企业的二元战略（战略导向交互作用）都对绿色管理绩效具有显著正向影响。

综合以上分析结果，本章所提出的 8 条研究假设共计 6 项获得验证，2 项未获支持，汇整如表 4-24 所示。

表 4-24　绿色管理实践的驱动和影响机制模型研究假设验证结果

研究假设	验证结果
H1 成本战略导向可能削弱饭店和餐饮企业绿色管理实践的动机。	不支持
H2 创业战略导向可能增加饭店和餐饮企业绿色管理实践的动机。	支持
H3 不同战略导向的企业绿色管理实践产生的绿色管理绩效表现存在差异。	支持
H4 政府管制力度越大，饭店和餐饮企业开展绿色管理实践的可能性越高。	支持
H5 市场环境变化越快，饭店和餐饮企业开展绿色管理实践的可能性越高。	不支持
H6 舆论压力越大，饭店和餐饮企业开展绿色管理实践的可能性越高。	支持
H7 饭店和餐饮企业绿色管理实践很大程度上受到同行特别是标杆企业的影响。	支持
H8 饭店和餐饮企业绿色管理实践能有效提升企业绿色管理绩效。	支持

第六节　研究结论

一、实证结果探讨

本章所提出的 8 条研究假设共计 6 项获得验证，2 项未获支持。对于未获得实证结果支持的假设 H1 和假设 H5，本书将在此讨论结论与假设不一致的可能的原因。

成本战略导向正向影响绿色管理动机。过去基于制造业的实证研究结果表明，成本战略导向的企业，特别关注成本控制效率和短期绩效结果，为了控制风险可能导致企业不愿对绿色管理进行前期投资（许士春，2007 年），因此本书基于前人观点提出假设“成本战略导向可能削弱饭店和餐饮企业绿色管理实践的动机”，然而实证研究结果拒绝了这一假设。本书认为，原因在于服务业和制造业的性质根本不同。制造业产品以流水线批量生产，产品销售遍及全球，规模效应明显，因此强调不断降低单位成本来增加利润，工业产品的生产与销售不同步，由于经济活动造成环境污染虽然会使环境服务功能质量下降，但不会影响产品后期的销售，因此大部分成本导向型制造企业不会积极开展绿色管理。与制造业不同的是，服务业特别重视与顾客共创体验价值，产品的生产和销售之间的时间范围比制造业要复杂得多，受产品季节性和服务过程差异性影响，时间间隔、环境活动带来的孤立的滞后效应与制造业企业相比存在很大差异。环境不仅仅是服务企业的生产要素之一，最终也作为产品销售（或输出）的一部分，企业所处的环境本身就构成产品的核心部分，这些企业主要为当地社区或特定群体（如游客）服务，服务产品质量的评价标准很大程度上依赖企业与顾客的互动，饭店和餐饮企业对环境的投资可以提升产品附加值和用户体验感，增进企业绩效，提升企业竞争力。行业实践证明，环境管理效率、绿色管理是提升生产效率并避免环境破坏的重要因素，从短期看来，似乎绿色管理会提高运营成本，而从长远看来，前期环境改造投入成本会在企业长期运营中产生巨大效益。Hahn（2015 年）研究中举证了国外住宿餐饮业开展环境质量管理的动机很大程度上源于降低能耗成本，提升太阳能等节能技术的变革需求等，这一点与本书实证结果相吻合，从长期看住宿餐饮业服务企业通过绿色管理可以大幅降低能耗成本，因此成本战略导向也可以促发服务企业积极开展绿色管理实践。

市场环境与饭店和餐饮企业绿色管理实践相关性不明显。市场环境包括市场变化、竞争强度与技术革新（Wang，2012年）。实证结果表明，市场环境无法直接驱动饭店和餐饮企业绿色管理实践，二者相关性不显著。本书认为之所以得到不一致的结果，正是因为企业对制度逻辑的转译视角不同（前文“多元制度逻辑分析框架”中曾专门提及）：约束视角下的企业将市场变化和竞争程度视为负担，它们比较保守，不愿投入有限资金进行技术创新；机遇视角下的企业则将市场变化和竞争强度视为机会，它们敢于冒险，善于学习，努力迎接挑战，这部企业会根据自身情况自行控制（例如研发和创新、加入联盟）去缓解市场环境带来的外部压力，甚至尝试整合利用其他逻辑来完成组织目标。两类企业共存于市场环境中，差异性的转译和诠释导致企业做出不同的组织层面制度实践行为选择。因此，市场环境变化并不能直接促发企业开展绿色管理实践，两者没有必然联系。

二、主要结论

随着我国现代服务业的快速发展，以住宿餐饮业为代表的传统劳动密集型服务产业面临严峻的挑战，转型升级背景下，许多住餐业中小民营企业举步维艰。为了应对外部多元制度逻辑和内部战略导向的共同影响，不少服务企业试图通过绿色管理实践寻求持续创业路径，在自然环境和企业发展之间寻求平衡，因此产生绿色管理动机。本章围绕服务型企业绿色管理实践的前因及后果，采用多学科整合的研究方法，对纷繁复杂的服务企业绿色管理的前因和后果开展研究，并由此架构服务企业绿色管理的驱动与影响机制模型。从本章实证研究结果来看，结论如下：

首先，从现有文献资料来看，近年来对不同战略导向要素整合的研究已经成为热点，包括市场导向、技术导向、创业导向和学习导向等（Hakala，2011 年），且针对新创科技型企业的二元战略导向方面的研究成为主流（Voss，2013 年；Wales，2013 年；Boso，2013 年；谭敏，2014 年），但少有研究针对接待服务业的二元战略导向展开。本书正式问卷调研的 505 位受访者来自 105 家饭店或餐饮企业，其中有 215 位管理者所在企业同时实施了成本导向与创业导向（交互型企业），通过事后分析结果可知，绿色管理绩效表现从大到小依次为：交互型企业>成本导向型企业>创业型企业>保守型企业，不同类型战略导向的企业其绿色管理绩效存在较大差异。

进一步思考分析发现，在 505 位受访者中，接近 50%来自交互型企业，说明绝大部分饭店和餐饮企业在二元战略导向探索方面勇敢走出了第一步，决策者在外部多元制度逻辑影响下，向同行借鉴学习并于内部融合，在产品质量和高附加值的服务层面上展开竞争，在企业战略选择方面进行了全新的尝试。战略是通往目的的手段，商业环境差异日益增大，生搬硬套不同产业研究成果不可行，本书数据分析结果表明，交互型企业绿色管理绩效表现最优，二元战略导向交互作用对绿色管理绩效表现的正向影响最明显，为住宿餐饮业其他企业提供参考价值。

其次，本书考量了制度场域中来自核心利益主体的多元制度逻辑对服务企业绿色管理实践的影响程度。在多元制度逻辑理论框架下，组织受到制度场域社会规范和价值观的共同形塑（Watson，2009），并对其作出选择性策略响应。研究结果表明，四种制度逻辑中，管制力度、舆论压力和同行影响都显著影响绿色管理实践动机，只有市场环境与服务企业绿色管理实践并无显著相关性。本书认为，在管制力度层面，住宿餐饮业主要面临的管制力度属于政府规制，意指政府为了保障消费者安全、健康、卫生以及环境保护、防止灾害为目的的干预，例如对经营野味的餐厅实行准入制度、对绿色饭店和绿色餐饮企业设定环保标志等，这种正式制度规制促使企业形态、结构或行为变得合理和易于接受。在舆论压力层面，公众聚焦食品安全法律法规的宣传力度，但也应注意到，网络食品谣言众多，对群众的认知水平有错误引导作用，政府应出面规范舆论导向，维护诚信企业的合法利益，为饭店和餐饮企业绿色发展提供公平、健康的舆论环境。在同行影响层面，研究结果发现，企业对社会责任的理解和认知除了决策者个人价值观取向外，很大程度受同行特别是标杆企业专业规范的影响，因此行业主管部门应着力打造行业品牌，树立标杆企业形象的专业示范效应，带动全行业环境保护规范和社会责任担当。

最后，绿色管理实践可以带来正向的后果——为饭店和餐饮企业带来绿色管理绩效，绿色管理实践在管制力度、舆论压力、同行影响与绿色管理绩效之间、在创业导向、成本导向与绿色管理绩效之间扮演完全中介变量的角色。意味着管制力度、舆论压力和同行影响会经由绿色管理实践而对绿色管理绩效带来正面影响，因此利用管制力度、舆论压力和同行影响三种逻辑秩序适度对企业施压都能对企业绿色管理的发展有所帮助。

第七节　本章小结

本章实证研究为本书整体研究框架中第一阶段的实证研究。

本章在第三章质化研究的基础上，基于制度理论分析了多元制度逻辑（管制力度、市场环境、舆论压力、同行影响）对企业绿色管理实践的前因影响；基于战略导向理论分析了成本战略导向、创业战略导向及二元战略对企业绿色管理实践的前因影响；进一步分析了绿色管理实践对绩效后果的影响，构建阶段一研究模型，提出假设。然后，通过对 505 位全国范围内饭店和餐饮企业高管的问卷调研获取实证数据，并根据统计学原理检验了实证数据的信度和效度。最后，运用 SPSS23.0 和 Amos 22.0 软件进行了多元回归分析和方差分析，检验了研究假设并得出结论。研究结果表明：（1）战略导向对绿色管理实践的前因作用。成本战略和创业战略之间并非一组冲突的战略关系，尽管成本战略和创业战略表面上看来难以融合，但饭店和餐饮企业高管在复杂多变的制度环境中多数选择了根据自身优势整合两种战略导向，开展绿色管理实践并获取绿色管理绩效。（2）不同类型战略导向对绿色管理绩效的作用存在差异。本书运用中位数划分了四种不同的战略导向企业类型，绿色管理绩效表现从大到小依次为：交互型企业>成本导向型企业>创业型企业>保守型企业。（3）多元制度逻辑对绿色管理实践的前因作用。管制力度、舆论压力和同行影响与绿色管理实践正向相关，市场环境与绿色管理实践相关性不显著。（4）绿色管理实践的绩效后果。绿色管理实践显著正向影响绿色管理绩效。

第五章

绿色管理实践与企业竞争优势：有调节的中介效应

本章将论述企业绿色管理实践转化为企业竞争优势过程中的中介变量和调节变量。为了阐释这一问题，本节将按照以下逻辑顺序展开论述。首先，本书认为，由于存在特定的中介变量和调节变量的影响，所以企业绿色管理实践转化为企业竞争优势过程中呈现较为复杂的差异化局面，并将其作为本章实证分析的预设前提。其次，在对绿色智力资本的影响作用进行分析之后，在原有“战略行为-竞争优势”研究范式的基础上进行拓展，构建“绿色管理实践-绿色智力资本-企业竞争优势”中介链条，推论绿色智力资本在绿色管理实践转化为企业竞争优势过程中发挥重要中介作用。最后，进一步分析企业非正式制度支持水平调节这一中介过程的影响机制，并推论非正式制度支持水平高的企业，绿色智力资本正向中介影响绿色管理实践与企业竞争优势的关系；反之，非正式制度水平低的企业，绿色智力资本负向中介影响绿色管理实践与企业竞争优势的关系。

在绿色智力资本以及非正式制度支持的基本框架下，本书尝试构建有调节的中介模型，考察了绿色管理实践、绿色智力资本（绿色人力资本、绿色结构资本和绿色关系资本）对企业竞争优势的影响及非正式制度支持的调节作用机制。

第一节 理论分析与假设提出

一、绿色管理实践与企业竞争优势

第二章文献综述中对企业竞争优势研究的梳理可以发现，纯粹的“外生观”和“内生观”对企业竞争优势的解释都存在不足。传统竞争范式在社会责任驱动下由传统的成本、技术、差异化产品为核心的竞争演化为顾客体验价值的竞争，企业要想在市场竞争中超过对手，就必须顺应市场潮流，探寻一种可持续的竞争优势——绿色竞争优势（Desai，2011 年），绿色管理成为企业获取绿色竞争优势的有效途径。第四章的实证研究将外部制度多元化和内部战略导向纳入服务企业绿色管理实践动机的解释框架，对整合内外部制度要素理解服务企业绿色管理动机做出了有益探索。早在 1996 年，Klassen 和 McLaughlin 就发现环境奖励与公司股票价格正向关系，积极主动的环境战略投资，而非污染应对性投资会持续改善环境和企业竞争能力，说明伴随企业开展积极环境战略的内外部因素会正向影响企业绩效（Klassen 和 Whybark，1999 年）。很多学者也提出，企业绿色管理不仅可以提高企业绿色管理绩效（Porter 和 Linde，1995 年；Shrivastava，1995 年；Berry 和 Rondinelli，1998 年；高明瑞等，2010 年），还可以有效提高企业竞争优势（Porter 和 Linde，1995 年；Berry 和 Rondinelli，1998 年）。企业在确定实施绿色战略后，紧接着会界定目前资源缺口，进而通过企业现有资源配置形成企业能力，演化为企业竞争优势影响企业战略所需资源（Grant，1991 年）。Chen（2008 年）指出企业若实施绿色环境战略，采用污染防治创新技术可以有效降低成本、增进绿色管理绩效，且竞争对手难以模仿和复制，保证企业稳定利润，不仅可以使企业在市场上获取领先地位，还可以通过企业可持续发展愿景的塑造在绿色发展潮流中取得先机（Hart，1995 年）。对广大中小服务企业而言，循环利用与污染控制（Hutchinson，1992 年；游志青，2013 年）可大幅降低能耗成本，实施绿色管理顺应消费者环保价值观、符合规制环保标准（Porter 和 Linde，1995 年；Chen 等，2006 年；潘楚林和田虹，2016 年），既可吸引绿色消费者和投资者的目光，稳定员工队伍，还可免于遭受环保组织抗议或环境处罚，塑造企业主动面对环境问题的良好社会形象（Neu 等，1998 年；Naffziger 等，2003 年；Peters 和 Turner，2002 年），因此越来越多的中小企业开始愿意主动承担更多企业社会责任（Blombäck 和 Wigren，2009 年），探索绿色管理实践拓展市场商机，进而提升企业竞争优势（Berry 和 Rondinelli，1998 年）。这些潜在利益被一些深谋远虑的中小企业家所识别，他们努力利用正式制度支持或非正式制度支持寻求开发新市场的机会（Maxwell 等，2002 年），选择积极保护环境，并从绿色管理中获得显著成效（Aragón－Correa，1998 年）。从长远来看，在环境污染日益严重、公众视线高度聚焦环境问题的背景下，前期环境实践投入成本能在后续企业经营过程中达到生产或服务质量提升、流程优化或效率提升的效果，有助于企业竞争优势形成（Maxwell 等，1997 年；Chen，2006 年）。换言之，企业承担环境责任开展绿色管理正向影响企业竞争优势（McKeiver 和 Gadenne，2005 年），尽管绿色管理方面的投资是一项长远投资，短期内不一定看得到立竿见影的效果，但绿色管理却能够使企业不容易被竞争对手模仿和超越，获取可持续的竞争优势。据此本书推论：

H9 住餐业中小民营企业通过绿色管理实践可以提升企业竞争优势。

二、绿色智力资本的中介作用

绿色智力资本由智力资本的概念演变而来。企业由有形资产与智力资本构成（Brooking，1996 年），其中，智力资本也称为“知识资本”，是所有企业资产中最有价值的无形资产，既包括投入也包括产出。通过文献梳理发现，Hall（1992 年）的定义被西方学者广为接受。他把智力资本定义为一组能有效将资源转化为具有附加值的物质资产的价值驱动要素，智力资本是知识竞争优势的直接来源，从长期看，也是企业可持续竞争优势的来源。换句话说，智力资本是一个组织集体智慧的代表（Kristandl 和 Bontis，2007 年）。Marr 和 Moustaghfir（2005 年）将智力资本定义为通过学习和经验积累获得的任何有价值并可以用来生产更多的财富的无形资产。由于智力资本的价值无法通过会计账面价值反映，代表的是企业动态竞争能力和资源转化能力，相较于有形资产，智力资本能够创造更明显的竞争优势，且难以模仿和复制。因此，近年来越来越多的知名企业、科研机构以及国际组织对智力资本的理论与实践产生了浓厚的兴趣，智力资本成为一个理论与实践意义均很重要的崭新议题，学术界亦开始广泛讨论有关智力资本的研究，还出现专门研究智力资本的学术期刊，如“Journal of Intellectual Capital”。

在绿色管理实践过程中，企业不断构建绿色管理实践的技术与创新业务流程，研发设计绿色产品，进而累积形成有助于提升企业形象和品牌识别度的绿色结构资本（刘汉榆和陈文姿，2012 年）与绿色关系资本（Chuang 和 Huang，2015 年；潘楚林和田虹，2016 年）。总体而言，以人力、结构与关系三要素定义智力资本得到大多数学者的认同。基于这一分类基础，学者们发展出绿色智力资本的维度（Chen 和 Chang，2013 年；刘汉榆和陈文姿，2012 年；沈明鉴，2016 年）。绿色人力资本（Green human capital）指的是员工学习可持续经营的能力，是企业社会责任知识与服务、绿色创新能力的表征；绿色结构资本（Green structure capital）将可持续发展与学习能力结构化，通过企业系统化的管理工具，在组织内部和外部共享可持续发展的知识与经验，提高组织成员学习能力，加速成长，增加员工生产效率；绿色关系资本（Green relationship capital）则是组织多元利益相关者的社会关系网络，包括难以被模仿或替代的企业形象、企业声誉与品牌认知。

在 Ross 等（1996 年）、Bharadwaj（2000 年）和 Seng 和 Tsai（2007 年）等人对绿色智力资本的分类和定义的基础上，本书认为，住宿餐饮业"绿色智力资本"的应用包括：将可持续发展理念应用于服务组织架构，不断积累组织在绿色软硬件建构、绿色服务人才、绿色服务文化和绿色客户关系维护等方面的能力，满足绿色消费需求，帮助服务企业创造绿色竞争优势，有效地进行服务资本营运。第一，绿色人力资本是服务型企业进行服务价值创造的基础性资源，包括员工本人掌握的绿色服务专业知识、环境保护技术或能力、服务经验、服务态度、服务创造力、服务承诺等的总和，组织可以通过培训教育提升员工这方面的能力。例如，绿色饭店注重引导不同类型员工运用环保新思维开展工作，对生产性员工（如后厨厨师）而言，要求他们在菜品制作过程中既要控制好原材料成本和能源消耗（如水、电、气、油等），又要注重绿色菜品创新运用，而对服务性员工（如餐厅、客房服务员）而言，除了在服务过程中具备成本控制意识外，更应该建立如何降低工作中对环境污染的程度与环境知识与环境承诺的养成，还肩负重要职责向消费者传递绿色环保的理念。第二，在绿色管理实践过程中，饭店和餐饮企业将环境社会责任意识不断推送给员工，员工也在此过程中不断蓄积环境保护知识和环境专业技能，并建构起绿色环保工作思维，内化到具体业务流程中去，进而提升企业绿色服务形象，形成独特的绿色服务结构资本。饭店和餐饮企业绿色结构资本指的是以组织硬件、软件、沟通网络和信息技术绿色发展为典型特征的绿色智力资本，例如，服务知识管理系统、业务部门能耗数据库、绿色服务管理制度、绿色服务文化、绿色服务企业形象等，是具体化的服务企业绿色管理基础设施及权力结构，是饭店和餐饮企业绿色价值创新、履行环境社会责任的基础。第三，饭店和餐饮企业在推动绿色管理实践过程中，建立了绿色形象与声誉，以更优良的企业公民形象出现在利益相关者面前，有助于改善企业与利益相关者之间的关系，更有助于招聘和甄选具有较强环境意识的相关人才，提升企业员工整体环境伦理水平与忠诚度（Branco 和 Rodriguse，2006 年；Carroll 和 Buchholtz，2008 年），也有利于企业绿色管理的开展。因此，绿色关系资本则指的是服务企业与员工、供应商、顾客、业务合作伙伴、公益组织等利益相关者之间在绿色管理实践和绿色创新价值方面产生互动关系的总和。

在环境管理领域中，Chen（2008 年）可能是最先应用智力资本概念的学者，根据他的观点，企业如若能够提升与培育员工环保意识、强化环境信息搜寻能力与推动环境社会责任，将显著提升企业绿色智力资本，亦即通过绿色管理实践，企业可以不断积累环境保护与绿色创新的无形资产，形成独特的绿色智力资本（Green Intellectual Capital）。企业竞争优势不再是工业时代那些传统的生产要素，而在很大程度上与企业创新基础、信息技术和人力资源转化为技术的能力密切相关，因为只有这些与企业内部资源、技术相关的能力才很难被复制和替换，因此成为企业竞争优势培育的关键要素（Hart，1995 年；Russo 和 Fouts，1997 年；Bock 等 2005 年；Chen，2008 年）。Chen 和 Chang（2013 年）研究发现，企业通过绿色管理实践蓄积绿色智力资本过程中，能迎合绿色消费潮流以及国际环保公约的要求，利于形成企业竞争优势。我国学者潘楚林和田虹（2016 年）也指出只有将传统智力资本转化为绿色智力资本，企业才有可能在绿色浪潮中维持并扩大企业竞争优势（刘佳鑫等，2016 年）。

绿色管理实践强调企业主动对外部环境挑战作出响应，开展前摄性环境行动，促使企业积累环境保护相关专业知识、培训员工环境经验和技能，进而获取竞争优势。企业对绿色员工的培育可能影响企业整体绿色创新实力，进而影响企业竞争优势（庄顺斌，2016 年）。其他学者也发现当涉及绿色人力资本时，企业运营和竞争优势会具有正向连接（Hanna 等，2000 年；Wagner 等，2001 年；刘佳鑫等 2016 年）。就绿色结构资本而言，企业绿色文化和组织承诺也是决定企业绿色管理实践效果的关键因素，帮助员工形成环保意识，规范环境行为，进而提升企业整体竞争优势（高明瑞，2010 年）。而绿色关系资本为企业绿色管理实践提供了环境基础，内外部利益相关者为企业提供重要战略资源（Hillman 和 Keim，2001 年）。此外，公司与上下游供应商和客户之间，借由不断的互动或共同累积之特定关系结构之下，彼此相互信任、尊重及友谊产生的程度，在此基础上更顺利地开展绿色管理实践（庄顺斌，2016 年）。因此在绿色管理方面还需考虑供应链企业的配合，只有供应链上的伙伴都愿意配合企业绿化，绿色管理实践才能真正推进，牵一发而动全身，这才是成功的企业绿色管理。基于以上文献探讨，本书推论住餐业中小民营企业在开展绿色管理实践过程中经由绿色智力资本集聚产生企业竞争优势，因此，本书提出以下假设：

H10 住餐业中小民营企业绿色管理实践会通过绿色智力资本影响企业竞争优势。

H10a 住餐业中小民营企业绿色管理实践会通过绿色人力资本影响企业竞争优势。

H10b 住餐业中小民营企业绿色管理实践会通过绿色结构资本影响企业竞争优势。

H10c 住餐业中小民营企业绿色管理实践会通过绿色关系资本影响企业竞争优势。

三、非正式制度支持的调节作用

中介效应可以回答自变量通过什么对因变量产生影响的问题，但是只探讨变量间关系发生的“路径”和“共性”问题，无法回答自变量对因变量的作用在何时更显著以及对谁的影响更显著的问题，亦即变量关系的“边界”和“特征”问题。在本书中，绿色智力资本的中介作用只能说明其在链条上存在间接作用，绿色管理实践通过积累绿色智力资本进而影响企业竞争优势。在中介过程中，可能受到其他因素的调节，对特定产业情境和某些企业而言，这种间接效应可能更为明显；而对于其他产业或企业而言，这种间接效应可能不明显。

从社会视角出发，只有合理的制度安排，才能实现正式制度和非正式制度在各领域的相容。非正式制度支持是与正式制度支持相对应的概念。正式制度支持是指政府和行政部门为降低不完善的市场机制而带来的负面影响，为企业提供的各种条例化支持（Xin 和 Pearce，1996 年；高山行等，2013 年）。单一方向的正式制度变革，如果没有非正式制度的支持和补充，就会导致正式制度的运行和监督成本的提高，资源的浪费，甚至社会、经济秩序的破坏。因此，正式制度支持需要非正式制度支持辅助。很多学者关注了正式制度支持的重要作用，然而却忽略了绿色管理转化为企业竞争优势过程中非正式制度支持的调节作用。考虑到大型连锁企业集团更易获取组织合法性，拥有较高水平的正式制度支持，因此大型连锁住宿和餐饮企业在建立与利用非正式制度支持方面的努力较低，故非正式制度支持对大型连锁住宿和餐饮企业绿色管理实践促进作用不明显。住餐业中小民营企业努力营造非正式制度支持氛围的原因就在于它们难以获取正式制度支持。高山行（2013 年）的研究表明转型经济背景下企业的原始性创新不仅需要企业的投入，还需要非正式制度的支持。Meyer 认为尽管制度环境形塑组织正式结构，而组织运作的实际作用机制其实是非正式的行为规范（孙晶，2009 年）。

绿色管理实践因组织行为差异存在很大差异，有的企业绿色管理实践能够兼顾经济利益、社会利益和环境利益，在消除产品对环境负面影响的同时满足消费者需求（刘佳鑫，2016 年），而有的企业却因为绿色管理实践导致成本上升，无法为企业带来明显的竞争优势。Faccio（2006 年）基于 42 个国家数据的实证研究发现，企业政治关联现象在多国普遍存在，尤其是在政府干预程度高、产权保护较差、腐败相对严重的国家和地区，企业为了获取相对优惠的税率或相对较低的融资成本，会采取更明显的寻租行为，政治关联度高的企业市场竞争力更强。进行社会资本投资的企业比同等条件下其他企业获取更多政府补贴，具备更强竞争优势（周小虎和陈传明，2004 年；罗党论和唐清泉，2009 年；林筠等，2011 年；肖兴志和王伊攀，2014 年）。在中国高不确定性的商业环境下，住餐业中小民营企业的环境行动取决于高管团队所形塑的非正式制度支持水平，高管团队向员工传递外部制度环境信号，塑造组织文化，诠释战略导向执行方向（Dacin等2002年；Hillman和Dalziel，2003年），以利益相关者关系特别是主管部门联系为代表的非正式制度支持对企业发展尤为重要（Kashima等，2009年），这正好解释了为何有些企业绿色管理实践产生积极效应，而其他则没有或者不明显。

本书中的非正式制度支持是指住餐业中小民营企业为了弥补正式制度支持不足，企业决策者及高管团队主动营建与政府主管部门、行业协会或商会工作人员、核心利益相关者的社会联系的一种非正式的制度安排（高山行，2013年），目的是获取尽可能多的公共资源及捕捉市场释放的商业信号。对于那些高管团队与上级主管部门领导关系融洽的企业而言，较高的非正式制度支持水平意味着企业可以获取更多的信息和资源，更有利于降低绿色管理实践的成本，从而产生更高的企业竞争优势。在住餐业中小民营企业绿色管理实践过程中，企业绿色智力资本集聚的程度会受到非正式制度支持水平的调节进而影响企业竞争优势。据此推断，非正式制度支持作为正式制度的补充，调节绿色管理实践经由绿色智力资本转化为企业竞争优势的程度。因此，本书推论非正式制度支持水平可以调节绿色智力资本对绿色管理实践与企业竞争优势关系的中介效应，并提出以下假设：

H11 非正式制度支持在绿色智力资本的中介效应中发挥调节作用。

H11a 非正式制度支持调节绿色人力资本在绿色管理实践与中小服务企业竞争优势关系中的中介效应：当住餐业中小民营企业非正式制度支持水平较高时，绿色管理实践通过绿色人力资本对企业竞争优势的正向影响更强。

H11b 非正式制度支持调节绿色结构资本在绿色管理实践与中小服务企业竞争优势关系中的中介效应：当住餐业中小民营企业非正式制度支持水平较高时，绿色管理实践通过绿色结构资本对企业竞争优势的正向影响更强。

H11c 非正式制度支持调节绿色关系资本在绿色管理实践与中小服务企业竞争优势关系中的中介效应：当住餐业中小民营企业非正式制度支持水平较高时，绿色管理实践通过绿色关系资本对企业竞争优势的正向影响更强。

四、概念模型

基于上节的理论分析推论出假设，本节提出本章研究架构（图 5-1）。

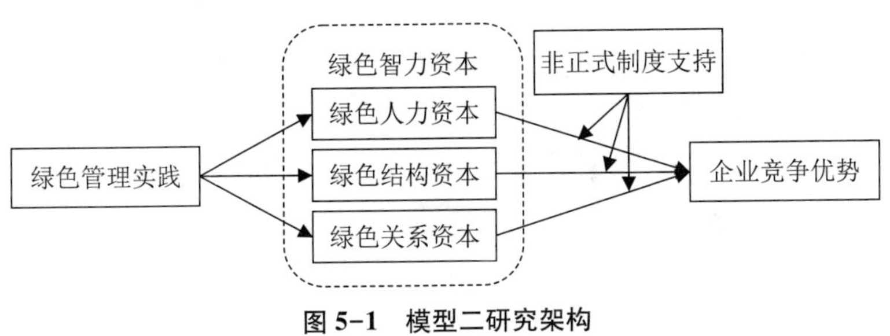

图 5-1　模型二研究架构

第二节　样本与数据收集

一、问卷内容设计

由封闭式问题组成的结构化问卷作为本书主要的数据收集工具。每份问卷分为六个部分。第一部分是对研究目的及填答要求的解释，以确保所有问卷填答者来自已经获取绿色饭店或绿色餐饮企业认证并挂牌的企业的中高层管理人员；第二部分内容包括中高层管理人员对参与国标绿色饭店或绿色餐饮企业认证后企业竞争力变化的题项；第三部分包含绿色饭店或绿色餐饮企业绿色发展过程中形成的绿色智力资本的题项；第四部分包含非正式制度支持的题项内容；第五部分包含企业绿色管理实践的内容；第六部分包括企业信息和填答者个人信息。问卷所有题项表述都按照当前住宿餐饮业从业者惯习呈现，都反映了住宿餐饮业的客观真实情况。

二、量表初试与优化

问卷设计中的量表指标选取、题项内容、量表的信效度均直接影响问卷的可靠性，如果选取的量表达不到统计学意义上的信度和效度标准，则直接影响研究结果及其价值。研究结果由于本书涉及的量表几乎完全来自西方文献成果，要确保这些量表在中国情境下的适用性和可行性，本书根据文献查阅和专家建议，主要从以下四个方面对研究采用的量表进行审慎控制。

第一，科学选择量表。为了符合中国住宿餐饮业研究情境，本书对选取成熟量表中不适合中国情境调查对象的内容进行了调整，确保测量语句在语义上符合本书研究对象。根据变量内涵、适用情境及其理论基础最大限度地保留量表的内容效度，同时遵循创作—试填—调整—预调研—统计测试更正—最终确定的问卷调试过程，尽量设计出与研究概念框架最契合的问卷量表。

第二，企业现场访谈。由于我国学术界较不关注传统服务产业，尤其对于住宿餐饮业绿色管理与企业竞争优势相关研究起步较晚，描述性研究居多，实证性研究较少，因此本书主要参考西方相关研究量表。在预调研问卷生成前，我们选择住宿餐饮业四家典型企业进行了深入访谈，了解住餐业中小民营企业开展绿色管理实践的驱动因素及绿色管理实践具体情况，部分采纳四家企业的决策者及管理团队的建议，以保证问卷采纳量表具体题项的表述贴近中国住宿餐饮业的语境背景。

第三，请教专业人士。在文献梳理和企业现场调研的基础上，为了保证问卷的内容效度，本书作者利用讲座研讨机会请教了普渡大学旅游管理领域的一位资深教授和华南师范大学的一位服务管理领域的专家教授，他们都对问卷涉及量表内容提出了中肯意见。根据专家的意见测量表具体题项内容及表述方式进行了调整。

第四，问卷预调研。预调研问卷形成后，先请 10 名从事饭店管理教学和研究的高校教师以及本书作者 2015 年参加香港理工大学旅游管理博士训练营的同学对问卷进行了评估和调试，如对相关表述做了修正以符合中国人的陈述习惯，随后利用 2017 年 6 月参加鄂菜产业发展论坛的机会对参会的企业进行预调研，依据预调研结果进一步对问卷进行调试，然后正式发放（问卷内容见附录）。

三、问卷正式发放与回收

首先，阶段二实证研究以住宿餐饮业中已经通过国标生态标准认证的中小规模饭店和餐饮企业（10 人~299 人规模）为研究对象，企业现场调研的展开获得了全国绿色饭店评定委员会、湖北省商务局以及湖北省烹饪与饭店行业协会的支持。在选择现场访谈研究对象时，遵循标准如下：（1）企业主动报名参加绿色饭店或绿色餐饮企业国家标准生态标签认证，说明该企业具有绿色管理的意愿，并积累了一定经验；（2）企业领导相对稳定，在现有职位任期超过 3 年，企业价值观及绿色智力资本对绿色管理实践具有显著影响；（3）根据企业申报等级按比例选取，由于极少有企业申报一叶和二叶绿色饭店或绿色餐饮企业，因此本书最终选择现场调研企业四家，其中四叶级绿色饭店 1 家、五叶级绿色饭店 1 家、五叶级绿色餐饮企业 2 家。

其次，湖北省绿色饭店评定委员会为本书提供了绿色饭店和绿色餐饮企业研究样本的联系方式，通过邮件、微信或 QQ 向企业申绿过程中的主要联系人发出填写问卷的邀请函，并对调查问卷进行网络回收。问卷发放方式包括：（1）通过湖北省商务厅服务贸易处、湖北省烹饪与饭店行业协会、卢永良技能大师工作室、邹志平技能大师工作室的帮助，借由工作业务上的往来，随机发放研究问卷给湖北省内已经获评绿色饭店和绿色餐饮企业的饭店和餐饮企业进行问卷调查；（2）根据作者工作单位的校友微信群，联系已经毕业且在饭店和餐饮行业就业并已经晋升到高级管理人员的学生，通过他们联系、询问并要求其工作的饭店协助进行问卷调查，包括湖北经济学院饭店管理校友群（287 人）、湖北经济学院校友餐饮分会（139 人）、牵手中国饭店总经理部落联盟（258 人）、饭店圈（482 人）等微信群成员所在企业。问卷调查时间自 2017 年 7 月 1 日至 2017 年 12 月 30 日，共历时六个月。在问卷正式发放阶段，来自全国各地的 507 名中小服务企业中高层管理者填答了问卷，其中，纸质问卷填答 138 份，邮箱/QQ/微信端网络链接填答 399 份。

最后，对收集的问卷进行筛选，本章研究要求填答对象来自中小规模饭店和餐饮企业（员工人数控制在 10 人～299 人之间）且参与并通过绿色饭店或绿色餐饮企业评审，这些企业主动参与生态标签认证，积极开展绿色管理实践，并积累了一定的绿色智力资本。经过筛选最终阶段二的研究获得了 387 份有效问卷。

第三节　变量及测量

本章涉及的四个构念包括：绿色管理实践、绿色智力资本、非正式制度支持和企业竞争优势。这四个构念都难以直接观测，遂采取管理感知的方法，借鉴成熟量表对模型中的构念进行测量。考虑到调研对象受教育水平较其他产业从业者偏低，如果采用七点计分法可能会难以区分细微差别，在征求专家意见后决定采用 Likert 五点计分法，设计的各个维度及其具体题项都是陈述句形式，填答者根据描述与实际符合的程度勾选对应的数值。例如，填答者如果认为“政府对违背社会责任的企业经营行为有严厉的惩罚措施”这样的表述完全符合自己的想法，按照以上规则，则可以在“5”对应的地方上打“√”。在统计过程中，本书计算每一维度得分的均值，进而得出每一构念的得分，进行下一步的统计分析。各变量的设计与说明如下：

一、绿色管理实践

阶段二实证研究中，解释变量绿色管理实践是指组织通过合理配置现有资源，在经营过程中兼顾经济利益、社会利益和环境利益的先进管理理念，以保护环境为前提，通过生产、服务各环节绿色管理满足绿色消费需求的经营活动过程。本书在借鉴 Martín-de Castro（2017 年）、庄顺斌（2016 年）和陈俊硕（2014 年）等多位学者研究成果的基础上，基于更加客观、全面度量住餐业中小民营企业绿色管理实践的原则，从废弃物排放、能源审计、员工培训、社区公益活动、领导参与、应急预案、办公室环保行动和员工环保奖励 8 个方面进行描述，具体内容详见第四章表 4-10，此处不再赘述。

二、企业竞争优势

本书基于 Aaker（1984 年）、Porter（1985 年）、Barney（1991 年）等人的研究，将企业竞争优势定义为：企业所实行的价值创造策略在市场上具有独特且有利的地位，经由此过程创造出的利润与价值与竞争对手相比形成明显差异，并且竞争对手无法复制、难以模仿。参考庄顺斌（2016 年）研究中的量表，结合中国住宿餐饮业情境及中小民营企业特征进行修改和调整，本书企业竞争优势量表一共包含 8 个题项，具体内容如下：

表 5-1　企业竞争优势量表及来源

维度	测量		来源或依据
企业竞争优势	和主要竞争对手相比较，我们公司	1. 具有成本优势 2. 为顾客提供更优质的产品和服务 3. 具有更强的创新能力 4. 每间可供出租客房收入或餐饮人均消费额更高 5. 客房入住率或餐厅上座率更高 6. 知名度更高、公众形象更好 7. 新产品和服务不容易被模仿 8. 在行业中的地位很难被超越	庄顺斌（2016 年）

三、绿色智力资本

绿色智力资本为本阶段研究的中介变量。选取 Chuang 和

Huang（2015 年）以及刘汉榆和陈文姿（2012 年）设计的测量量表，包含三个具体维度：绿色人力资本选取 3 个题项施测，绿色结构资本选取 3 个题项施测，绿色关系资本选取 4 个题项施测。

表 5-2　绿色智力资本量表及来源

变量	测量题项	来源或依据
绿色人力资本	1. 我们公司员工非常关注顾客需求 2. 我们公司员工非常重视节能减排 3. 我们公司员工非常重视服务弱势群体（如老弱妇孺）	Chuang 和 Huang（2015 年）刘汉榆和陈文姿（2012 年）
绿色结构资本	1. 我们公司非常支持员工环保及公益行为 2. 我们公司非常支持各职能部门制定具体环保措施 3. 我们公司非常支持开展公共关系营销	
绿色关系资本	1. 我们公司非常重视员工团队合作 2. 我们公司非常重视供应商是否符合环境法规或标准 3. 我们公司非常重视对回头客的服务 4. 我们公司非常重视与公益组织的合作	

四、非正式制度支持

非正式制度支持的作用包括降低企业管理成本、获取外部投资机会、帮助企业获取关键性资源、积极影响政府制定相关政策、识别潜在商业机会、获得行业准入许可等，这些都可以推动环境创新（Khwaja 和 Mian，2005 年；Webb 和 Sirmon，2009 年；高山行，2013 年），进而提升企业竞争优势。非正式制度支持可以用政治关联、利益相关者关系等代理变量进行测量，我国学者高山行等（2013 年）研究中的非正式制度支持量表被证明具有良好的信效度。因此本书在其基础上做了适当调整，用6个具体题项对非正式制度支持进行测量。

表 5–3 非正式制度支持量表及其来源

维度	题项	来源或依据
非正式制度支持	1. 本公司采取各种措施以建立与各级政府部门的良好关系 2. 本公司注重与产业主管部门（商业局）建立良好关系 3. 本公司注重与其他政府主管部门（如税务局、消防局、食品药品监督管理局等）建立良好关系 4. 本公司与多级政府部门建立了良好的关系 5. 本公司注重与行业协会或商会建立良好关系 6. 与利益相关者（如股东、员工、消费者、社区、媒体、非营利组织等）的关系对企业发展很重要	在高山行等（2013年）基础上调整

五、控制变量

为了减少潜在干扰因素对实证分析结果的影响，本书以产业类型、企业规模（员工人数控制在10人~299人）、职务类型、绿色认证作为控制变量，因为企业规模对企业绿色管理和绿色智力资本都存在潜在影响（Chen，2008年；Kao等，2010年）。前人研究也发现，企业规模对企业绿色管理水平的影响非常重要，因为绿色智力资本在不同产业、不同规模企业中的积累速度、累积程度是不一样的（Damanpour和Schneider，2006年；Abareshi，2012年）。与普通员工相比，管理团队对绿色管理实践具体情况、绿色智力资本累积情况比较了解，因此职务类型也纳入控制变量。企业是否参与国家标准绿色饭店或绿色餐饮企业认证能够从一定程度上反映企业绿色管理实践的积极程度，因此阶段二研究控制了绿色认证这一变量，选取那些已通过认证或者正在申报过程中的中小规模的饭店或餐饮企业作为研究对象。本书选取产业类型、企业规模、职务类型作为本书的控制变量。

表 5-4 将阶段一模型涉及所有变量进行汇总，其中，绿色管理实践（GM）为前因变量；绿色智力资本（GIC）为中介变量；企业竞争优势（BC）为因变量；非正式制度支持为调节变量（IIS）；产业类型（INDU）、企业规模（SIZE）、职务类型（POSI）和是否参与绿色认证（CERT）为控制变量。

表 5-4　模型二变量信息汇总

变量名称	变量符号	计算方法
产业类型	INDU	住宿业 = 1，餐饮业 = 2
企业规模	SIZE	微型企业 = 1，小型企业 = 2，中型企业 = 3，大型企业 = 4
职务类型	POSI	高层管理者 = 1，中层管理者 = 2，基层管理者 = 3
绿色认证	CERT	已申报并通过认证企业 = 1，正在申报企业 = 2，不打算申报企业 = 3
绿色管理实践	GM	问卷调研数据
绿色智力资本	GIC	问卷调研数据
企业竞争优势	BC	问卷调研数据
非正式制度支持	IIS	问卷调研数据

第四节　实证分析与研究结果

一、共同方法偏差检验

共同方法偏差是一种典型的系统误差，可能导致研究结果的混淆所发生的偏差。阶段二研究中，经过筛选一共产生 387 份有效问卷，在进行数据分析之前，本书使用 Harman 单因素检验法进行检验。应用 SPSS23.0 软件对模型变量进行探索性因子分析，所提取的第一个主成分占总方差的 37.957%<50%，说明不存在严重的共同方法偏差。

二、信效度检验

整体问卷的 Cronbach's Alpha 系数为 0.976，具体到每个变量，绿色管理实践为 0.934，绿色智力资本为 0.937，企业竞争优势为 0.890，非正式制度支持为 0.901，均大于 0.8，说明阶段一研究所涉及变量可信度较高。

表 5–5　模型二各变量 KMO 和 Bartlett 球形检验分析结果

变量	KMO	近似卡方	自由度	Sig
绿色管理实践	0.886	2598.690	28	.000
绿色智力资本	0.931	2807.628	45	.000
企业竞争优势	0.878	1590.192	28	.000
非正式制度支持	0.869	1461.022	15	.000

由表 5–5 中 KMO 值可以看出，绿色管理实践、绿色智力资本、企业竞争优势和非正式制度支持的 KMO 值最小为 0.869，

显著性水平均达标，说明变量均适合做因子分析。本书进一步对关键变量进行二阶验证性因子分析，检验模型区分效度以及各量表的测量参数。根据理论假设，测量模型包括四个关键因子：绿色管理实践、绿色智力资本、企业竞争优势和非正式制度支持。由图 5-2 和表 5-6 可知，各项拟合指标均达到拟合标准，卡方自由度比值为 3.520，小于 5 的拟合标准，说明该模型拟合状况较好。

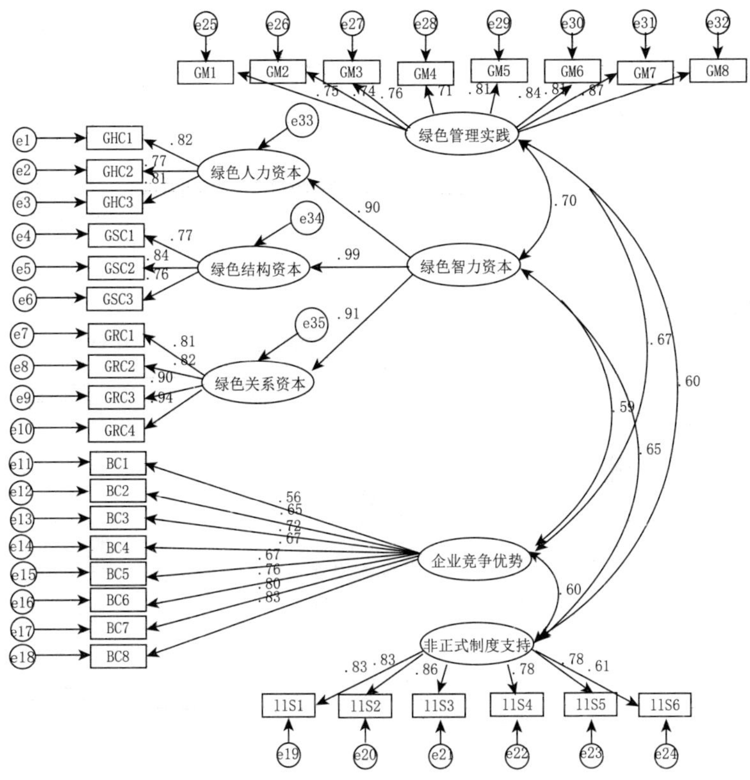

图 5-2　模型二的二阶验证性因子分析

（N=387；p<0.01；DF=455；CMIN/DF=3.520）

表 5-6 模型二量表验证性因子分析模型整体适配度检验

拟合指标	CMIN/DF	RMR	RMSEA	GFI	AGFI	NFI	TLI	CFI
拟合标准	<5	<0. 05	<0. 08（若<0. 05 优良；<0. 08 良好）	>0. 90	>0. 90	>0. 90	>0. 90	>0. 90
绿色智力资本	4. 985	0. 019	0. 078	0. 931	0. 900	0. 947	0. 929	0. 956
绿色管理实践	1. 447	0. 006	0. 034	0. 997	0. 966	0. 998	0. 995	0. 999
企业竞争优势	2. 588	0. 018	0. 064	0. 985	0. 938	0. 985	0. 972	0. 991
非正式制度支持	1. 900	0. 003	0. 048	0. 998	0. 966	0. 999	0. 991	0. 999
四因子模型	3. 520	0. 035	0. 079	0. 972	0. 935	0. 916	0. 965	0. 976

表 5-7 模型二量表具体维度效度的分析结果

量表	维度	题项	因子载荷	信度系数	测量误差	组合信度	平均方差抽取量（AVE）
绿色智力资本	绿色人力资本	绿色人力资本 1	0. 77	0. 60	0. 40	0. 82	0. 63
		绿色人力资本 2	0. 79	0. 61	0. 38		
		绿色人力资本 3	0. 78	0. 60	0. 40		

续表

量表	维度	题项	因子载荷	信度系数	测量误差	组合信度	平均方差抽取量（AVE）
	绿色结构资本	绿色结构资本1	0.81	0.66	0.34	0.85	0.76
		绿色结构资本2	0.86	0.74	0.26		
		绿色结构资本3	0.76	0.58	0.42		
	绿色关系资本	绿色关系资本1	0.83	0.69	0.31	0.91	0.71
		绿色关系资本2	0.81	0.65	0.35		
		绿色关系资本3	0.89	0.79	0.21		
		绿色关系资本4	0.85	0.73	0.27		
绿色管理实践		绿色管理实践1	0.74	0.54	0.46	0.93	0.83
		绿色管理实践2	0.70	0.48	0.52		
		绿色管理实践3	0.79	0.62	0.38		
		绿色管理实践4	0.72	0.52	0.48		
		绿色管理实践5	0.82	0.68	0.32		
		绿色管理实践6	0.85	0.72	0.28		
		绿色管理实践7	0.89	0.79	0.21		
		绿色管理实践8	0.82	0.68	0.32		
企业竞争优势		企业竞争优势1	0.72	0.27	0.73	0.88	0.78
		企业竞争优势2	0.70	0.41	0.59		
		企业竞争优势3	0.72	0.52	0.48		
		企业竞争优势4	0.70	0.44	0.56		
		企业竞争优势5	0.70	0.49	0.51		
		企业竞争优势6	0.75	0.56	0.44		
		企业竞争优势7	0.76	0.57	0.43		
		企业竞争优势8	0.82	0.68	0.32		
非正式制度支持		非正式制度支持1	0.83	0.68	0.32	0.90	0.81
		非正式制度支持2	0.75	0.56	0.44		
		非正式制度支持3	0.93	0.86	0.14		
		非正式制度支持4	0.72	0.51	0.49		
		非正式制度支持5	0.76	0.58	0.42		
		非正式制度支持6	0.70	0.47	0.53		

收敛效度，观察收敛效度的指标主要为因素负荷量、组合信度（CR）和平均方差抽取量（AVE）。根据 Bagozzi 和 Yi（1988）提出的收敛效度标准，因素负荷量直接反映量表各题项的能效，一般而言，因素负荷量应至少大于 0.5，大于 0.7 更优，说明量表收敛效度较好；组合信度大于 0.6 则认为量表的各个维度信度较好；平均方差抽取量（AVE）反映量表每个维度的聚合效度，当 AVE 达到 0.5，就说明该维度具有较好的聚合效度。表 5-7 显示，模型二整体量表全部题项的因子载荷均大于 0.5，量表的组合信度全部高于 0.7，AVE 全部大于 0.5，进一步说明量表整体效度非常好。

区分效度。一般认为，平均方差抽取量 AVE 应大于 0.5 且同时大于两个变量间相关系数的平方时，则认为两个变量具有区分效度。表 5-8 显示的是主要潜变量间判别效度的分析结果，表中加粗数字表示 AVE，未加粗的数字表示潜变量之间的相关系数的平方，均满足均满足 AVE 大于变量间相关系数平方的标准，因此可以认为模型变量具有良好的区分效度。

表 5-8 模型二主要变量区分效度的分析结果

潜变量	绿色管理实践	绿色智力资本	企业竞争优势	非正式制度支持
绿色管理实践	**0.83**			
绿色智力资本	0.49	**0.68**		
企业竞争优势	0.47	0.34	**0.78**	
非正式制度支持	0.35	0.43	0.36	**0.81**

三、变量描述性统计分析

表 5-9 中，自变量 GM 和因变量 BC 的相关系数较大，自变

量 GM 与中介变量 GIC 的相关系数较大，调节变量 IIC 与因变量 BC 的相关系数较大，但均没有超过 0.8，都在可接受范围内。进一步的共线性检验结果显示 VIF 最大值为 2.241，小于 10，说明模型不存在多重共线性问题。

表 5-9 模型二变量描述性统计结果

名称	INDU	SIZE	POSI	CERT	GM	GIC	BC	IIS
INDU	1							
SIZE	-0.364 **	1						
POSI	0.128 *	0.050	1					
CERT	—	—		1				
GM	0.461	-0.037	0.143 **	—	1			
GIC	0.384 **	-0.024	0.090	—	0.646 **	1		
BC	0.268 **	0.149 **	0.218 **	—	0.630 **	0.541 **	1	
IIS	0.088	0.186 **	0.043	—	0.573	0.599 **	0.551 **	1
均值	1.540	2.590	2.140	1	4.025	4.313	3.761	4.221
标准差	0.499	0.493	0.462	0.000	0.672	0.568	0.642	0.594
VIF	1.630	1.233	1.037	—	2.241	2.104	—	1.965

说明：* 表明 $p<0.05$，** 表明 $p<0.01$，—表明为常量或因变量；n=387

四、假设检验

本章假设检验方法主要借鉴王孟成（2014 年）和温忠麟等（2012 年）提出的混合的中介与调节效应检验方法，应用 Amos22.0 软件进行调节效应检验，利用 Mplus7.0 软件进行非参数百分位 Bootstrap 中介效应检验。温忠麟等（2005 年）曾指出中介和调节的概念容易混淆，而中介效应分析和调节效应分析是两个完全不同的过程，中介效应分析注重探讨理论内部的机制，而调节效应分析确定理论适用的外部条件。在进行有调节的中介效应分析时，首先应判断是否具有调节效应，即（1）调节变量在何取值范围内，中介变量显著影响因变量，说明调节效应显著，可以进行下一步分析；（2）调节变量在何取值范围内，中介变量不能显著影响因变量，说明调节效应不显著，模型不成立。其次，当调节效应显著时，则进一步分析中介效应如何随调节变量区间值变化而变化：（1）调节效应显著时，调节变量在何取值范围内，中介变量正向影响因变量；（2）调节效应显著时，调节变量在何取值范围内，中介变量负向影响因变量。

表 5-10　非正式制度支持调节效应检验结果

维度	影响路径	Estimate	C. R.	P
绿色人力资本	绿色管理实践→绿色人力资本	0. 525	8. 521	***
	非正式制度支持→绿色人力资本	0. 354	5. 972	***
	绿色人力资本→企业竞争优势	0. 029	0. 427	0. 025 *
	绿色管理实践→企业竞争优势	0. 478	6. 215	***
	非正式制度支持→企业竞争优势	0. 24	4. 058	***
	交互项=非正式制度支持 * 绿色人力资本→企业竞争优势	0. 187	2. 559	0. 01 *
绿色结构资本	绿色管理实践→绿色结构资本	0. 475	8. 563	***
	非正式制度支持→绿色结构资本	0. 439	7. 069	***
	绿色结构资本→企业竞争优势	-0. 133	-1. 909	0. 036 *
	绿色管理实践→企业竞争优势	0. 537	6. 863	***
	非正式制度支持→企业竞争优势	0. 091	1. 653	0. 098
	交互项=非正式制度支持 * 绿色结构资本→企业竞争优势	0. 408	6. 863	***

续表

维度	影响路径	Estimate	C. R.	P
绿色关系资本	绿色管理实践→绿色关系资本	0. 506	9. 899	***
	非正式制度支持→绿色关系资本	0. 342	6. 424	***
	绿色关系资本→企业竞争优势	-0. 359	-6. 987	***
	绿色管理实践→企业竞争优势	0. 423	8. 127	***
	非正式制度支持→企业竞争优势	-0. 12	-3. 115	0. 002 *
	交互项=非正式制度支持＊绿色关系资本→企业竞争优势	0. 705	12. 514	** *

说明：交互项显著（p<0. 05）则意味着调节效应显著，＊表明 p<0. 05，*** 表明 p<0. 01。

根据温忠麟和叶宝娟（2014 年）的研究方法，首先利用 Amos22. 0验证调节效应对因变量的影响是否显著。表 5-10 统计了非正式制度支持的调节效应检验结果。其中，交互项=中介变量＊调节变量，可以发现，在绿色人力资本维度，交互项=非正式制度支持＊绿色人力资本显著影响企业竞争优势（r=0. 187>0，p=0. 01<0. 05）；在绿色结构资本维度，交互项=非正式制度支持＊绿色结构资本显著影响企业竞争优势（r=0. 408>0，p= *** <0. 01）；在绿色关系资本维度，交互项=非正式制度支持＊绿色关系资本显著影响企业竞争优势（r=0. 705>0，p= ** ＊<0. 01），三个维度的交互项均显著影响因变量企业竞争优势，说明非正式制度支持对绿色智力资本三个维度中介效应的调节作用显著，因此假设 H11 得到验证。进一步观察，在绿色人力资本维度，绿色管理实践对企业竞争优势的正向影响显著（r=0. 478>0 且 p<0. 01）；在绿色结构资本维度，绿色管理实践对企业竞争优势的正向影响显著（r=0. 537>0 且 p<0. 01）；在绿色关系资本维度，绿色管理实践对企业竞争优势的正向影响显著

（r=0. 423>0 且 p<0. 01），说明住餐业中小民营企业绿色管理实践可以提升企业竞争优势，因此假设 H9 得到验证。

下一步，结合阶段二研究的概念框架，检验有调节的中介模型需要对 3 个路径方程的参数进行估计。方程 1 估计调节变量非正式制度支持在中介变量（绿色人力资本）影响自变量（绿色管理实践）与因变量（企业竞争优势）关系中的调节效应；方程 2 估计调节变量非正式制度支持在中介变量（绿色结构资本）影响自变量（绿色管理实践）与因变量（企业竞争优势）关系中的调节效应；方程 3 估计调节变量非正式制度支持在中介变量（绿色关系资本）影响自变量（绿色管理实践）与因变量（企业竞争优势）关系中的调节效应。

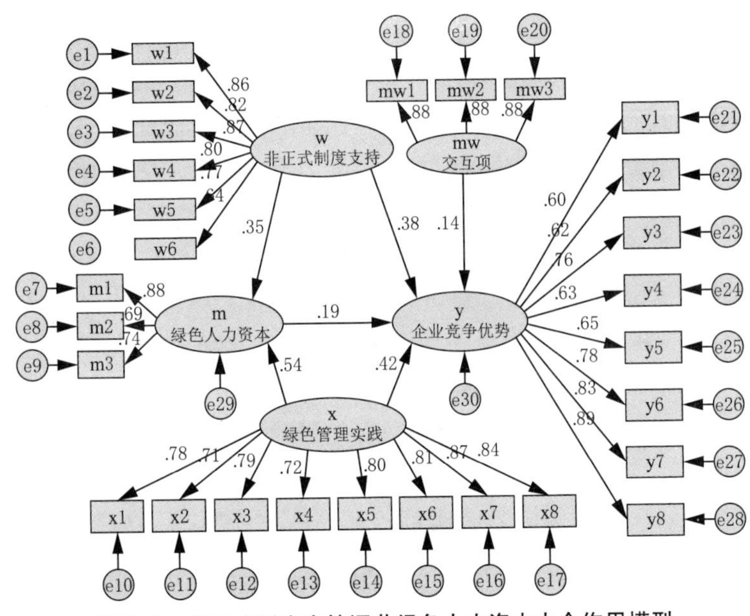

图 5-3　非正式制度支持调节绿色人力资本中介作用模型

如图 5-3 所示，构建路径方程一：y=0. 42x+0. 19m+0. 38

w-0.14mw，其中 y 代表因变量企业竞争优势，x 代表自变量绿色管理实践，m 代表中介变量绿色人力资本，w 代表调节变量非正式制度支持，mw 代表交互项绿色人力资本 * 非正式制度支持。上式可以变形为 y=0.42x+0.38w+m（0.19-0.14w），可以清晰看出，绿色人力资本对企业竞争优势的影响系数是（0.19-0.14w），该系数反映非正式制度支持是如何调节绿色人力资本和企业竞争优势之间的关系的。表 5-10 显示绿色人力资本能显著影响企业竞争优势，且非正式制度支持的调节效应显著，说明非正式制度支持在不同取值范围时，绿色人力资本对企业竞争优势的影响是不一样的。

通过调节效应计算公式：

$$T = \left| \frac{B1 + B29 * M}{\sqrt{Var(B1) + 2 * M * Cov(B1, B29) + M * M * Var(B29)}} \right| \sim T(df)$$

（说明：在结构方程模型中，B1 代表中介变量影响因变量的路径系数；B29 为交互项影响因变量的路径系数；M 代表调节变量；df 代表自由度）进一步计算得出：以绿色人力资本为中介变量时，（1）w<0.21 时，绿色人力资本显著正向影响企业竞争优势。且 w 越小，绿色人力资本对企业竞争优势的正向中介影响越强。（2）当 w>2.5 时，绿色人力资本显著负向影响企业竞争优势。且 w 越大，绿色人力资本对企业优势的负向中介影响越强。

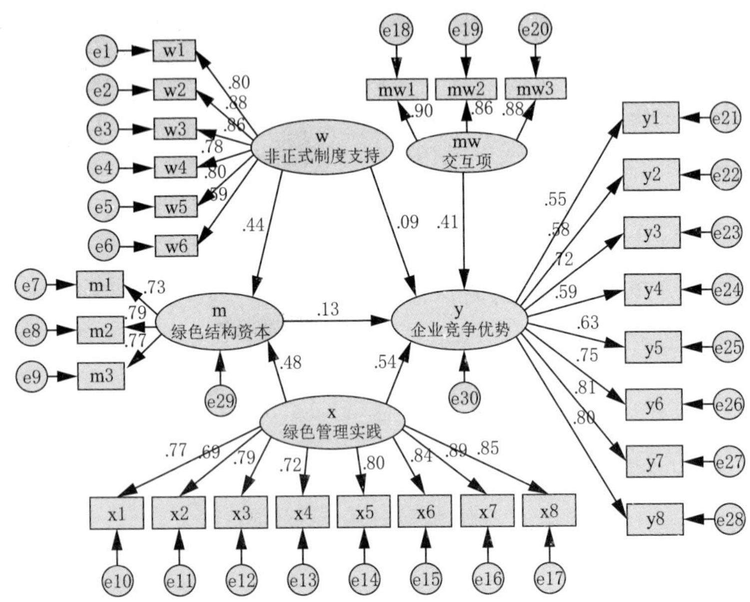

图 5-4　非正式制度支持调节绿色结构资本中介作用模型

如图 5-4 所示，构建路径方程二：$y=0.54x-0.13m+0.09w+0.41mw$，其中 y 代表因变量企业竞争优势，x 代表自变量绿色管理实践，m 代表中介变量绿色结构资本，w 代表调节变量非正式制度支持，mw 代表交互项绿色结构资本 * 非正式制度支持。上式可以变形为 $y=0.54x+0.09w+m(0.41w-0.13)$，可以清晰看出，绿色结构资本对企业竞争优势的影响系数是（$0.41w-0.13$），该系数反映非正式制度支持是如何调节绿色结构资本和企业竞争优势之间的关系的。表 5-10 表明绿色结构资本能显著影响企业竞争优势，且非正式制度支持的调节效应显著，说明非正式制度支持在不同取值范围时，绿色结构资本对企业竞争优势的影响是不一样的。

通过调节效应计算公式：

$$T = \left| \frac{B1 + B29 * M}{\sqrt{Var(B1) + 2 * M * Cov(B1, B29) + M * M * Var(B29)}} \right| \sim T(df)$$

（说明：在结构方程模型中，B1 代表中介变量影响因变量的路径系数；B29 为交互项影响因变量的路径系数；M 代表调节变量；df 代表自由度）进一步计算得出：以绿色结构资本为中介变量时，（1）w>5. 8 时，绿色结构资本显著正向中介影响企业竞争优势。且 w 越大，绿色结构资本对企业竞争优势的正向中介影响越强。（2）w<-5. 17时，即非正式制度支持<-5. 17 时，绿色结构资本显著负向中介影响企业竞争优势。且 w 越小，绿色结构资本对企业优势的负向影响越强。

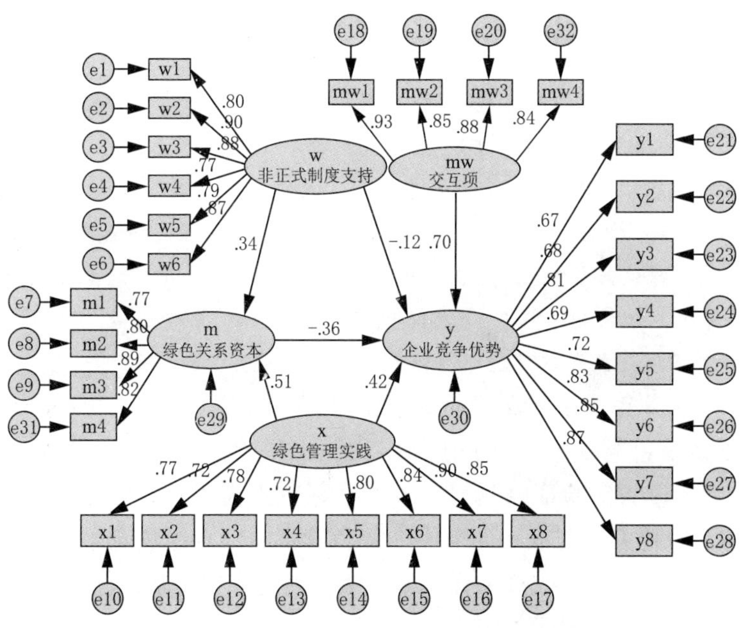

图 5-5　非正式制度支持调节绿色关系资本中介作用模型

如图 5-5 所示，构建路径方程三：y = 0. 42x - 0. 36m - 0. 12w + 0. 7mw，其中 y 代表因变量企业竞争优势，x 代表自变量绿色管理实践，m 代表中介变量绿色关系资本，w 代表调节变量非正式制度支持，mw 代表交互项绿色关系资本 * 非正式制度支持。上式可以变形为 $y=0.42x-0.12w+m(0.7w-0.36)$，可以清晰看出，绿色关系资本对企业竞争优势的影响系数是（0.7w-0.36），该系数反映非正式制度支持是如何调节绿色关系资本和企业竞争优势之间的关系的。表 5-10 表明绿色关系资本能显著影响企业竞争优势，且非正式制度支持的调节效应显著，说明非正式制度支持在不同取值范围时，绿色关系资本对企业竞争优势的影响是不一样的。

通过调节效应计算公式：

$$T = \left| \frac{B1 + B29 * M}{\sqrt{Var(B1) + 2 * M * Cov(B1,\ B29) + M * M * Var(B29)}} \right| \sim T(df)$$

（说明：在结构方程模型中，B1 代表中介变量影响因变量的路径系数；B29 为交互项影响因变量的路径系数；M 代表调节变量；df 代表自由度）进一步计算得出：以绿色关系资本为中介变量时，（1）w>3.73 时，绿色关系资本显著正向影响企业竞争优势。且 w 越大，绿色关系资本对企业竞争优势的正向中介影响越强。（2）w<-2.7 时，绿色关系资本显著负向中介影响企业竞争优势。且 w 越小，绿色关系资本对企业优势的负向中介影响越强。

在非正式制度支持的调节作用显著情况下，为了更精确的考察绿色智力资本的中介作用，本书利用 Mplus 7.0 软件 bootstrap 方法验证绿色智力资本（绿色人力资本、绿色结构资本、绿色关系资本）如何中介绿色管理实践和绿色竞争优势的关系。由于阶段二模型样本量不大，因此采用重复抽样 200 次，编程运行结果显示如表 5-11。

表 5-11 Bootstrap 检验结果

因变量	x 系数	m 系数	w 系数	mw 系数	w 调节显著区间
y（绿色人力资本）	0.42	0.19	0.38	-0.14 **	正向：<0.21 负向：>2.5
y（绿色结构资本）	0.54	-0.13	0.09	0.41 ***	正向：>5.8 负向：<-5.17
y（绿色关系资本）	0.42	0.36	-0.12	0.70 ***	正向：>3.73 负向：<-2.7

注：Bootstrap=200 的结果（n=387）。

当不考虑非正式制度支持的调节作用时，绿色人力资本在绿色管理实践和绿色竞争优势之间的中介效应为 Ind = B1（0.19）* B29（0.54）= 0.102（p=0.037<0.05），说明中介效应显著，假设 H10a 获得验证。当考虑了非正式制度支持的调节作用时，绿色人力资本在绿色管理实践和绿色竞争优势之间的中介效应为 Ind=w1 *（B2+B29 * wmodval），当调节变量非正式制度支持取值 w=4>2.5，r=0.635，p=0.023<0.05 且显著，说明对于非正式制度支持水平较高的企业，绿色管理实践通过绿色人力资本对企业竞争优势的正向影响相对较弱；当取值 w=0.01<0.21，r=0.01，p=0.018<0.05 且显著，说明对于非正式制度支持水平较低的企业，绿色管理实践通过绿色人力资本对企业竞争优势的正向影响相对较强，综合判断 H11a 并未获得实证结果支持。

当不考虑非正式制度支持的调节作用时，绿色结构资本在绿色管理实践和绿色竞争优势之间的中介效应为 Ind = B1（-0.13）* B29（0.48）= -0.063（p=0.041<0.05），说明中介效应显著，假设 H10b 获得验证。当考虑了非正式制度支持的调

节作用时，绿色结构资本在绿色管理实践和绿色竞争优势之间的中介效应为 Ind=w1 *(B2+B29 * wmodval)，当调节变量非正式制度支持取值 w=7>5.8，r=0.05，p=0.023<0.05 且显著，说明对于非正式制度支持水平较高的企业，绿色管理实践通过绿色结构资本对企业竞争优势的正向影响相对较强；当调节变量非正式制度支持取值 w=−10<−5.17，r=0.126，p=0.013<0.05 且显著，说明对于非正式制度支持水平较低的企业，绿色管理实践通过绿色结构资本对企业竞争优势的正向影响相对较弱，综合判断假设 H11b 获验证支持。

当不考虑非正式制度支持的调节作用时，绿色关系资本在绿色管理实践和绿色竞争优势之间的中介效应为 Ind = B1（−0.36）* B29（0.51）=−0.181（p=0.027<0.05），说明中介效应显著，假设 H10c 获得验证。当考虑了非正式制度支持的调节作用时，绿色关系资本在绿色管理实践和绿色竞争优势之间的中介效应为 Ind=w1 *(B2+B29 * wmodval)，当调节变量非正式制度支持取值 w=8>3.73，r=0.463，p=0.031<0.05 且显著，说明对于非正式制度支持水平较高的企业，绿色管理实践通过绿色关系资本对企业竞争优势的正向影响相对较强；当调节变量非正式制度支持取值 w=−6<−2.7，r=−0.536，p=0.029<0.05 且显著，说明对于非正式制度支持水平较低的企业，绿色管理实践通过绿色关系资本对企业竞争优势的正向影响相对较弱，综合判断假设 H11c 获验证支持。假设 H10a、H10b 和 H10c 均成立，因此假设 H10 成立。

表 5-12　有调节的中介效应实证研究结果汇总

中介变量（m）	不考虑调节变量（w）	考虑调节变量（w）		
		调节变量取值范围	中介效应	有调节的中介效应
绿色人力资本	+	w>2.5 时	—	w 越大，x 通过 m 对 y 的正向影响越弱
		w（0.21~2.5）	不显著	不显著
		w<0.21 时	+	w 越小，x 通过 m 对 y 的正向影响越强
绿色结构资本	-	w>5.8 时	+	w 越大，x 通过 m 对 y 的正向影响越强
		w（-5.17~5.8）	不显著	不显著
		w<-5.17 时	—	w 越小，x 通过 m 对 y 的正向影响越弱
绿色关系资本	-	w>3.73 时	+	w 越大，x 通过 m 对 y 的正向影响越强
		w（-2.7~3.73）	不显著	不显著
		w<—2.7 时	—	w 越小，x 通过 m 对 y 的正向影响越弱

说明：x 代表自变量，y 代表因变量，m 代表中介变量，w 代表调节变量。

基于以上实证分析，本章有调节的中介效应研究共提出研究假设 9 项，其中 8 项研究假设成立，1 项不成立，假设及验证结果归纳如表 5–13：

表 5–13　绿色管理实践的驱动和影响机制模型研究假设验证结果

研究假设	验证结果
H9 住餐业中小民营企业通过绿色管理实践可以提升企业竞争优势。	支持
H10 住餐业中小民营企业绿色管理实践会通过绿色智力资本影响企业竞争优势。	支持
H10a 住餐业中小民营企业绿色管理实践会通过绿色人力资本影响企业竞争优势。	支持
H10b 住餐业中小民营企业绿色管理实践会通过绿色结构资本影响企业竞争优势。	支持
H10c 住餐业中小民营企业绿色管理实践会通过绿色关系资本影响企业竞争优势。	支持
H11 非正式制度支持在绿色智力资本的中介效应中发挥调节作用。	支持
H11a 非正式制度支持调节绿色人力资本在绿色管理实践与中小服务企业竞争优势关系中的中介效应：当住餐业中小民营企业非正式制度支持水平较高时，绿色管理实践通过绿色人力资本对企业竞争优势正向影响更强。	不支持
H11b 非正式制度支持调节绿色结构资本在绿色管理实践与中小服务企业竞争优势关系中的中介效应：当住餐业中小民营企业非正式制度支持水平较高时，绿色管理实践通过绿色结构资本对企业竞争优势正向影响更强。	支持
H11c 非正式制度支持调节绿色关系资本在绿色管理实践与中小服务企业竞争优势关系中的中介效应：当住餐业中小民营企业非正式制度支持水平较高时，绿色管理实践通过绿色关系资本对企业竞争优势正向影响更强。	支持

第五节　研究结论

以非正式制度支持对绿色智力资本在绿色管理实践和企业竞争优势中介效应的调节为切入点，阶段二研究基于绿色智力资本的三个维度——绿色人力资本、绿色结构资本和绿色关系资本构建了三个有调节的中介模型，试图考察绿色智力资本在绿色管理实践与企业竞争优势之间的中介作用以及这种作用是否受到非正式制度支持的调节。研究发现有助于回答绿色管理实践通过什么（如何起作用）和在什么条件下（何时起作用）影响企业竞争优势两个关键性问题。结果发现非正式制度支持对“绿色管理实践——绿色智力资本（绿色人力资本、绿色结构资本、绿色关系资本）——企业竞争优势”这一中介链条的调节作用非常显著，但是非正式制度支持对绿色智力资本三个维度中介效应的调节方向不一样，有调节的中介作用结果对住餐业中小民营企业和行业管理具有一定启示。结合我国住宿餐饮业情境，阶段二主要研究结论如下：

第一，绿色管理实践对企业竞争优势的主效应得到了实证分析的支持。绿色管理实践水平较高的住餐业中小民营企业，通常具有更高的企业竞争优势。体现在住宿餐饮业情境，住餐业中小民营企业通过绿色管理实践，不断向标杆企业学习并及时总结经验教训，会持续积累、沉淀和概化企业核心能力和价值。因此，开展绿色管理实践的住餐业中小民营企业通常积极参与生态标签认证，主动学习绿色管理技术，不断优化改造组织内部环境，最终形成企业竞争优势。

第二，绿色智力资本对绿色管理实践和企业竞争优势间的关系起中介作用。绿色智力资本分为三个维度，分别是绿色人力资本、绿色结构资本和绿色关系资本。具体而言：（1）绿色人力资本对绿色管理实践和企业竞争优势间的关系起正向中介作用。绿色管理实践水平越高的住餐业中小民营企业，通过绿色人力资本对企业竞争优势的正向影响越大。（2）绿色结构资本对绿色管理实践和企业竞争优势间的关系起负向中介作用。绿色管理实践水平越高的住餐业中小民营企业，通过绿色结构资本对企业竞争优势的正向影响越小。（3）绿色关系资本对绿色管理实践和企业竞争优势间的关系起负向中介作用。绿色管理实践水平越高的住餐业中小民营企业，通过绿色关系资本对企业竞争优势的正向影响越小。

第三，住餐业中小民营企业绿色管理实践通过绿色智力资本（绿色人力资本、绿色结构资本和绿色关系资本）的中介过程对企业竞争优势的影响被非正式制度支持水平调节，具体而言：（1）在非正式制度支持水平较高的住餐业中小民营企业：绿色管理实践通过绿色智力资本中的绿色人力资本对企业竞争优势的正向影响相对较弱；绿色管理实践通过绿色智力资本中的绿色结构资本对企业竞争优势的正向影响相对较强；绿色管理实践通过绿色智力资本中的绿色关系资本对企业竞争优势的正向影响相对较强。（2）在非正式制度支持水平较低的住餐业中小民营企业：绿色管理实践通过绿色智力资本中的绿色人力资本对企业竞争优势的正向影响相对较强；绿色管理实践通过绿色智力资本中的绿色结构资本对企业竞争优势的正向影响相对较弱；绿色管理实践通过绿色智力资本中的绿色关系资本对企业竞争优势的正向影响相对较弱。

值得注意的是，尽管非正式制度支持对绿色智力资本中介效应的调节作用是显著的（假设 H11），但在绿色人力资本维度的调节方向与原假设 H11a 不一致，说明非正式制度支持对绿色智力资本三个维度的调节方向存在差异。本书认为，在非正式制度支持水平较高的企业，绿色人力资本的中介效应减弱，意味着在社会联系较强的住餐业中小民营企业，由于高管的关系，已经具有较高的非正式制度支持水平，例如，高管与行业主管部门工作人员关系良好，师徒效应和行业协会关键成员身份形成广泛的人脉圈，价值链上下游企业间默契合作等，企业由此获取许多信息资源和政策便利，为企业发展塑造了良好的环境，易于形成独特的竞争优势，此类企业人才队伍已经相对稳定，对绿色人力资本的依赖程度降低，因此绿色人力资本的中介作用随非正式制度支持水平的提高而减弱。

第六节　本章小结

本章实证研究为本书整体研究框架中第二阶段的实证研究。在阶段一研究确定了绿色管理实践的多元制度逻辑前因、二元战略前因和绩效后果的基础上，引入绿色智力资本（绿色人力资本、绿色结构资本、绿色关系资本）中介变量和非正式制度支持调节变量，构建了三个有调节的中介模型并提出假设。然后，通过对105家中小服务企业的387位企业管理团队的问卷调研获得实证数据分析，对假设进行检验并得出结论。研究结果表明：（1）绿色管理实践正向影响企业竞争优势；（2）绿色智力资本中介影响绿色管理实践与企业竞争优势的关系；（3）非正式制度支持对“绿色管理实践-绿色智力资本（绿色人力资本、绿色结构资本、绿色关系资本）-企业竞争优势”这一中介链条的调节作用显著。

第六章

研究总结与展望

本书依托绿色管理、多元制度逻辑和二元战略理论分析框架，综合运用质化研究和实证研究的综合分析方法，对住宿餐饮业企业绿色管理实践的前因及绩效后果展开讨论，并创新性地提出了有调节的中介模型。本书的核心内容包括两部分内容。第四章在第三章质化研究基础上构建了外部多元制度逻辑、内部战略导向、绿色管理实践与绿色管理绩效关系综合模型，研究模型中的变量包括多元制度逻辑（管制力度、市场环境、舆论压力、同行影响）、战略导向（成本导向、创业导向）、绿色管理实践和绿色管理绩效。接下来，第五章进一步构建了有调节的中介模型，包括自变量绿色管理实践、因变量企业竞争优势、中介变量绿色智力资本（绿色人力资本、绿色结构资本、绿色关系资本）、调节变量非正式制度支持。通过第四章和第五章的实证分析，表明模型整体拟合度良好。本书共提出 17 条假设，其中，14 条假设获得实证支持，3 条未获得实证支持。本章将重点对主要结论进行探讨，由此反映我国住宿餐饮业中小服务企业成长过程中的关键问题。

第一节　主要结论

本书以中国住宿餐饮业民营企业高管为研究样本，在质化研究基础上开展了两个阶段的实证研究。阶段一聚焦绿色管理实践的驱动和影响机制，较为深入地分析了外部制度环境下多元制度逻辑、内部战略导向、绿色管理实践与绿色管理绩效关系模型中各要素的相互关系，试图揭示研究概念模型中各要素间的作用机理。阶段二则在阶段一研究的基础上聚焦已经参与我国生态标签认证且开展绿色管理实践有相当长时间、积累了一定绿色智力资本的住餐业中小民营企业（饭店和餐饮企业），尝试探讨绿色智力资本对住餐业中小民营企业绿色管理转化为企业竞争优势过程中的重要中介作用和非正式制度支持的调节作用。通过两阶段的研究及要素间关系梳理，基于理论研究和实证分析本书得出以下结论：

（1）住餐服务业企业绿色管理实践的驱动与影响机制模型：前因包括外部多元制度逻辑、内部战略导向；后果为绿色管理实践产生的绿色管理绩效，绿色管理实践在外部多元制度逻辑（管制力度、舆论压力和同行影响）与绿色管理绩效间、内部战略导向（成本导向、创业导向）与绿色管理绩效间起完全中介作用。多元制度逻辑中的市场环境与绿色管理实践的相关性不显著。

（2）在多元制度逻辑分析框架下，构建我国住餐服务业企业在转型升级过程中面临的主要外部制度逻辑的四维结构，具体分为管制力度、市场环境、舆论压力和同行影响。根据实证分析结果，管制力度、舆论压力和同行影响是促使我国住餐服务业企业积极开展绿色管理实践的重要前因，而市场环境的前因作用没有得到结果支持，说明约束视角和机遇视角下企业的制度实践产生较大差异，饭店和餐饮企业会根据自身具体情况自行控制（例如研发和创新）去缓解市场环境造成的压力，市场环境并不能直接促发企业开展绿色管理实践，两者没有必然联系。

（3）与前人基于其他产业（如制造业）的研究比较，基于中国住宿餐饮业转型升级背景下的样本数据，本书研究结果发现，二元战略（成本导向与创业导向）显著正向影响企业绿色管理绩效，在四种不同战略导向企业类型中，按其对绿色管理绩效表现影响程度大小排序为：交互型战略导向企业>成本型战略导向企业>创业型战略导向企业>保守型战略导向企业。创业型战略导向在传统服务产业中并不是最优战略选择，面对复杂的制度环境，交互型战略导向可能更加适合饭店和餐饮企业。

（4）基于绿色智力资本的三个维度和非正式制度支持构建了三个有调节的中介模型：自变量为绿色管理实践、因变量为企业竞争优势、中介变量为绿色智力资本（绿色人力资本、绿色结构资本、绿色关系资本）、调节变量为非正式制度支持，回答了绿色管理实践通过绿色智力资本起作用并且绿色智力资本在非正式制度支持水平调节下对企业竞争优势产生影响这两个关键性问题。

总体而言，本书提出并验证了饭店和餐饮企业绿色管理实践的驱动和影响机制，发现了住餐业中小民营企业面临绿色经济转型升级影响下，企业竞争优势的取得最为关键的是绿色智力资本和以组织主动性为核心的战略导向选择行动模式，同时应加大投入有利于提升企业非正式制度支持水平的要素，为企业绿色可持续发展去除障碍，获得更大竞争优势。

第二节　理论贡献

本书基于制度逻辑、二元战略与竞争优势理论视角，首先从多元制度逻辑和战略导向探究了住宿餐饮业企业绿色管理实践的前因与绩效后果；在此基础上，以绿色智力资本（绿色人力资本、绿色结构资本和绿色关系资本）、非正式制度支持为切入点，实证检验了转型升级时期举步维艰的住餐业中小民营企业如何通过绿色管理实践积累绿色智力资本、并在非正式制度支持调节作用下，经由绿色智力资本集聚实现企业竞争优势获取的一个有调节的中介机制。这些初步探索，对现有研究的理论贡献主要包括：

第一，本书尝试探索了一直被政府及核心利益相关者所关注但被学术研究者所忽视的住宿餐饮业绿色管理实践动机问题，基于多案例的质化研究，尝试厘清接待服务业转型升级特征的系统化及其作用机制。本书对传统服务型企业（饭店和餐饮企业）绿色管理实践的前因和后果的研究，揭开了服务企业绿色管理实践动因的“黑箱”，展示了多元制度逻辑和内部战略导向对服务型企业绿色管理实践的共同驱动作用，为住餐业中小民营企业履行社会责任和战略导向研究奠定了基础。回归分析结果表明，多元制度逻辑改变服务企业经营决策思维方式，促使企业通过各种路径开展绿色管理实践，现阶段我国传统服务型企业开展绿色管理实践的真实动机与企业成本控制和环境质量管理密切相关，能够将二者整合到一起的交互型企业绿色管理绩效提升效果最明显，说明二元战略更加有利于企业聚焦绿色发展目标，促进绿色发展战略的形成以及社会力量的支持。单一战略导向已不太适合传统劳动密集型产业——住宿餐饮业，保守型企业绩效表现最差，说明在转型升级时期企业应深具革新意识，墨守成规可能只会导致被淘汰的后果。

第二，目前少有研究成果关注服务产业绿色智力资本在企业绿色管理及其后果影响方面的应用。从这一角度来看，本书第五章的研究尝试弥补这一漏洞。传统服务产业在整体经济环境转型升级大背景下，在多元制度逻辑前因和战略导向同时驱动作用下产生企业管理绿化动机，一些非正式制度支持水平较高的企业获取一定信息不对称优势，借由正式的政府推动下的生态标签认证启动绿色管理实践，在此过程中不断积累绿色智力资本，并产生新的企业竞争优势，以保证企业可持续发展。由本书研究模型出发希望可以引发未来更多围绕绿色智力资本在不同研究情境下的理论和实证探讨。

第三，本书尝试构建了一个较为复杂的有调节的中介模型，区分了绿色智力资本不同维度的中介效应在非正式制度支持水平调节下的变化范围。非正式制度支持在绿色智力资本（绿色人力资本、绿色结构资本、绿色关系资本）中介影响绿色管理实践和企业竞争优势关系的过程中发挥调节作用。本研究部分结论与 Chang 和 Chen（2012 年）的研究结果不谋而合，即绿色智力资本是绿色管理实践与企业竞争优势间的关键要素，这一“缺失环节”在国内少有人研究。但本书在其基础上进一步发现在住餐业中小民营企业绿色管理实践中，绿色智力资本三个维度的中介效应方向不一致，在非正式制度支持水平的调节下呈现更为复杂的局面，值得更进一步探究。

第三节　管理启示

学术研究的问题意识应来源于实践。聚焦住宿餐饮业情境，从政府监管政策角度分析，行业管理者迫切想知道影响饭店和餐饮企业主动开展绿色管理实践的前因，从企业决策者的角度分析，高管们迫切想知道开展绿色管理实践的绩效后果及长远优势，而学术界几乎不关注传统服务行业的绿色管理方面的研究。本书从行业调研切入，关注到住宿餐饮业绿色管理研究的学术价值，对此问题开展了初步探索，希冀有抛砖引玉的效果。

下面就本书研究结论对政府监管和企业管理方面的启示进行总结。

一、住宿餐饮业行业整体绿化的监管与推动

目前我国住宿餐饮业整体发展处于转型升级绿化的关键时期，消费升级决定了关系国计民生的住宿餐饮业市场规模会越来越大。为了培育和发展绿色饭店和绿色餐饮企业，实现行业企业管理绿色化发展，在行业推广绿色发展的新常态、新趋势、新模式，从2005年开始中国政府陆续出台一系列政策文件（见表3-2），引导行业企业绿色实践，作为政府引导住宿餐饮业企业绿色管理的一种形式，范围最广、知名度最高的就是我国特有的生态标签认证项目——国家标准《绿色饭店（GB/T21084-2007）》，该标准分为两个版本：绿色饭店版本和绿色餐饮企业版本。自2007年正式实施以来，全国绿色饭店和绿色餐饮企业挂牌近1000家，形成了一定示范效应，但是我国的住宿餐饮业绿色管理还处于发展的初级阶段，与住宿餐饮业企业数量总体比较，绿色饭店和绿色餐饮企业占比仍然很小，各省绿色饭店和绿色餐饮企业数量并不均衡，特别是住餐业中小民营企业对参与生态标签认证的积极性并不是很高，政府推动并未达到预想的效果。

在调研中我们发现很多不少饭店和餐饮企业处于“茫然不知所措”“观望或跟风”的境地，部分行业协会理事企业，从协会、商务主管部门、标杆企业等渠道得知可以通过参与生态标签认证从外部汲取绿色管理技术和资源时，往往也会积极参与认证。但其中部分企业动机不纯，“漂绿”的嫌疑很大。例如成都市出台将对新评绿色饭店一次性奖励20万元的政策后，不少企业闻风而动，冲着奖励参与认证，突击性、象征性行为特征

突出，值得行业主管部门注意。之所以产生这样的局面，本书认为原因可能在于：一是传统劳动密集型企业不同于创新科技型企业，面临更加复杂多变的外部制度环境，与食品安全等问题联系紧密因此吸引更多利益相关者注意，媒体曝光度高，也是政府舆情监控的重要对象，未来的高度不确定性使得经营与战略控制应具有不同的侧重点，侧重点把握不好可能带来适得其反的效果，因此大多数企业仍处于“观望或跟风状态”；二是企业决策者需处理更加纷然杂呈的内部组织环境，员工来源复杂，受教育程度普遍偏低，生态标签认证对此类企业而言有一定风险；三是战略导向对绿色管理绩效影响的过程是一个长期的过程，对住宿餐饮业企业而言，认证对企业绩效影响往往需要前期大量投入后获益，在短时间内很难迅速见效。认证企业获得合法性后可能并未严格按照标准开展企业实践并努力实现标准预期，实践与认证的脱耦会威胁到作为环境行为治理机制的认证标准本身的有效性，因为认证无法准确将企业绿色管理绩效的信号传递给企业外部利益相关者。基于制度理论视角（DiMaggio 和 Powell，1983 年），企业可能对获得标准认证的合法性和符号性更感兴趣，而不是完全实现在其操作中规定的标准。近来的一些研究证据表明，即使有第三方审计作用，一些认证企业并未严格按照认证标准开展日常环境实践，这一现象被 Meyer 和 Rowan（1977 年）描述为脱耦。Aravind 和 Christmann（2011 年）把参与环境认证的企业分为两类：低质量认证企业和高质量认证企业。低质量认证企业是那些通过社会资本获得认证的“漂绿”企业，它们为了通过认证，在短时间内必须投入金钱和精力来改善其表现，或者必须停止与认证背离的不规范行为，因此这些“漂绿”企业无法持续遵守并实施认证标准；高质量认证企业往往是行业内标杆企业，它们始终遵循标准并将规定内容嵌入到企业日常管理，付出很少的努力和成本就达到认证标准甚至超过认证标准，获取竞争优势。短时间看来，“漂绿”企业是最大获利者，它们本身表现不佳，但认证提高了市场地位，向消费者传递了环境实践信号，促进其销售，同时他们仍然享受低成本的风险控制（Zwetsloot，2011 年）。“漂绿”企业数量多寡直接影响认证有效性，当市场上“漂绿”企业越来越多，公众会对认证信号质疑。鉴于住宿餐饮业的特殊性，行业管理的决策行为必然涉及与公众利益息息相关的生活、生产等活动，如果不对释放信号的环境认证制度和规范加以监管，环境认证将失去公信力，丧失应有的价值，甚至直接影响公众对政府公信力的判断。生态标签认证的有效性取决于市场运作机制，企业对认证要求的响应会受到主管部门组织能力、行业同质性及集体利益程度的影响（Zwetsloot，2011 年），当行业主管部门对认证附加价值不确定时，认证的质量将受到影响。基于我国住宿餐饮业“创绿”进程与企业绿色管理实践的实际情况，结合本书研究结论，提出以下建议：

第一，市场机制的良好运作前提是竞争激烈的市场上存在数量众多的潜在认证企业，行业内有合法规范的认证机构。从长远看来，监管认证和测试制度的问题将通过市场机制进行纠偏，“漂绿”企业只能获得短期竞争优势。没有参与环境认证的企业也有可能开展广泛的环境实践活动，亦即生态标签认证项目并不能完全反映公司的环境实践情况（Martín－de Castro，2017 年），只能说明企业对生态标签认证制度做出了战略反应。要想认证对潜在认证企业有吸引力，首先认证程序公开、透明（Van Gent 等，2004 年）；其次，认证结果应能够提升企业声誉和产品附加值；最后，认证机构应相对独立。从我国实际情况看来，主要问题集中在认证机构相对独立环节，2007 年之前国家标准（商务部等六部委牵头）和行业标准（国家旅游局发起）认证同时进行，认证机构相互重叠。我国绿色饭店和绿色餐饮企业共用一套评定标准，仅在具体内容和评分标准上略有差异，从内容来看仍是以遵守相关法律法规为前提，“泛绿”色彩较浓。与其他国家生态饭店标准及国际知名饭店管理集团的企业标准比较起来还有一定差距。非正式制度支持是对企业正式制度支持的有益补充，当企业正式制度支持不力时企业会自行营造非正式制度支持氛围以从中获益。研究结果说明我国住宿餐饮业正式制度支持方面还有待加强。建议国家规范绿色饭店和绿色餐饮企业认证标准，奉行其唯一性，在我国商务部流通业发展司统一管理下由地方政府依托高校或科研机构培育建立第三方认证机构，严格监督并执行绿色饭店和绿色餐饮企业国家认证标准，树立认证的合法性及公信力。

第二，从我国住宿餐饮业发展现状看来，广大住餐业中小民营企业没有可以发布和披露信息的平台，利益相关者无法通过企业信息披露来衡量企业环保绩效。从行业可持续发展来看，相关主管部门应搭建住宿餐饮业第三方信息披露平台，第三方平台与监管部门数据对接，充分体现网络平台的科技优势，并将社会共治从单向管理转向双向互动的新模式。实现企业环境信息化管理，建构绿色知识管理与分享系统，加大企业在绿色健康产品创新、绿色生产流程改造方面的投入，辅以建置有效的环境绩效评价指标体系及环境审计和信息披露制度，有利于整个行业信息化进程加快，如果在政策环境方面有相关扶持政策促进并引导后台软件运营商和住宿餐饮企业形成同盟，共同努力搭建产业信息平台，细化业务流程，有助于企业提供更完善绿色服务，提升行业整体绿色管理水平。

第三，组织绿色化发展的核心在于绿色管理实践。作为政府引导行业整体绿化的形式，“创绿”只是慢慢长路的起点。在我国大力推动服务经济发展的宏观背景下，中央政府应引导地方政府根据各地实际情况推进“创绿进程”。国际连锁企业集团相对于独立中小服务企业，企业社会责任意识更强，住餐业中小民营企业规模较小，如果有行政主管部门和行业标杆企业引导就相对容易营造绿色企业文化，且能快速回应市场需求。因此在我国住宿餐饮业绿色化发展过程中，标杆企业应发挥引领作用，行政主管部门配合提升其在行业内的“模范效应”，以推动行业整体绿化，提升我国住宿餐饮业整体素质与竞争实力。

二、饭店与餐饮企业的战略导向选择

在本书第四章实证研究中，针对饭店和餐饮企业管理团队获得 505 份有效样本，从外部和内部探求住餐业中小民营企业绿色管理实践的前因及后果。实证研究结果于我国饭店和餐饮企业战略导向选择有一定管理启示。

第一，战略导向是绿色管理绩效表现的重要前因变量。战略导向不仅包括企业对目前运营的认知，也包括对未来的准备，结果表明，在四种不同战略导向企业类型中，绿色管理绩效有显著差异，通过事后分析结果可知，绿色管理绩效表现从大到小依次为：交互型企业>成本导向型企业>创业导向型企业>保守型企业。其中，交互型企业绿色管理绩效表现最优，这部分企业成功选择二元战略导向；其次是成本导向型企业，与住宿餐饮业实际情况相符合，成本控制较好的企业在实施绿色管理实践后也能够获得较好的绩效结果；创业导向型企业绿色管理实践对绿色管理绩效的影响虽然显著，但提升程度不大，说明住宿餐饮业转型升级中环境不确定性因素很多，仅具备创新意识和风险承担意识，不做好成本控制仍然难以达到预期的绿色管理绩效；保守型企业绿色管理绩效表现最差，说明“以不变应万变”在瞬息万变的住宿餐饮市场中不可行，企业一定要敢于创新，善于学习，积极应对制度环境和市场环境变化。

第二，二元战略、成本战略、创业战略对绿色管理绩效均有正向影响，二元战略影响最大。目前我国住宿餐饮业普遍面临“三高一低”（人工、租金、原料成本高，利润率低）的困境，企业最为关注的是用科学的方法进行成本控制，促使企业决策者建立起企业环境保护对成本控制成效的认识，这将有利于企业建立起绿色价值观。因此，企业成本控制意识越强，则越有益于建立其对于执行节能减排所开展一系列成本控制活动所导致的积极后果的判断。创业导向动力主要来自企业高层管理者，它涉及新技术、新业务、新市场的开拓，需要组织内部大胆创新。研究结果表明创业导向正向影响绿色管理绩效，说明企业在绿色技术、环保设施方面的投入需要企业统一运作，才能发挥效应。两种战略导向的有机整合有利于平衡企业战略发展方向，本书研究结果支持了（Wales，2013 年）等人的观点。

三、中小民营企业竞争优势获取路径

在本书第五章实证研究中，针对已经通过绿色饭店或绿色餐饮企业认证的 10 人～299 人规模的住餐业中小民营企业获取 387 份有效样本，尝试得到住餐业中小民营企业绿色管理实践-绿色智力资本-企业竞争优势逻辑链条是否受到非正式制度支持水平影响的答案，实证研究结果于住餐业中小民营企业竞争优势获取路径有一定启示。

（1）对于非正式制度支持水平较高的住餐业中小民营企业而言，应将绿色人才培养视为长远目标，在短期内将重点放在绿色结构资本和绿色关系资本投入方面。

第一，绿色管理实践通过绿色智力资本中的绿色人力资本对企业竞争优势的中介作用相对较弱。传统观点认为，企业人才优势取决于人力资本质量，绿色浪潮下企业绿色人才能有效提升企业竞争优势（刘佳鑫，2016 年）。本书认为，在不考虑非正式制度支持的调节影响下，传统观点成立。但在非正式制度支持水平较高的企业，绿色人力资本的中介效应减弱。意味着在一些发展态势较好的住餐业中小民营企业，由于高管的关系，已经形成强大的非正式制度支持，例如，高管与行业主管部门工作人员关系良好，师徒效应和行业协会关键成员身份形成广泛的人脉圈，价值链上下游企业间默契合作等，企业由此获取许多信息资源和政策便利，为企业发展塑造了良好的环境，易于形成了独特的竞争优势，因此本书截面数据实证结果表现出绿色人力资本的中介效应随非正式制度支持水平的提高减弱。但也应注意到，在服务业，员工被称为企业的“内部顾客”，从长远来看，企业竞争优势的聚集仍离不开绿色员工的培育，因此必须重视绿色人才培养，通过合理设计学习方案和开展专项环境教育，不断培育企业绿色人才，进而获取持续竞争优势。

第二，绿色管理实践通过绿色智力资本中的绿色结构资本对企业竞争优势的中介作用相对较强。绿色结构资本旨在通过系统化管理工具结构化企业学习能力，在组织内部和外部共享绿色管理知识与经验，为绿色人才培养打造内部制度环境。因此对于那些信息资源丰富、非正式制度支持环境良好的企业，更易于形成企业内部结构化的绿色制度环境，对企业竞争优势的影响更大，所以绿色结构资本的中介效应随非正式制度支持水平的提高而增强。结合实践中的真实案例，我们也发现的确如此，那些积极参与绿色饭店和绿色餐饮企业国家标准认证的企业，其决策者往往注重社会资本投资，有的在行业中德高望重，是当地的标杆企业，有的是当地行业协会重要理事，有的与行业主管部门关系非常好，甚至有的亲缘关系结构中就有人就是行业主管部门负责人。当它们结合自认非正式制度支持方面的优势，在外部积极搜寻学习性资源，在内部积极引入绿色管理实践体系时，这样的企业在住宿餐饮业中往往发展得相当好，企业竞争优势明显。对此类企业而言，应投入资金在企业结构化制度环境方面，例如引入绿色管理实践体系、参与生态标签认证项目，建立服务知识管理系统、业务部门能耗数据库、绿色服务奖励制度、绿色服务管理制度、绿色服务运营流程等，通过审慎优化内部管理环境，将绿色服务管理理念融入企业文化，提高内部沟通效率，更有利于强化绿色结构资本对企业竞争优势的正向影响，形塑服务企业绿色价值创新、履行环境社会责任的绿色服务企业形象。

第三，绿色管理实践通过绿色智力资本中的绿色关系资本对企业竞争优势的中介作用相对较强。绿色关系资本指的是组织多元利益相关者的社会关系网络，包括难以被模仿或替代的企业形象、企业声誉与品牌认知。服务业绿色关系资本则指的是服务企业与利益相关者（股东、投资者、供应商、顾客、公益组织、社区等）在绿色管理价值创新方面产生互动关系的总和。非正式制度支持环境良好的企业，说明企业与利益相关者互动的基础良好，对企业竞争优势的影响更大，所以绿色关系资本的中介效应随非正式制度支持水平的提高而增强。对此类企业而言，应突出服务企业与核心利益相关者价值共创的互动行为，例如针对顾客开展绿色消费奖励活动、针对社区开展绿色主题活动互动、针对供应商提供绿色优选标准并利用自身非正式支持水平高易于在行业网络中形成的“结构洞”效应搭建绿色合作联盟等，强化绿色智力资本对绿色管理实践和企业竞争优势的中介效应。

综合看来，对于非正式制度支持水平较高的住餐业中小民营企业而言，人才队伍已经相对稳定，绿色智力资本中的绿色结构资本和绿色关系资本发挥更重要作用，应将重点放在功能设计、服务升级和创新平台构建方面，努力成为行业绿色发展标杆企业成为此类企业目标。

（2）对于非正式制度支持水平较低的住餐业中小民营企业而言，短期内应将重点放在绿色人才培养，绿色人力资本集聚层面，从长远看，以绿色结构资本和绿色关系资本为切入点提升企业关系权益，增强非正式制度支持水平，赢得长远竞争优势。

第一，绿色管理实践通过绿色智力资本中的绿色人力资本维度对企业竞争优势的中介作用相对较强。此类企业往往刚刚创建或者成立不久，各种资源比较匮乏，亟需获得制度逻辑主体认可，并从外部汲取绿色管理技术和资源，因此积极参与生态标签认证的可能性很大。对此类企业而言，首先，可以通过企业高薪于外部招聘环境社会责任意识较强、行业社会资本集聚能力较大的高管或业务主管，建构经营团队成员对于绿色管理理念的执行与落实，改变传统的粗放、模糊、经验式经营模式，在高管带领下营建绿色管理实践内部沟通机制。其次，执行有利于落实每项具体任务的绿色人力资本投入行为，培育绿色人才，将职能部门优秀员工送往标杆企业学习，给予良好发展机会，搭建人才培养平台，不断集聚绿色人力资本，向“精细化、流程化、连锁规模化经营”模式转型，逐步形成独特竞争优势。

第二，绿色管理实践通过绿色智力资本中的绿色结构资本维度对企业竞争优势的中介作用相对较弱。此类企业能够从外部获得的各种资源比较匮乏，强烈希望从外部汲取绿色管理技术和资源，积极参与生态标签认证成为此类企业获取绿色竞争优势的最佳途径。尽管短期内绿色结构资本对此类企业绿色管理实践转化为企业竞争优势的中介效应不明显，我国生态标签认证强化了绿色饭店和绿色餐饮企业的社会合法性，提升企业绿色形象，吸引绿色消费者。从组织内部看，参与生态标签认证带来的好处与组织内部运营、组织生产过程和组织结构有关。例如，通过参与认证，规范企业全体员工的生产行为、环境责任行为，能够整体提高生产效率，降低成本和浪费，更好的管理控制，清晰的定义组织任务结构和职责，改进协调结构、决策支持和人员激励的增加；从组织外部看，参与生态标签认证增加企业利益相关者信心，例如增强企业竞争优势，增加销售和市场份额，进入新市场的可能性，保持客户关系，寻找新客户，增加客户满意度，提高公司的可靠性和声誉，促进建立合作伙伴关系产生良性互动的合作。在快速变化的市场竞争环境中，新创企业倾向于对变化做出快速反应，参与生态标签认证并在此过程中与利益相关者互动、交流、合作可以使企业的绿色实践获得制度合法性并在竞争对手面前保持行业领先地位（Delmas 和 Toffel，2008 年），形成企业竞争优势。

第三，绿色管理实践通过绿色智力资本中的绿色关系资本维度对企业竞争优势的中介作用相对较弱。此类企业往往规模不大（员工规模一般在 50 人以内），成立时间不长（不超过 3 年），绿色管理实践所需要的各方面资源都比较匮乏，不过，绿色关系资本对绿色管理实践与企业竞争绩效的影响应可能是较长期的“远端”效果，在短期内不会很显著，本书的截面数据结果支撑了这一观点，如果现阶段企业过多的将资源用于政治联系，可能会削弱企业对绿色人才培养、产业和服务创新的投入。因此对此类企业而言，尽管在短期内企业在绿色关系资本方面投入的产出效果可能不明显，但随着企业不断成长，当企业非正式制度支持水平集聚到一定程度后，前期铺垫的绿色关系资本的“威力”就会凸显出来，进一步影响企业竞争优势。

综合看来，对于非正式制度支持水平较低的住餐业中小民营企业而言，苦于资金和技术的短缺，根本不可能和大型连锁集团抗衡，企业面临的不确定性和风险较大，现有员工工作经验和相关的学习经历不足，人才流失严重，因此面临最严峻的形势就是人才队伍建设问题。一方面，此类企业应加大员工培训力度将企业经营定位与员工个人成长结合起来，为员工提供职业发展平台，改变传统“小本经营”的用人思维，努力降低员工流失率，稳定员工队伍，积累绿色人力资本。另一方面，此类企业应根据企业所在社区消费人群消费能力及消费习惯精准定位，强调满足目标顾客的消费体验，根据自身条件提供个性化、细腻化、多样化、人情化的产品和服务，更多依托于开源技术平台（例如阿里 O2O 平台）进行产品创新和服务升级，最大限度降低成本，形成自身精准定位、体验独特、成本可控的竞争优势。

综上所述，本书有助于确立并厘清饭店和餐饮企业绿色管理实践的前因、后果，在此基础上进一步探寻饭店和餐饮企业绿色管理实践与企业竞争优势中的中介与调节变量，因此本书研究结论给行业管理者指出了一个可能衔接与弥补的方向，为处于不同发展阶段的饭店和餐饮企业决策者提供了一个可能提升企业竞争优势的战略指引。

第四节　研究局限与展望

尽管本书在服务企业绿色管理方面提出了些许新观点，但仍存在明显不足。本书认为未来研究者可以在以下几个方面开展更为深入的研究及进一步的探讨。

第一，本书关注的是前人少有关注的传统服务产业——住宿餐饮业的绿色管理实践，尽管在研究中运用了案例研究、现场访谈和问卷调研等方法，努力做到理论结合实际，囿于作者的调研能力和调研经费不足，本书样本只能反映住宿餐饮业中一部分饭店和餐饮企业的横截面数据，本书为了避免这一局限在研究中有意设计了两个阶段的实证研究，对样本进行科学的控制和选取，要求每家受访企业至少有 3~5 位管理人员填答问卷，试图降低同源偏误的疑虑。而更科学的方法是获取时间序列数据，希望未来研究者可以纵向时间延展对接待服务业绿色管理实践前因及后果的综合性净效应的研究。

第二，由于研究背景贯穿我国复杂的现代服务业转型升级时期，因此研究在涵盖整个服务产业绿色发展过程中的复杂动力机制还需进一步探索。本书的大部分数据都来源于湖北省，尽管样本量达到了一定规模，但主要对湖北省的数据采集对研究结果的代表性有一定影响，研究结论虽有一定借鉴性，但推及其他地区乃至全国范围仍需持谨慎态度。因此，在后续相关研究中样本抽取范围应努力扩大至其他省市，并争取今后在有经费支持前提下在全国范围内采用大样本随机抽样法。

第三，研究框架有待进一步优化。首先，在研究绿色管理实践的前因变量时，本书主要关注的是外部制度环境和内部战略导向，但并未考虑其他因素，可能还存在相关因素对绿色管理实践的影响，如组织文化、领导风格等。其次，在研究二元战略对绿色管理绩效影响时，本书主要依据案例研究结论选取住宿餐饮业企业较为关注的成本导向和较为敏感的创业导向，没有考虑其他类型战略导向，如市场导向、服务导向也是接待服务业较为关注的战略导向，未来研究可以考虑其他类型战略导向或者考虑整合新的战略导向对服务型企业绿色管理实践的前因影响，尝试进一步优化模型。

参考文献

[1] Abdel-Maksoud A, Kamel H, Elbanna S., "Investigating Relationships Between Stakeholders' Pressure, Eco-Control Systems and Hotel Performance", *International Journal of Hospitality Management*, 2016, 59: 95~104.

[2] Afsar B, Badir Y, Kiani U S., "Linking Spiritual Leadership and Employee Pro-Environmental Behavior: The Influence of Workplace Spirituality, Intrinsic Motivation, and Environmental Passion", *Journal of Environmental Psychology*, 2016, 45: 79~88.

[3] Aguilera-Caracuel J, Ortiz-De-Mandojana N., "Green Innovation and Financial Performance: An Institutional Approach", *Organization & Environment*, 2013, 26 (4): 365~385.

[4] Alhadid A Y, Rumman A A., "The Impact of Green Innovation On Organizational Performance, Environmental", *International Journal of Business and Management*, 2014, 9 (7): 51~58.

[5] Ambec S, Lanoie P., "Does It Pay to be Green? A Systematic Overview", *Academy of Management Perspectives*, 2008, 22 (4): 45~62.

[6] Amin M, Aldakhil A M, Wu C, et al., "The Structural Relationship Between Tqm, Employee Satisfaction and Hotel Performance", *International Journal of Contemporary Hospitality Management*, 2017, 29 (4): 1256~1278.

[7] Andersén J, Ljungkvist T, "Svensson L. Entrepreneurially Oriented in What? A Business Model Approach to Entrepreneurship", *Journal of Small Business and Enterprise Development*, 2015, 22 (3): 433~449.

[8] Andrews R N, Amaral D, Darnall N, et al., "Environmental Management Systems: Do they Improve Performance?", 2003.

[9] Aragcn-Correa J A, Sharma S., "A Contingent Resource-Based View of Proactive Corporate Environmental Strategy", *Academy of Management Re-*

view, 2003, 28 (1): 71~88.

[10] Aragón-Correa J A., "Strategic Proactivity and Firm Approach to the Natural Environment", *Academy of Management Journal*, 1998a, 41 (5): 556~567.

[11] Aravind D, Christmann P., "Decoupling of Standard Implementation From Certification: Does Quality of Iso 14001 Implementation Affect Facilities' Environmental Performance?", *Business Ethics Quarterly*, 2011, 21 (1): 73~102.

[12] Arbaugh J B, Cox L W, Camp A S M., "Is Entrepreneurial Orientation a Global Construct? A Multi-Country Study of Entrepreneurial Orientation, Growth Strategy, and Performance", *Journal of Business Inquiry Research Education & Application*, 2009.

[13] Arief M, Thoyib A, Sudiro A, et al., "The Effect of Entrepreneurial Orientation On the Firm Performance through Strategic Flexibility: A Study On the Smes Cluster in Malang", *Tumori*, 2013, 5 (3): 135~138.

[14] Arimura T H, Darnall N, Ganguli R, et al., "The Effect of Iso 14001 On Environmental Performance: Resolving Equivocal Findings", *Journal of Environmental Management*, 2016, 166: 556~566.

[15] Aschehoug S H, Boks C, Støren S., "Environmental Information From Stakeholders Supporting Product Development", *Journal of Cleaner Production*, 2012, 31 (12): 1~13.

[16] Ayuso S., "Adoption of Voluntary Environmental Tools for Sustainable Tourism: Analysing the Experience of Spanish Hotels", *Corporate Social Responsibility and Environmental Management*, 2006, 13 (4): 207~220.

[17] Azic M L., "The Impact of Hotel Employee Satisfaction On Hospitability Performance", *Tourism and Hospitality Management*, 2017, 23 (1): 105.

[18] Babiak K, Trendafilova S., "Csr and Environmental Responsibility: Motives and Pressures to Adopt Green Management Practices", *Corporate social responsibility and environmental management*, 2011, 18 (1): 11~24.

[19] Bae J, Chen S, Wan T W D, et al., "Human Resource Strategy and Firm Performance in Pacific Rim Countries", *International Journal of Human Resource Management*, 2003, 14 (8): 1308~1332.

[20] Bae J, Lawler J J., "Organizational and Hrm Strategies in Korea: Impact On Firm Performance in an Emerging Economy", *Academy of Management Journal*, 2000, 43 (3): 502~517.

[21] Bal P M, De Lange A H., "From Flexibility Human Resource Management to Employee Engagement and Perceived Job Performance Across the Lifespan: A Multisample Study", *Journal of Occupational and Organizational Psychology*, 2015, 88 (1): 126~154.

[22] Banerjee S B., "Corporate Environmentalism: The Construct and its Measurement", *Journal of Business Research*, 2002, 55 (3): 177~191.

[23] Bansal P, Roth K., "Why Companies Go Green: A Model of Ecological Responsiveness", *Academy of Management Journal*, 2000, 43 (4): 717~736.

[24] Bansal P, Hunter T., "Strategic Explanations for the Early Adoption of Iso 14001", *Journal of Business Ethics*, 2003, 46 (3): 289~299.

[25] Bansal P, Clelland I., "Talking Trash: Legitimacy, Impression Management, and Unsystematic Risk in the Context of the Natural Environment", *Academy of Management Journa*, 2004, 47 (1): 93~103.

[26] Barney J B., "Firm Resources and Sustainable Competitive Advantage", 1991.

[27] Beckmerhagen I A, Berg H P, Karapetrovic S V, et al., "Integration of Management Systems: Focus On Safety in the Nuclear Industry", *International Journal of Quality & Reliability Management*, 2003, volume 20 (2): 210~228.

[28] Beechner A B, Koch J E., "Integrating Iso 9001 and Iso 14001", 1997.

[29] Berrone P, Gelabert L, Fosfuri A., "The Impact of Symbolic and Substantive Actions On Environmental Legitimacy", *Iese Research Papers*, 2009, (D/778).

[30] Berry M A, Rondinelli D A., "Proactive Corporate Environmental Manage-

ment: A New Industrial Revolution", *The Academy of Management Executive* (1993~2005), 1998, 12 (2): 38~50.

[31] Binder A., "For Love and Money: Organizations' Creative Responses to Multiple Environmental Logics", *Theory & Society*, 2007, 36 (6): 547~571.

[32] Blanco E, Rey-Maquieira J, Lozano J., "Economic Incentives for Tourism Firms to Undertake Voluntary Environmental Management", *Tourism Management*, 2009, 30 (1): 112~122.

[33] Blombäck A, Wigren C., "Challenging the Importance of Size as Determinant for Csr Activities", *Management of Environmental Quality*, 2009, 20 (3): 255~270.

[34] Bohdanowicz P., "European Hoteliers' Environmental Attitudes: Greening the Business", *Cornell Hotel and Restaurant Administration Quarterly*, 2005, 46 (2): 188~204.

[35] Boiral O., "Iso Certificates as Organizational Degrees? Beyond the Rational Myths of the Certification Process", *Organization Studies*, 2012, 33 (5-6): 633~654.

[36] Boso N, Story V M, Cadogan J W., "Entrepreneurial Orientation, Market Orientation, Network Ties, and Performance: Study of Entrepreneurial Firms in a Developing Economy", *Journal of Business Venturing*, 2013, 28 (6): 708~727.

[37] Bothello J, Salles-Djelic M., "Evolving Conceptualizations of Organizational Environmentalism: A Path Generation Account", *Organization Studies*, 2017.

[38] Bowen F., *After Greenwashing: Perspectives On Symbolic Corporate Environmentalism*, United Kingdom: Cambridge, 2014.

[39] Bowen F, Aragon-Correa J A., "Greenwashing in Corporate Environmentalism Research and Practice", *Organization & Environment*, 2014, 27 (2): 107~112.

[40] Brammer S, Williams G, Zinkin J., "Religion and Attitudes to Corporate Social Responsibility in a Large Cross-Country Sample", *Journal of Busi-*

ness Ethics, 2007, 71 (3): 229~243.

[41] Brown M., "Environmental Policy in the Hotel Sector: 'Green' Strategy Or Stratagem?", *International Journal of Contemporary Hospitality Management*, 1996, 8 (3): 18~23.

[42] Brownell P, Dunk A S., "Task Uncertainty and its Interaction with Budgetary Participation and Budget Emphasis: Some Methodological Issues and Empirical Investigation", *Accounting Organizations & Society*, 1991, 16 (8): 693~703.

[43] Butler J., "The Compelling ? Hard Case? For ? Green? Hotel Development", *Cornell Hospitality Quarterly*, 2008, 49 (3): 234~244.

[44] Cairncross F., "The Challenge of Going Green", *Harvard Business Review*, 1994, 72 (4): 40~41.

[45] Cassells S, Lewis K V., "Environmental Management Training for Micro and Small Enterprises: The Missing Link?", *Journal of Small Business and Enterprise Development*, 2017, 24 (2): 297~312.

[46] Cassells S, Lewis K., "Smes and Environmental Responsibility: Do Actions Reflect Attitudes?", *Corporate Social Responsibility and Environmental Management*, 2011, 18 (3): 186~199.

[47] Cavacoy S, Crifo P., "The Csr-Firm Performance Missing Link: Complementarity Between Environmental, Social and Business Behavior Criteria", *ECOLE POLYTECHNIQUE*, 2010, (6): 1~21.

[48] Chahal H, Dangwal R, Raina S., "Conceptualisation, Development and Validation of Green Marketing Orientation (Gmo) of Smes in India: A Case of Electric Sector", *Journal of Global Responsibility*, 2014, 5 (2): 312~337.

[49] Chan E S W, Hawkins R., "Application of Emss in a Hotel Context: A Case Study", *International Journal of Hospitality Management*, 2012, 31 (2): 405~418.

[50] Chan E S W, Wong S C K., "Motivations for Iso 14001 in the Hotel Industry", *Tourism Management*, 2006, 27 (3): 481~492.

[51] Chang C H, Chen Y S., "The Determinants of Green Intellectual Capital", *Management Decision*, 2012, 50 (1): 74~94.

[52] Chen M, Lin C., "The Impact of Corporate Charitable Giving On Hospitality Firm Performance: Doing Well by Doing Good?", *International Journal of Hospitality Management*, 2015, 47: 25~34.

[53] Chen Y S, Lai S B, Wen C T., "The Influence of Green Innovation Performance On Corporate Advantage in Taiwan", *Journal of Business Ethics*, 2006, 67 (4): 331~339.

[54] Chi C G, Gursoy D., "Employee Satisfaction, Customer Satisfaction, and Financial Performance: An Empirical Examination", *International Journal of Hospitality Management*, 2009, 28 (2): 245~253.

[55] Christmann P, Taylor G., "Globalization and the Environment: Determinants of Firm Self-Regulation in China", *Journal of International Business Studies*, 2001, 32 (3): 439~458.

[56] Christmann P, Taylor G., "Firm Self-Regulation through International Certifiable Standards: Determinants of Symbolic Versus Substantive", *Journal of International Business Studies*, 2006, 37 (6): 863~878.

[57] Christmann P., "Multinational Companies and the Natural Environment: Determinants of Global Environmental Policy Standardization", *Academy of Management Journal*, 2004, 47 (5): 747~760.

[58] Chrun E, Dolsak N, Prakash A., "Corporate Environmentalism: Motivations and Mechanisms", *Annual Review of Environment and Resources*, 2016, 41 (1): 341~362.

[59] Chuang S, Huang S., "Effects of Business Greening and Green It Capital On Business Competitiveness", *Journal of Business Ethics*, 2015, 128: 221~231.

[60] Churchill G A, Ford N M, Hartley S W, et al., "The Determinants of Salesperson Performance: A Meta-Analysis", *Journal of Marketing Research*, 1985, 22 (2): 103~118.

[61] Clarkson M B E., "A Stakeholder Framework for Analyzing and Evaluating

Corporate Social Performance", *Academy of Management Review*, 1995, 20 (1): 92~117.

[62] Clavercortés E, Molinaazorín J F, Pereiramoliner J, et al., "Environmental Strategies and their Impact On Hotel Performance", *Journal of Sustainable Tourism*, 2007, 15 (6): 663~679.

[63] Dai L, Maksimov V, Gilbert B A, et al., "Entrepreneurial Orientation and International Scope: The Differential Roles of Innovativeness, Proactiveness, and Risk-Taking", *Journal of Business Venturing*, 2014, 29 (4): 511~524.

[64] Dai W, Liu Y., "Local Vs. Non-Local Institutional Embeddedness, Corporate Entrepreneurship, and Firm Performance in a Transitional Economy", *Asian Journal of Technology Innovation*, 2015, 23 (2): 255~270.

[65] Darnall N., "Adopting Iso 14001: Why some Firms Mandate Certification while Others Encourage It", *Paper for Presentation at the Twenty*, 2001.

[66] Darnall N., "Why Firms Certify to Iso 14001: An Institutional and Resource-Based View", *Social Science Electronic Publishing*, 2003, 2003 (1).

[67] Day G S, Nedungadi P., "Managerial Representations of Competitive Advantage", *Journal of Marketing*, 1994, 58 (2): 31~44.

[68] de Grosbois D., "Corporate Social Responsibility Reporting by the Global Hotel Industry: Commitment, Initiatives and Performance", *International Journal of Hospitality Management*, 2012, 31 (3): 896~905.

[69] Delmas M A, Toffel M W., "Organizational Responses to Environmental Demands: Opening the Black Box," *Strategic Management Journal*, 2008, 29 (10): 1027~1055.

[70] Delmas M A, Montes-Sancho M J., "Voluntary Agreements to Improve Environmental Quality: Symbolic and Substantive Cooperation", *Strategic Management Journal*, 2009.

[71] Desai V M., "The Two Faces of Voluntary Disclosure: Quality Improvement and Organizational Learning From Self-Reported Problems", *British Journal*

of Management, 2011.

[72] Dess G G, Jr R B R., "Measuring Organizational Performance in the Absence of Objective Measures: The Case of the Privately-Held Firm and Conglomerate Business Unit", *Strategic Management Journal*, 1984, 5 (3): 265~273.

[73] DiMaggio P J, Powell W W., "The Iron Cage Revisited: Institutional Isomorphism and Collective Rationality in Organizational Field", *American Sociological Review*, 1983, 48 (2): 147~160.

[74] Dixon-Fowler H R, Ellstrand A E, Johnson J L., "The Role of Board Environmental Committees in Corporate Environmental Performance", *Journal of Business Ethics*, 2017, 140: 423~438.

[75] Donia M B L, Sirsly C A T., "Determinants and Consequences of Employee Attributions of Corporate Social Responsibility as Substantive Or Symbolic", *European Management Journal*, 2016, 34 (3): 232~242.

[76] Drucker P F., *Managing for Tomorrow- Managing in Turbulent Time* , London: Pan: 1980.

[77] Dunn M B, Jones C., "Institutional Logics and Institutional Pluralism: The Contestation of Care and Science Logics in Medical Education, 1967-2005", *Administrative Science Quarterly*, 2010, 55 (1): 114~149.

[78] Dunphy D, Griffiths A, Benn S., *Organizational Change for Corporate Sustainability*, 2nd ed. London: Routledge, 2007.

[79] Dvorak B I, Stewart B A, Hosni A A, et al., "Intensive Environmental Sustainability Education: Long-Term Impacts On Workplace Behavior", *Journal of Professional Issues in Engineering Education and Practice*, 2011, 137 (2): 113~120.

[80] Earnhart D., "Corporate Environmental Strategies in Transition Economies: Survey of the Literature", *Eastern European Economics*, 2017, 55 (2): 111~145.

[81] Eilert M, Walker K, Dogan J., "Can Ivory Towers be Green? The Impact of Organization Size On Organizational Social Performance", *Journal of*

Business Ethics, 2017, 140 (3): 537~549.

[82] Faccio M., "Politically Connected Firms", *American Economic Review*, 2006, 96 (1): 369~386.

[83] Ferrell O C, Ferrell L A., "Environmental Activities Related to Social Responsibility and Ethical Climate", *The Journal of Marketing Management*, 1997, 7 (2): 1~13.

[84] Forbes L C, Jermier J M., "The New Corporate Environmentalism and the Ecology of Commerce", *Organization & Environment*, 2010, 23 (4): 465~481.

[85] Friedland R, Alford R R., *Bringing Society Back in: Symbols, Practices, and Institutional Contradictions*, Chicago: University of Chicago Press, 1991.

[86] Gallego Álvarez I, Prado Lorenzo J M., "Corporate Social Responsibility and Innovation: A Resourc-Based Theory", *Management Decision*, 2011, 49 (10): 1709~1727.

[87] Gao G Y, Zhou K Z, Chi K Y., "On What Should Firms Focus in Transitional Economies? A Study of the Contingent Value of Strategic Orientations in China", *International Journal of Research in Marketing*, 2007, 24 (1): 3~15.

[88] Gast J, Gundolf K, Cesinger B., "Doing Business in a Green Way: A Systematic Review of the Ecological Sustainability Entrepreneurship Literature and Future Research Directions", *Journal of Cleaner Production*, 2017, 147: 44~56.

[89] Georgallis P., "The Link Between Social Movements and Corporate Social Initiatives: Toward a Multi-Level Theory", *Journal of Business Ethics*, 2017, 142 (4): 735~751.

[90] Gilg A, Barr S, Ford N., "Green Consumption Or Sustainable Lifestyles? Identifying the Sustainable Consumer", *Futures*, 2005, 37 (6): 481~504.

[91] Govindarajan V., "Appropriateness of Accounting Data in Performance Evaluation: An Empirical Examination of Environmental Uncertainty as an Intervening Variable", *Accounting Organizations & Society*, 1984, 9 (2):

125~135.

[92] Graham S, Potter A., "Environmental Operations Management and its Links with Proactivity and Performance: A Study of the Uk Food Industry", *International Journal of Production Economics*, 2015, 170: 146~159.

[93] Grant R M., "The Resource-Based Theory for Competitive Advatnage: Implication for Strategy Formulation", *California Management Review*, 1991, 33 (3): 114~135.

[94] Green R., *The Ethical Manager: A New Method for Business Ethics*, NJ: Prentice Hall: Englewood Cliffs, 1994.

[95] Greenwood R, Raynard M, Kodeih F, et al., "Institutional Complexity and Organizational Responses", *Academy of Management Annals*, 2011, 5 (1): 317~371.

[96] Gunningham N, Kagan R A, Thornton D., "Social License and Environmental Protection: Why Businesses Go Beyond Compliance", *Law & Social Inquiry*, 2004, 29 (2): 307~341.

[97] Haden S S P, Oyler J D, Humphreys J H., "Historical, Practical, and Theoretical Perspectives On Green Management: An Exploratory Analysis", *Management Decision*, 2009, 47 (7): 1041~1055.

[98] Hahn R, Reimsbach D, Schiemann F., "Organizations, Climate Change and Transparency: Reviewing the Literature On Carbon Disclosure", *Organization & Environment*, 2015, 28 (1): 80~102.

[99] Hahn T, Pinkse J, Preuss L, et al., "Tensions in Corporate Sustainability: Towards an Integrative Framework", *Journal of Business Ethics*, 2015, 127 (2): 297~316.

[100] Hahn T, Figge F, Aragón-Correa J A, et al., "Advancing Research On Corporate Sustainability", *Business & Society*, 2016, 56 (2): 155~185.

[101] Hakala H., "Strategic Orientations in Management Literature: Three Approaches to Understanding the Interaction Between Market, Technology, Entrepreneurial and Learning Orientations", *International Journal of Management Reviews*, 2011, 13 (2): 199~217.

[102] Hallam C, Contreras C., "Integrating Lean and Green Management", *Management Decision*, 2016, 54 (9): 2157~2187.

[103] Han H, Kim W, Jeong C., "Workplace Fun for Better Team Performance: Focus On Frontline Hotel Employees", *International Journal of Contemporary Hospitality Management*, 2016, 28 (7): 1391~1416.

[104] Han H, Kim Y., "An Investigation of Green Hotel Customers' Decision Formation: Developing an Extended Model of the Theory of Planned Behavior", *International Journal of Hospitality Management*, 2010, 29 (4): 659~668.

[105] Han M, Celly N., "Strategic Ambidexterity and Performance in International New Ventures", *Canadian Journal of Administrative Sciences*, 2008, 25 (4): 335~349.

[106] Harris L C, Crane A., "The Greening of Organizational Culture: Management Views On the Depth, Degree and Diffusion of Change", *Journal of Organizational Change Management*, 2002, 15 (3): 214~234.

[107] Hart S., *Capitalism at the Crossroads: Aligning Business, Earth, and Humanity, Second Edition*, Wharton School Publishing, 2007.

[108] Hart S., "A Natural-Resource-Based View of the Firm", *Academy of Management Review.*, 1995, 20 (4): 986~1014.

[109] Hart S L., "From Heresy to Dogma: An Institutional History of Corporate Environmentalism", *Academy of Management. The Academy of Management Review*, 1998, 23 (2): 354~357.

[110] Hart S L., "An Integrative Framework for Strategy-Making Processes", *Academy of Management Review*, 1992, 17 (2): 327~351.

[111] Hart S L., "A Natural-Resource-Based View of the Firm", *Academy of Management Review*, 1995, 20 (4): 986~1014.

[112] Heal G, "Corporate Environmentalism: Doing Well by Being Green", *Is Economic Growth Sustainable?*; Palgrave Macmillan: London, 2010; pp 248~262

[113] Hoffman A J., "If You're Not at the Table, You're On the Menu", *Har-*

vard Business Review, 2007, 85 (10): 34~38.

[114] Hooi Ting D, Chin Cheng C F., "Measuring the Marginal Effect of Pro-Environmental Behaviour: Guided Learning and Behavioural Enhancement", *Journal of Hospitality, Leisure, Sport & Tourism Education*, 2017, 20: 16~26.

[115] Hua N, Yang Y., "Systematic Effects of Crime On Hotel Operating Performance", *Tourism Management*, 2017, 60: 257~269.

[116] Huimin G, Ryan C., "Ethics and Corporate Social Responsibility-an Analysis of the Views of Chinese Hotel Managers", *International Journal of Hospitality Management*, 2011, 30 (4): 875~885.

[117] Hutchinson C., "Corporate Strategy and the Environment", *Long Range Planning*, 1992, 25 (4): 9~21.

[118] Iakovleva T, Kickul J., "Beyond Social Capital: The Role of Perceived Legitimacy and Entrepreneurial Intensity in Achieving Funding Success and Superior Venture Performance in Womenled Russian Smes", *International Journal of Entrepreneurship and Small Business*, 2011, 13~38 (14).

[119] Iatridis K, Kesidou E., "What Drives Substantive Versus Symbolic Implementation of Iso 14001 in a Time of Economic Crisis? Insights From Greek Manufacturing Companies", *Journal of Business Ethics*, 2016: 1~19.

[120] Iraldo F, Testa F, Lanzini P, et al., "Greening Competitiveness for Hotels and Restaurants", *Journal of Small Business and Enterprise Development*, 2017, 24 (3): 607~628.

[121] Jang Y J., "Environmental Sustainability Management in the Foodservice Industry: Understanding the Antecedents and Consequences", *Journal of Foodservice Business Research*, 2016, 19 (5): 441~453.

[122] Jelica M, Dragica T, Lukrecija D, et al., "Impacts of Green Marketing Strategies On Benefits of Hotels: The Case From Serbia", *International Journal for Responsible Tourism*, 2015, 4 (2): 7.

[123] Jenkin T A, McShane L, Webster J., "Green Information Technologies

and Systems: Employees' Perceptions of Organizational Practices", *Business & Society*, 2011, 50 (2): 266~314.

[124] Jenkins H., "Corporate Social Responsibility: Engaging Small and Medium Sized Enterprises in the Debate", 2004.

[125] Jeong M, Lee M, Nagesvaran B., "Employees' Use of Mobile Devices and their Perceived Outcomes in the Workplace: A Case of Luxury Hotel", *International Journal of Hospitality Management*, 2016, 57: 40~51.

[126] Jiao, Yawen, "Stakeholder Welfare and Firm Value", *Journal of Banking & Finance*, 2010, 34 (10): 2549-2561.

[127] Jinji N., "Is Corporate Environmentalism Good for Domestic Welfare?", *Review of International Economics*, 2013, 21 (5): 901~911.

[128] Jo H, Harjoto M A., "Corporate Governance and Firm Value: The Impact of Corporate Social Responsibility", *Journal of Business Ethics*, 2011, 103 (3): 351~383.

[129] Johnson J L, Martin K D, Saini A., "The Role of a Firm's Strategic Orientation Dimensions in Determining Market Orientation", *Industrial Marketing Management*, 2012, 41 (4): 715~724.

[130] Kalamas M, Cleveland M, Laroche M., "Pro-Environmental Behaviors for Thee but Not for Me: Green Giants, Green Gods, and External Environmental Locus of Control", *Journal of Business Research*, 2014, 67 (2): 12~22.

[131] Kang K H, Stein L, Heo C Y, et al., "Consumers' Willingness to Pay for Green Initiatives of the Hotel Industry", *International Journal of Hospitality Management*, 2012, 31 (2): 564~572.

[132] Kang M, Park S., "Study of Smes Business Performance in Korea & China: Using Importance Performance Analysis", *Advanced Science and Technology Letters*, 2016, 126: 82~86.

[133] Karapetrovic S, Willborn W., "Integration of Quality and Environmental Management Systems", *Tqm Magazine*, 1998, 10 (3): 204~213.

[134] Karatepe O M., "High-Performance Work Practices, Perceived Organi-

zational Support, and their Effects On Job Outcomes: Test of a Mediational Model", *International Journal of Hospitality & Tourism Administration*, 2015, 16 (3): 203~223.

[135] Kashima H, Hasegawa T, Fukuuchi Y, et al., "Institutional Determinism and Political Strategiesan Empirical Investigation", *Business Society*, 2009, 48 (3): 284~325.

[136] Katis P., "Green Entrepreneurship, as an Innovative Tool for Enhancement of Hospitality Smes Competitiveness, Viability and Profitability Strategies", *Journal of Regional Socio-Economic Issues*, 2013, 3 (3): 57~73.

[137] Kaynak H., "The Relationship Between Total Quality Management Practices and their Effects On Firm Performance", *Journal of Operations Management*, 2003, 21 (4): 405~435.

[138] Khwaja A I, Mian A., "Do Lenders Favor Politically Connected Firms? Rent Provision in an Emerging Financial Market", *Quarterly Journal of Economics*, 2005, 120 (4): 1371~1411.

[139] Kim H L, Rhou Y, Uysal M, et al., "An Examination of the Links Between Corporate Social Responsibility (Csr) and its Internal Consequences", *International Journal of Hospitality Management*, 2017, 61: 26~34.

[140] King A A, Lenox M J, Terlaak A., "The Strategic Use of Decentralized Institutions: Exploring Certification with the Iso 14001 Management Standard", *Academy of Management Journal*, 2005, 48 (6): 1091~1106.

[141] King A A, Lenox M J., "Industry Self-Regulation without Sanctions: The Chemical Industry's Responsible Care Program", *Academy of Management Journal*, 2000, 43 (4): 698~716.

[142] Klassen R D, Whybark D C., "The Impact of Environmental Technologies On Manufacturing Performance", *Academy of Management Journal*, 1999, 42 (6): 599~615.

[143] Kolk A, van Dolen W, Ma L., "Consumer Perceptions of Csr: (How) is

China Different?", *International Marketing Review*, 2015, 32 (5): 492~517.

[144] Kristandl G, Bontis N., "Constructing a Definition for Intangibles Using the Resource Based View of the Firm", *Management Decision*, 2007, 45 (9): 1510~1524.

[145] Kucukusta D, Mak A, Chan X., "Corporate Social Responsibility Practices in Four and Five-Star Hotels: Perspectives From Hong Kong Visitors", *International Journal of Hospitality Management*, 2013, 34: 19~30.

[146] Langwell C, Heaton D., "Using Human Resource Activities to Implement Sustainability in Smes", *Journal of Small Business and Enterprise Development*, 2016, 23 (2): 652~670.

[147] Lapersonne A, Sanghavi N, Mattos C D., "Hybrid Strategy, Ambidexterity and Environment: Toward an Integrated Typology", *Universal Journal of Management*, 2015, 3 (12): 497~508.

[148] Lau P Y Y, Tong J L Y T, Lien B Y, et al., "Ethical Work Climate, Employee Commitment and Proactive Customer Service Performance: Test of the Mediating Effects of Organizational Politics", *Journal of Retailing and Consumer Services*, 2017, 35: 20~26.

[149] Lee Y, Kim S, Kim M, et al., "Person-Environment Fit and its Effects On Employees' Emotions and Self-Rated/Supervisor-Rated Performances: The Case of Employees in Luxury Hotel Restaurants", *International Journal of Contemporary Hospitality Management*, 2017, 29 (5): 1447~1467.

[150] Li J, He H, Liu H, et al., "Consumer Responses to Corporate Environmental Actions in China: An Environmental Legitimacy Perspective", *Journal of Business Ethics*, 2017, 143 (3): 589~602.

[151] Liao H, Chuang A., "A Multilevel Investigation of Factors Influencing Employee Service Performance and Customer Outcomes", *Academy of Management Journal*, 2004, 47 (1): 41~58.

[152] Ling Q, Lin M, Wu X., "The Trickle-Down Effect of Servant Leadership

On Frontline Employee Service Behaviors and Performance: A Multilevel Study of Chinese Hotels", *Tourism Management*, 2016, 52: 341~368.

[153] Lorenzini B., "The Green Restaurant, Part Ii: Systems and Service", *Restaurant & Institutions*, 1994, 104 (11): 119~136.

[154] Lounsbury M., "A Tale of Two Cities: Competing Logics and Practice Variation in the Professionalizing of Mutual Funds", *Academy of Management Journal*, 2007, 50 (2): 289~307.

[155] Lounsbury M., "nstitutional Rationality and Practice Variation: New Directions in the Institutional Analysis of PracticeI", *Accounting Organizations & Society*, 2008, 33 (4): 349~361.

[156] Lumpkin G T, Dess G G., "Clarifying the Entrepreneurial Orientation Construct and Linking It to Performance", *Academy of Management Review*, 1996a, 21 (1): 135~172.

[157] Lumpkin G T, Dess G G., "Clarifying the Entrepreneurial Orientation Construct and Linking It to Performance", *Academy of Management Review*, 1996b, 21 (1): 135~172.

[158] Lumpkin G T, Dess G G., "Linking Two Dimensions of Entrepreneurial Orientation to Firm Performance: The Moderating Role of Environment and Industry Life Cycle", *Journal of Business Venturing*, 2001, 16 (5): 429~451.

[159] Lusch R F, Laczniak G R., "The Evolving Marketing Concept, Competitive Intensity and Organizational Performance", *Journal of the Academy of Marketing Science*, 1987, 15 (3): 1~11.

[160] Lyon T P, Maxwell J W., "Greenwash: Corporate Environmental Disclosure Under Threat of Audit", *Journal of Economics & Management Strategy*, 2011, 20 (1): 3~41.

[161] Mackenzie S B, Podsakoff P M., "Common Method Bias in Marketing: Causes, Mechanisms, and Procedural Remedies", *Journal of Retailing*, 2012, 88 (4): 542~555.

[162] MacLean R., "Corporate Environmentalism: In Search of Vision, Leader-

ship, and Strategy", *Environmental Quality Management*, 2005, 15 (1): 1~14.

[163] Manzini P, Mariotti M., "A Bargaining Model of Voluntary Environmental Agreements", Journal of Public Economics. 2003, 87 (12): 2725~2736.

[164] Margaretha M, Saragih S R., "Developing New Corporate Culture through Green Human Resource Practice", 2012.

[165] Marquis C, Lounsbury M., "Vive La Résistance: Competing Logics and the Consolidation of U. S. Community Banking", *Academy of Management Journal*, 2007, 50 (4): 799~820.

[166] Marr B, Moustaghfir K., "Defining Intellectual Capital: A Three-Dimensional Approach", *Management Decision*, 2005, 43 (9): 1114~1128.

[167] Martín-de Castro G, Amores-Salvadó J, Navas-López J E, et al., "Exploring the Nature, Antecedents and Consequences of Symbolic Corporate Environmental Certification", *Journal of Cleaner Production*, 2017, 164: 664~675.

[168] Masurel E., "Why Smes Invest in Environmental Measures: Sustainability Evidence From Small and Medium - Sized Printing Firms", *Business Strategy and the Environment*, 2007, 16 (3): 190~201.

[169] Maxwell J, Rothenberg S, Briscoe F, et al., "Green Schemes: Corporate Environmental Strategies and their Implementation", *California Management Review*, 2002, 39 (3): 118~134.

[170] Maxwell J, Rothenberg S, Briscoe F, et al., "Green Schemes: Corporate Environmental Strategies and their Implementation", *California Management Review*, 1997, 39 (3): 118~134.

[171] Mbasera M, du Plessis E, Saayman M, et al., "Green Management in Hotels: A Supply-Side Analysis", *Journal of environmental Management and Tourism*, 2016, 14 (2): 205~215.

[172] Mcpherson C M, Sauder M., "Logics in Action Managing Institutional Complexity in a Drug Court", *Administrative Science Quarterly*, 2013, 58 (2): 165~196.

[173] Meyer J W, Rowan B., "Institutionalized Organizations: Formal Structure as Myth and Ceremony", *American Journal of Sociology*, 1977, 83 (2): 340~363.

[174] Michaud C, Llerena D, Joly I., "Willingness to Pay for Environmental Attributes of Non-Food Agricultural Products: A Real Choice Experiment", *Working Papers*, 2012, 40 (2): 313~329.

[175] Miller D., "The Correlates of Entrepreneurship in Three Types of Firms", *Management Science*, 1983, 29 (7): 770~791.

[176] Milne M J, Kearins K, Walton S., "Creating Adventures in Wonderland: The Journey Metaphor and Environmental Sustainability", *Organization the Critical Journal of Organization Theory & Society*, 2006, 13 (6): 801~839.

[177] Molina-Azorín J F, Claver-Cortés E, López-Gamero M D, et al., "Green Management and Financial Performance: A Literature Review", *Management Decision*, 2009, 47 (7): 1080~1100.

[178] Molina-Azorín J F, Claver-Cortés E, Pereira-Moliner J, et al., "Environmental Practices and Firm Performance: An Empirical Analysis in the Spanish Hotel Industry", *Journal of Cleaner Production*, 2009, 17 (5): 516~524.

[179] Morgenstern R D, Pizer W A., *Reality Check: The Nature and Performance of Voluntary Environmental Programs in the United States, Europe, and Japan*, Washington DC: RRF Press, 2007.

[180] Motwani J, Kumar A, Youssef M A., "Implementing Quality Management in the Hospitality Industry: Current Efforts and Future Research Directions", *Benchmarking for Quality Management & Technology*, 1996, 3 (4): 4~16.

[181] Mubeyyen, Tepe, Kucukoglu, et al., "Effect of Crm's Critical Success Factors On Company Performance", *Management Studies*, 2015, (1): 41~49.

[182] Muhammad N, Scrimgeour F, Reddy K, et al., "The Relationship Be-

tween Environmental Performance and Financial Performance in Periods of Growth and Contraction: Evidence From Australian Publicly Listed Companies", *Journal of Cleaner Production*, 2015, 102: 324~332.

[183] Murphy P R, Poist R F., "Green Perspectives and Practices: A " Comparative Logistics" Study", *Supply Chain Management: An International Journal*, 2003, 8 (2): 122~131.

[184] Nazarian A, Atkinson P, Foroudi P., "Influence of National Culture and Balanced Organizational Culture On the Hotel Industry' S Performance", *International Journal of Hospitality Management*, 2017, 63: 22~32.

[185] Olson E M, Slater S F, Hult G T M., "The Performance Implications of Fit Among Business Strategy, Marketing Organization Structure, and Strategic Behavior", *Journal of Marketing*, 2005, 69 (3): 49~65.

[186] Paillé P, Boiral O., "Pro-Environmental Behavior at Work: Construct Validity and Determinants", *Journal of Environmental Psychology*, 2013, 36: 118~128.

[187] Pedhazur E J, Schmelkin L P., "Measurement, Design, and Analysis: An Integrated Approach", *Journal of the American Statistical Association*, 1991, 87 (419): 908.

[188] Phillips M., "Re-Writing Corporate Environmentalism: Ecofeminism, Corporeality and the Language of Feeling", *Gender, Work & Organization*, 2014, 21 (5): 443~458.

[189] Pillania R., "Green Management: The State of Practice, Research, Teaching, Training and Consultancy in Indian Business Schools", *Journal of Management Development*, 2014, 33 (2): 131~148.

[190] Pipatprapa A, Huang H, Huang C., "The Role of Quality Management & Innovativeness On Green Performance", *Corporate Social Responsibility and Environmental Management*, 2017, 24 (3): 249~260.

[191] Podsakoff P M, Mackenzie S B, Lee J Y, et al., "Common Method Biases in Behavioral Research: A Critical Review of the Literature and Recommended Remedies", *J Appl Psychol*, 2003, 88 (5): 879~903.

[192] Poksinska B, Eklund J A E, Dahlgaard J J., "Implementing Iso 14000 in Sweden: Motives, Benefits and Comparisons with Iso 9000" *International Journal of Quality & Reliability Management*, 2003, volume 20 (5): 585~606.

[193] Porter M, Linde C V D., "Green and Competitive", *Harvard Business Review*, 1995, 73 (5): 120~134.

[194] Porter M E, Reinhardt F L., "A Strategic Approach to Climate", *Harvard Business Review*, 2007, 85 (10): 22~26.

[195] Porter M E., "Green Competitiveness", New York Times, June 5: 168.

[196] Porter M E, Kramer M R., "Strategy & Society: The Link Between Competitive Advantage and Corporate Social Responsibility. Harvard Business Review, 84 (12), 78 - 92", *Harvard Business Review*, 2006, 84 (12): 78~92, 163.

[197] Porter M E., *Competitive Advantage*, New York: The Free Press, 1980.

[198] Potoski M, Prakash A., "Green Clubs and Voluntary Governance: Iso 14001 and Firms' Regulatory Compliance", *American Journal of Political Science*, 2005, 49 (2): 235~248.

[199] Prajogo D, Huo B, Han Z., "The Effects of Different Aspects of Iso 9000 Implementation On Key Supply Chain Management Practices and Operational Performance", *Supply Chain Management: An International Journal*, 2012, 17 (3): 306~322.

[200] Prakash A., *Greening the Firm*, Cambridge University Press, 2000.

[201] Pulver S., "Making Sense of Corporate Environmentalism", *Organization & Environment*, 2016, 20 (1): 44~83.

[202] Punitha S, Aziz Y A, Rahman A A., Conceptualisation of Green Marketing Mix in the Hotel Industry, 2016. 227~231.

[203] Raar J., "Smes, Environmental Management and Global Warming: A Fusion of Influencing Factors?", *Journal of Small Business and Enterprise Development*, 2015, 22 (3): 528~548.

[204] Rahman I, Reynolds D, Svaren S., "How 'Green' are North American

Hotels? An Exploration of Low-Cost Adoption Practices", *International Journal of Hospitality Management*, 2012, 31 (3): 720~727.

[205] Ramanathan R, Ramanathan U, Zhang Y., "Linking Operations, Marketing and Environmental Capabilities and Diversification to Hotel Performance: A Data Envelopment Analysis Approach", *International Journal of Production Economics*, 2016, 176: 111~122.

[206] Rauch A, Wiklund J, Lumpkin G T, et al., "Entrepreneurial Orientation and Business Performance: An Assessment of Past Research and Suggestions for the Future", *Entrepreneurship Theory & Practice*, 2009, 33 (3): 761~787.

[207] Rees J., "Development of Communitarian Regulation in the Chemical Industry", *Law & Policy*, 1997, 19 (4): 477~528.

[208] Revell A, Blackburn R., "The Business Case for Sustainability? An Examination of Small Firms in the Uk's Construction and Restaurant Sectors", *Business Strategy & the Environment*, 2010, 16 (6): 404~420.

[209] Revell A., "The Ecological Modernisation of Smes in the Uk' S Construction Industry", *Geoforum*, 2007, 38 (1): 114~126.

[210] Rhou Y, Singal M, Koh Y., "Csr and Financial Performance: The Role of Csr Awareness in the Restaurant Industry", *International Journal of Hospitality Management*, 2016, 57: 30~39.

[211] Rosenbaum M S, Wong I A., "Green Marketing Programs as Strategic Initiatives in Hospitality", *Journal of Services Marketing*, 2015, 29 (2): 81~92.

[212] Said D, Youssef K, Waheed H., "Energy Efficiency Opportunities in Hotels", *Renewable Energy and Sustainable Development*, 2017, 3 (1): 99~103.

[213] Sama J., "Green Hotel Pilot Project Final Report: Department of Environmental Conservation", *New York State Pollution Prevention Institute* (NYSP2I), 2010.

[214] Sandhu S., "Shifting Paradigms in Corporate Environmentalism: From

Poachers to Gamekeepers", *Business and Society Review*, 2010, 115 (3): 285~310.

[215] "Santos-Vijande M A L, L Pez-S Nchez J N, Rudd J. Frontline Employees? Collaboration in Industrial Service Innovation: Routes of Co-Creation? S Effects On New Service Performance", *Journal of the Academy of Marketing Science*, 2016, 44 (3): 350~375.

[216] Scholz P, Voracek J., "Organizational Culture and Green Management: Innovative Way Ahead in Hotel Industry", *IFKAD* 2015: 10*th International Forum on Knowledge Asset Dynamics*: *Culture*, *Innovation and Entrepreneurship*: *Connecting the Knowledge Dots*, 2015: 1109~1121.

[217] Scholz P, Voracek J., "Organizational Culture and Green Management: Innovative Way Ahead in Hotel Industry", *Measuring Business Excellence*, 2016, 20 (1): 41~52.

[218] Schons L, Steinmeier M., "Walk the Talk? How Symbolic and Substantive Csr Actions Affect Firm Performance Depending On Stakeholder Proximity", *Corporate Social Responsibility & Environmental Management*, 2016, 23 (6): 358~372.

[219] Schuler D, Rasche A, Etzion D, et al. "Corporate Sustainability Management and Environmental Ethics", *Business Ethics Quarterly*, 2017, 27 (2): 213~237.

[220] Schwartz P., "Investing in Global Security", *Harvard Business Review*, 2007, 85 (10): 26~28.

[221] Segarra-O A M, Mondéjar-Jiménez J, Peiró-Signes Á, et al., "Heterogeneous Behavioral Patterns Influencing the Proactive Environmental Orientation of Firms: How Does Your Company Look?", *Innovation*: *Management*, *Policy & Practice*, 2015, 17 (1): 69~80.

[222] Shadi R., "The Effect of Strategic Flexibility and Organizational Legitimacy On Green Management Performance in Companies of Aras Free Trade Zone", 2016.

[223] Shi G V, Baldwin J, Koh S, et al., "Fragmented Institutional Fields and

their Impact On Manufacturing Environmental Practices", *International Journal of Production Research*, 2017, 17 (7): 1~16.

[224] Shieh C J., "Effect of Corporate Compensation Design On Organizational Performance", *Social Behavior & Personality An International Journal*, 2008, 36 (6): 827~840.

[225] Shirokova G, Bogatyreva K, Beliaeva T, et al., "Entrepreneurial Orientation and Firm Performance in Different Environmental Settings: Contingency and Configurational Approaches", *Journal of Small Business and Enterprise Development*, 2016, 23 (3): 703~727.

[226] Shou-Lin Y, Yen-Hsun C, Tzu-Hung H.,, Will Hotels Certainly Have Better Operational Performance If they Have Green Hotel's Certification?, The 2016 International Conference on Business and Information-Winter Session (BAI 2016-Winter), Bali, Indonesia: 2016.

[227] Shrivastava P., "The Role of Corporations in Achieving Ecological Sustainability", *The Academy of Management Review*, 1995, 20 (4): 936~960.

[228] Silverstein M., "Environmentally Coming of Age", *Business and Society Review*, 1994, 94 (90): 31~32.

[229] Singels J, Ruël G, van de Water H., "Iso 9000 Series-Certification and Performance", *International Journal of Quality & Reliability Management*, 2001, 18 (1): 62~75.

[230] Singh N, Jain S, Sharma P., "Determinants of Proactive Environmental Management Practices in Indian Firms: An Empirical Study", *Journal of Cleaner Production*, 2014, 66: 469~478.

[231] Singh N, Cranage D, Lee S., "Green Strategies for Hotels: Estimation of Recycling Benefits", *International Journal of Hospitality Management*, 2014, 43: 13~22.

[232] Sohi R S., "The Effects of Environmental Dynamism and Heterogeneity On Salespeople' S Role Perceptions, Performance and Job Satisfaction", *European Journal of Marketing*, 1996, 30 (7): 49~67.

[233] Spanjol J, Qualls W J, Rosa J A., "How Many and What Kind? The Role of Strategic Orientation in New Product Ideation", *Journal of Product Innovation Management*, 2011, 28 (2): 236~250.

[234] Stern P C., "Toward a Coherent Theory of Environmentally Significant Behavior", *Journal of Social Issues*, 2000, 56 (3): 407~424.

[235] Strauss A L, Corbin J M., "Basics of Qualitative Research: Techniques and Procedures Fordeveloping Grounded Theory", *Thousand Oaks Ca Sage Tashakkori A & Teddlie C.*, 1998, 36 (100): 129.

[236] Su S, Tung A, Baird K., "The Influence of Environmental Commitment On the Take-Up of Environmental Management Initiatives", *Australasian Journal of Environmental Management*, 2017, 24 (3): 289~301.

[237] Su Z, Xie E, Li Y., "Entrepreneurial Orientation and Firm Performance in New Ventures and Established Firms", *Journal of Small Business Management*, 2011, 49 (4): 558~577.

[238] Suchman M., "Managing Legitimacy: Strategic and Institutional Approaches", *Academy of Management Review*, 1995, 20 (3): 571~611.

[239] Tang J, Tang Z, Marino L D, et al., "Exploring an Inverted U-Shape Relationship Between Entrepreneurial Orientation and Performance in Chinese Ventures", *Entrepreneurship Theory & Practice*, 2008, 32 (1): 219~239.

[240] Tarí J J, Claver-Cortés E, Pereira-Moliner J, et al., "Levels of Quality and Environmental Management in the Hotel Industry: Their Joint Influence On Firm Performance", *International Journal of Hospitality Management*, 2010, 29 (3): 500~510.

[241] Teng C, Horng J, Hu M M, et al., "Developing Energy Conservation and Carbon Reduction Indicators for the Hotel Industry in Taiwan", *International Journal of Hospitality Management*, 2012, 31 (1): 199~208.

[242] Teo H H, Wei K K, Benbasat I., "Predicting Intention to Adopt Interorganizational Linkages: An Institutional Perspective", *Mis Quarterly*, 2003, 27 (1): 19~49.

[243] Testa F, Iraldo F, Daddi T., "The Effectiveness of Emas as a Management Tool", *Organization & Environment*, 2017: 118622104.

[244] Theodoulidis B, Diaz D, Crotto F, et al., "Exploring Corporate Social Responsibility and Financial Performance through Stakeholder Theory in the Tourism Industries", *Tourism Management*, 2017, 62: 173-188.

[245] Thornton P H, Ocasio W., "Institutional Logics and the Historical Contingency of Power in Organizations: Executive Succession in the Higher Education Publishing Industry, 1958 - 19901", *American Journal of Sociology*, 1999, 105 (3): 801~843.

[246] Thornton P H, Jones C, Kury K, "Institutional Logics and Institutional Change in Organizations: Transformation in Accounting, Architecture, and Publishing", *Transformation in Cultural Industries*, 2015.

[247] Thornton P H, Ocasio W, Lounsbury M., *The Institutional Logics Perspective: A New Approach to Culture, Structure, and Process*, Oxford: Oxford University Press, 2012a.

[248] Thornton P H, Ocasio W, Lounsbury M., *The Institutional Logics Perspective: A New Approach to Culture, Structure and Process*, Oxford: Oxford University Press, 2012b.

[249] Tost L P., "An Integrative Model of Legitimacy Judgments", *Academy of Management Review*, 2011, 36 (4): 686~710.

[250] Tsui A S, Pearce J L, Porter L W, et al., "Alternative Approaches to the Employee-Organization Relationship: Does Investment in Employees Pay Off?", *Academy of Management Journal*, 1997, 40 (5): 1089~1121.

[251] Tzschentke N A, Kirk D, Lynch P A., "Going Green: Decisional Factors in Small Hospitality Operations", *International Journal of Hospitality Management*, 2008, 27 (1): 126~133.

[252] Van Gent C, Van Bergeijk P A G, Heuten H J., *Basisboek Markt-En Micro-Economie: Met De Praktijk Van Het Mededingingsrecht* (5E Druk), 2004.

[253] Vasile D C, Octav-Ionut M, Tuclea C., "Determinant Factors of Green

Marketing Adoption in the Hospitality Sector", *Amfiteatru Economic*, 2016, 18 (10): 862~874.

[254] Venkatraman N, Ramanujam V., "Measurement of Business Economic Performance: An Examination of Method Convergence", *Journal of Management Official Journal of the Southern Management Association*, 1987, 8 (1): 7858~7864.

[255] Verhage B J, Waarts E., "Marketing Planning for Improved Performance: A Comparative Analysis", I*nternational Marketing Review*, 1988, 5 (2): 20~30.

[256] Vij P, Suri D S, Singh S., "Green Hrm-Delivering High Performance Hr Systems", *International Journal of Marketing & Human Resource Management*, 2013.

[257] Voss G B, Voss Z G., "Strategic Ambidexterity in Small and Medium Enterprises: Implementing Exploration in Product and Market Domains", *Organization Science*, 2013, 24 (5): 1459~1477.

[258] Waddock S A, Graves S B., "Responsibility: The New Business Imperative", *The Academy of Management Executive* (1993-2005), 2002, 16 (2): 132~148.

[259] Wales W J, Patel P C, Parida V, et al., "Nonlinear Effects of Entrepreneurial Orientation On Small Firm Performance: The Moderating Role of Resource Orchestration Capabilities", *Strategic Entrepreneurship Journal*, 2013, 7 (2): 93~121.

[260] Walley N, Whitehead B., "It's Not Easy Being Green", *Harvard Business Review*, 1994, 72 (3): 46~51.

[261] Walls J L, Hoffman A J., "Exceptional Boards: Environmental Experience and Positive Deviance From Institutional Norms", *Journal of Organizational Behavior*, 2013, 34 (2): 253~271.

[262] Wan Y K P, Chan S H J, Huang H L W., "Environmental Awareness, Initiatives and Performance in the Hotel Industry of Macau", *Tourism Review*, 2017, 72 (1): 87~103.

[263] Wang C H, Chen K Y, Chen S C., "Total Quality Management, Market Orientation and Hotel Performance: The Moderating Effects of External Environmental Factors", *International Journal of Hospitality Management*, 2012, 31 (1): 119~129.

[264] Wang D, Tsui A S, Zhang Y, et al., "Employment Relationships and Firm Performance: Evidence From an Emerging Economy", *Journal of Organizational Behavior*, 2003, 24 (5): 511~535.

[265] Webb J W, Sirmon D G., "You Say Illegal, I Say Legitimate: Entrepreneurship in the Informal Economy", *Social Science Electronic Publishing*, 2009, 34 (3): 492~510.

[266] Welford R., *Hijacking Environmentalism: Corporate Responses to Sustainable Development*, Earthscan, 1997.

[267] Wiklund J, Shepherd D., "Entrepreneurial Orientation and Small Business Performance: A Configurational Approach", *Journal of Business Venturing*, 2005, 20 (1): 71~91.

[268] Wilkinson G, Dale B G., "Models of Management System Standards: A Review of the Integration Issues", *International Journal of Management Reviews*, 1999, 1 (3): 279~298.

[269] Wolfe K L, Shanklin C W., "Environmental Practices and Management Concerns of Conference Center Administrators", *Journal of Hospitality & Tourism Research*, 2001, 25 (2): 209~216.

[270] Wright C, Nyberg D, Grant D., "'Hippies On the Third Floor': Climate Change, Narrative Identity and the Micro-Politics of Corporate Environmentalism", Organization Studies. 2012, 33 (11): 1451~1475.

[271] Wu M, Thongma W, Leelapattana W, et al., "Impact of Hotel Employee' S Green Awareness, Knowledge, and Skill On Hotel' S Overall Performance", *Advances in Hospitality and Leisure*, 2016, (9): 65~81.

[272] Wymer W, Polonsky M J., "The Limitations and Potentialities of Green Marketing", *Journal of Nonprofit & Public Sector Marketing*, 2015, 27

(3): 239~262.

[273] Xin K R, Pearce J L., "Guanxi: Connections as Substitutes for Formal Institutional Support", *Academy of Management Journal*, 1996, 39 (6): 1641~1658.

[274] Yadav R, Dokania A K, Pathak G S., "The Influence of Green Marketing Functions in Building Corporate Image: Evidences From Hospitality Industry in a Developing Nation", *International Journal of Contemporary Hospitality Management*, 2016, 28 (10): 2178~2196.

[275] Yang J, Zhang F, Jiang X, et al., "Strategic Flexibility, Green Management, and Firm Competitiveness in an Emerging Economy", *Technological Forecasting & Social Change*, 2015, 101 (1): 347~356.

[276] Yu Y, Li X, Jai T C., "The Impact of Green Experience On Customer Satisfaction: Evidence From Tripadvisor", *International Journal of Contemporary Hospitality Management*, 2017, 29 (5) .

[277] Zimmerman M A, Zeitz G J., "Beyond Survival: Achieving New Venture Growth by Building Legitimacy", *Academy of Management Review*, 2002, 27 (3): 414~431.

[278] Zutshi A, Sohal A S., "Integrated Management System: The Experiences of Three Australian Organisations", *Journal of Manufacturing Technology Management*, 2005, 16 (2): 211~232.

[279] Zwetsloot G I J M, Zwanikken S, Hale A., "Policy Expectations and the Use of Market Mechanisms for Regulatory Osh Certification and Testing Regimes", *Safety Science*, 2011, 49 (7): 1007~1013.

[280] 陈俊硕:"企业绿色策略对企业绿色绩效与绿色竞争优势之影响",台北大学2014年博士学位论文,第140页。

[281] 陈凯:"绿色饭店精细化管理研究",黑龙江大学2011年硕士学位论文,第53页。

[282] 杜运周、尤树洋:"制度逻辑与制度多元性研究前沿探析与未来研究展望",载《外国经济与管理》2013年第12期,第2~10页。

[283] 范星宏、周娟:"低碳经济背景下的安徽省绿色饭店建设策略研

究"，载《华东经济管理》2013 年第 4 期，第 6~9 页。

[284] 方世荣、谢宜君、邓志勇："关系学习、关系记忆与关系绩效之研究"，载《管理学报》2008 年第 3 期，第 269~289 页。

[285] 冯旭："服务创新过程中一线员工创新行为及其影响因素研究"，电子科技大学 2010 年硕士学位论文，第 193 页。

[286] 付强："双元战略导向对企业绩效影响的实证研究"，上海交通大学 2014 年硕士学位论文，第 190 页。

[287] 高明瑞、刘常勇、黄义俊等："企业绿色管理、环境绩效与竞争优势关联性之研究"，载《管理与系统》2010 年第 2 期，第 255~278 页。

[288] 高山行、蔡新蕾、江旭："正式与非正式制度支持对原始性创新的影响——不同所有制类型企业比较研究"，载《科学学与科学技术管理》2013 年第 2 期，第 42~52 页。

[289] 韩笑："绿色饭店及其营销策略"，载《特区经济》2007 年第 9 期，第 301-302 页。

[290] 何越："绿色饭店创建动机国外研究综述"，载《开封教育学院学报》2015 年第 5 期，第 277~279 页。

[291] 胡美琴、李元旭："西方企业绿色管理研究述评及启示"，载《管理评论》2007 年第 12 期，第 41~48 页。

[292] 黄倩、谢朝武："酒店员工-顾客间互动对员工工作效率和顾客满意度的影响研究"，载《旅游学刊》2017 年第 4 期，第 66~77 页。

[293] 黄旭锋："信任与共同愿景在提升供货商弹性所扮演之角色"，台湾交通大学 2011 年博士学位论文。

[294] 黄营杉、齐德彰："服务业内部行销、企业文化、工作满足与经营绩效间关联性之研究——以台湾国际观光旅馆为例"，载《管理与系统》2004 年第 4 期，第 485~507 页。

[295] 黄忠发、连和吉、张书豪："营建产业生态环境企业社会责任、企业形象与组织绩效关连性之实证研究"，载《技术学刊》2012 年第 4 期，第 161~170 页。

[296] 姜飞飞、江旭、郑志清："企业家导向与联盟管理实践获取：基于

竞合视角的三项交互研究”，载《管理评论》2016 年第 7 期，第 226~235 页。

[297] 焦豪、周江华、谢振东：“创业导向与组织绩效间关系的实证研究——基于环境动态性的调节效应”，载《科学学与科学技术管理》2007 年第 11 期，第 70~76 页。

[298] 李才霞：“从管理的‘绿色化’看中国绿色饭店标准”，载《消费导刊》2009 年第 12 期，第 7 页。

[299] 李和：“我国绿色饭店的绿色管理研究”，南开大学 2009 年硕士学位论文。

[300] 李宏贵、谢蕊：“多重制度逻辑下企业技术创新的合法性机制”，载《科技管理研究》2017 年第 3 期，第 15~21 页。

[301] 李宏贵、蒋艳芬：“多重制度逻辑的微观实践研究”，载《财贸研究》2017 年第 2 期，第 80~89 页。

[302] 李平、曹仰锋：《案例研究方法：理论与案例》，北京大学出版社 2012 年版。

[303] 李先江：“服务业绿色创业导向、低碳创新和组织绩效间关系研究”，载《科学学与科学技术管理》2012 年第 8 期，第 36~43 页。

[304] 李先江：“绿色创业企业先动式顾客导向对突破式绿色产品创新的作用研究”，载《财经论丛》2016 年第 7 期，第 94~103 页。

[305] 李雪灵、姚一玮、王利军：“新企业创业导向与创新绩效关系研究：积极型市场导向的中介作用”，载《中国工业经济》2010 年第 6 期，第 116~125 页。

[306] 李岩松：“低碳经济发展模式下我国绿色饭店的建设”，载《生态经济》2011 年第 6 期，第 64~67 页。

[307] 李艳丽、丛艳国、龚金红：“服务认知—行为模式对一线员工服务绩效影响研究——以酒店和旅行社为例”，载《旅游学刊》2012 年第 8 期，第 45~52 页。

[308] 梁东海：“台湾观光旅馆业导入绿色管理理念之研究”，亚洲大学 2013 年博士学位论文。

[309] 梁许萍：“国内旅游者对绿色饭店的感知研究”，载《中国集体经

济》2012 年第 3 期，第 155~156 页。

[310] 林筠、刘伟、李随成："企业社会资本对技术创新能力影响的实证研究"，载《科研管理》2011 年第 1 期，第 35~44 页。

[311] 林嵩、刘震："战略导向文献综述与研究展望"，载《科技管理研究》2015 年第 5 期，第 240~244 页。

[312] 林正哲、杨静芳、赖其勋："种善因结善果？企业社会责任活动对员工行为的影响——员工雇用型态的调节效果"，载《品质学报》2015 年第 3 期，第 213~233 页。

[313] 刘伯恩："组织合法性视角下矿业企业社会责任驱动机理研究"，中国地质大学（北京）2014 年博士学位论文，第 165 页。

[314] 刘汉榆、陈文姿："从绿色智慧资本探讨我国银行业永续经营导向之效益"，载《辅仁管理评论》2012 年第 1 期，第 73~94 页。

[315] 刘佳鑫、刘兵、李嫄："绿色智力资本理论探析"，载《技术经济与管理研究》2016 年第 5 期，第 40~43 页。

[316] 楼燕芳："消费者环保意识与绿色饭店选择之关系研究——以浙江省为例"，载《中小企业管理与科技》2016 年第 21 期，第 122~123，124 页。

[317] 鲁成方："技术导向与市场导向的战略协同及其对企业绩效的影响"，暨南大学 2013 年博士学位论文。

[318] 罗党论、唐清泉："政治关系、社会资本与政策资源获取：来自中国民营上市公司的经验证据"，载《世界经济》2009 年第 7 期，第 84~96 页。

[319] 罗东霞、李春颖："国内外绿色饭店标准及认证评级比较研究"，载《旅游学刊》2013 年第 8 期，第 79~86 页。

[320] 罗锋："基于社会资本视角的民营企业可持续成长机理研究"，载《经济问题探索》2008 年第 8 期，第 114~118 页。

[321] 骆俊贤、刘长敏："利用教育训练推动内部营销与工作表现提升之关连性——以餐饮业为例"，载《管理实务与理论研究》2014 年第 3 期，第 91~105 页。

[322] 马蓓、马金莲："兰州市饭店业推广绿色饭店对策研究——《兰州

市绿色饭店标准》设计”，载《经济研究导刊》2013 年第 1 期，第 166～173 页。

[323] 马鸿佳、董保宝、葛宝山：“创业导向、小企业导向与企业绩效关系研究”，载《管理世界》2009 年第 9 期，第 109～115 页。

[324] 毛丹：“美国高等教育绩效拨款政策的演进——多重逻辑的视角”，载《国家教育行政学院学报》2016 年 9 月。

[325] 欧阳宇、陈好甄：“旅游消费者环境知识、新环境典范态度及环境行为之研究——以四重溪温泉地区为例”，载《嘉南学报》2013 年第 12 期，第 420～433 页。

[326] 潘楚林、田虹：“前瞻型环境战略对企业绿色创新绩效的影响研究——绿色智力资本与吸收能力的链式中介作用”，载《财经论丛》2016 年第 7 期，第 85～93 页。

[327] 彭正龙、何培旭：“企业战略导向的权变选择及差别绩效效应：探索性/利用性学习的中介作用和产业类型的调节作用”，载《管理评论》2015 年第 5 期，第 121～134 页。

[328] 任新建：“企业竞合行为选择与绩效的关系研究”，复旦大学 2006 年博士学位论文，第 164 页。

[329] 阮丹：“成都市高星级饭店‘创绿’研究”，四川师范大学 2009 年硕士学位论文，第 130 页。

[330] 沈奇泰松：“组织合法性视角下制度压力对企业社会绩效的影响机制研究”，浙江大学 2010 年博士学位论文。

[331] 司方来、王永贵、贾鹤：“战略柔性体系：调和反应型市场导向与先动型市场导向”，载《现代管理科学》2009 年第 2 期，第 25～27 页。

[332] 宋凌、李宏军、张乐然：“国家标准《绿色饭店建筑评价标准》Gb/T 51165-2016 简介”，载《工程建设标准化》2016 年第 10 期，第 45～47 页。

[333] 孙晶：“西方组织合法性理论评析”，载《东南大学学报（哲学社会科学版）》2009 年第 S1 期，第 57～60 页。

[334] 孙永风、李垣、廖貅武：“基于不同战略导向的创新选择与控制方

式研究”，载《管理工程学报》2007 年第 4 期，第 24~30 页。

［335］谭敏：“突破技术创新陷阱：创新二元性的前因、后果与调节”，中国科学技术大学 2014 年博士学位论文，第 103 页。

［336］唐贵瑶、孙玮、贾进：“绿色人力资源管理研究述评与展望”，载《外国经济与管理》2015 年第 10 期，第 82~96 页。

［337］田文彬：“服务导向、信任与服务承诺、服务绩效关联性之探讨”，载《企业管理学报》2012 年第 94 期，第 1~18 页。

［338］万绪才、敏丁：“服务业绿色管理综述及其引申”，载《改革》2011 年第 10 期，第 155~158 页。

［339］王唤明、江若尘：“利益相关者理论综述研究”，载《经济问题探索》2007 年第 4 期，第 11~14 页。

［340］王柳：“绩效问责的制度逻辑及实现路径”，载《中国行政管理》2016 年第 7 期，第 40~45 页。

［341］王孟成：《潜变量建模与 Mplus 应用基础篇》，重庆大学出版社 2014 年版。

［342］王重鸣、夏霖、阳浙江：“基于战略视角的创业导向研究”，载《技术经济》2006 年第 8 期，第 1~2 页。

［343］魏江、张妍、龚丽敏：“基于战略导向的企业产品创新绩效研究——研发网络的视角”，载《科学学研究》2014 年第 10 期，第 1593~1600 页。

［344］魏江、焦豪：“创业导向、组织学习与动态能力关系研究”，载《外国经济与管理》2008 年第 2 期，第 36~41 页。

［345］温忠麟、刘红云、侯杰泰：《调节效应和中介效应分析》，教育科学出版社 2012 年版。

［346］温忠麟、侯杰泰、张雷：“调节效应与中介效应的比较和应用”，载《心理学报》2005 年第 2 期，第 268~274 页。

［347］温忠麟、叶宝娟：“中介效应分析：方法和模型发展”，载《心理科学进展》2014 年第 5 期，第 731~745 页。

［348］吴国睿：“在不确定性下引导绿色时代朝向可持续供应链管理”，台湾科技大学 2016 年博士学位论文，第 166 页。

[349] 向飞丹晴、赵大伟:“基于平衡计分卡的绿色饭店评价指标体系研究”，载《饭店现代化》2012年第2期，第62~64页。

[350] 肖兴志、王伊攀:“政府补贴与企业社会资本投资决策——来自战略性新兴产业的经验证据”，载《中国工业经济》2014年第9期，第148~160页。

[351] 谢朝武、郑向敏:“界面管理与服务能力、服务绩效间的驱动关系——基于酒店企业的实证研究”，载《财贸经济》2012年第9期，第125~133页。

[352] 谢朝武:“酒店员工安全服务能力与安全服务绩效的驱动关系”，载《旅游学刊》2014年第4期，第28~37页。

[353] 徐薇、修浩:“中国式制度背景下企业社会资本投资影响因素研究综述”，载《中外企业家》2017年第1期，第80~81页。

[354] 薛驰宇:“酒店领导者社会责任取向对绿色管理行为的影响研究”，湖南师范大学2015年硕士学位论文，第61页。

[355] 薛红志:“创业导向、战略模式与组织绩效关系研究”，载《经济理论与经济管理》2006年第3期，第71~75页。

[356] 杨东宁、周长辉:“企业自愿采用标准化环境管理体系的驱动力:理论框架及实证分析”，载《管理世界》2005年第2期，第85~95页。

[357] 杨跃之、邬爱其:“绿色饭店的界定标准与运作机理分析”，载《商业研究》2004年第20期，第115~117页。

[358] 杨张博、高山行:“基于文本挖掘和语义网络方法的战略导向交互现象研究——以生物技术企业为例”，载《科学学与科学技术管理》2015年第1期，第139~150页。

[359] 姚先国、温伟祥、任洲麒:“企业集群环境下的公司创业研究——网络资源与创业导向对集群企业绩效的影响”，载《中国工业经济》2008年第3期，第84~92页。

[360] 叶强生、武亚军:“转型经济中的企业环境战略动机:中国实证研究”，载《南开管理评论》2010年第3期，第53~59页。

[361] 尹苗苗、马艳丽:“不同环境下新创企业资源整合与绩效关系研

究"，载《科研管理》2014 年第 8 期，第 110~116 页。

[362] 游志青："台湾企业环境责任观念架构之建构——以资讯科技产业领导厂商为例"，载《 企业管理学报》2013 年第 99 期，第 1~28 页。

[363] 于洪彦、银成钺："市场导向、创新与企业表现的关系——基于中国服务业的实证研究"，载《南开管理评论》2006 年第 3 期，第 10~15 页。

[364] 张婧、段艳玲："市场导向均衡对制造型企业产品创新绩效影响的实证研究"，载《管理世界》2010 年第 12 期，第 119~130 页。

[365] 张婧、赵紫锟："反应型和先动型市场导向对产品创新和经营绩效的影响研究"，载《管理学报》2011 年第 9 期，第 1378~1386 页。

[366] 张萌："CCTA-P——基于 J 酒店的绿色饭店创建体系研究"，兰州大学 2011 年硕士学位论文。

[367] 张乃仁："绿色学习导向、能力与形象对绩效之影响"，台湾 "中山大学" 2012 年硕士学位论文，第 88 页。

[368] 张妍、魏江："战略导向国内外研究述评与未来展望"，载《中国科技论坛》2014，年第 11 期，第 139~143 页。

[369] 张玉利、李乾文："公司创业导向、双元能力与组织绩效"，载《管理科学学报》2009 年第 1 期，第 137~152 页。

[370] 钟榴、郑建国："制度同构下的绿色管理驱动力模型与创新路径研究"，载《科技进步与对策》2014 年第 12 期，第 12~17 页。

[371] 周佳蓉、陈国胜、陈丽蓁："消费者之自然亲近情感、日常环保行为与住宿绿色旅馆意愿——以绿色旅馆涉入为中介变数"，载《休闲观光与运动健康学报》2014 年第 2 期，第 20~41 页。

[372] 周小虎、陈传明：" 企业社会资本与持续竞争优势"，载《中国工业经济》2004 年第 5 期，第 90~96 页。

[373] 周雪光："基层政府间的'共谋现象'——一个政府行为的制度逻辑"，载《社会学研究》2008 年第 6 期，第 1~21 页。

[374] 朱秀梅、韩蓉、陈海涛："战略导向的构成及相互作用关系实证研究"，载《科学学研究》2012 年第 8 期，第 1211~1220 页。

[375] 朱秀梅:“资源获取、创业导向与新创企业绩效关系研究”,载《科学学研究》2008 年第 3 期,第 589~595 页。

[376] 莊顺斌:“企业绿化、环境企业社会责任对环境绩效及企业竞争力影响之研究:以绿色 It 资本为中介变项”,台湾科技大学 2016 年博士学位论文,第 117 页。

附　录
调研问卷

尊敬的女士/先生：

您好！首先非常感谢您抽出宝贵时间回答此份学术性研究问卷。本问卷拟对饭店和餐饮企业绿色管理实践进行深入细致的调研和总结，为国家相关研究课题及企业战略制定提供依据。请您详细阅读以后，根据公司的具体情况做客观评估。谢谢！

我们承诺，本次调研仅供学术研究使用，绝不对外公开，也不会影响到公司的经营机密，敬请安心填写（大约7~10分钟即可填完）。您的宝贵意见将对本研究有极大的贡献，而整份问卷填答完整并回函者，我会为您捐赠1元给中华环境保护基金会作为环保基金。感谢您的热心参与及支持！

最后，祝您身体健康！万事如意！祝贵公司业务蒸蒸日上！

湖北经济学院旅游与酒店管理学院

说明：本问卷题项并没有对错之分，您只需根据个人想法在相应数值上打"√"即可。因为问卷填写不完整会使您的问卷失去研究价值，所以请不要遗漏任何一项。感谢您的配合！您也可以微信扫描左上角二维码填答电子版问卷。

＊＊＊＊以下各部分，请根据公司的实际情况填写＊＊＊＊

第一部分　问卷内容

【多元制度逻辑】 以下表述与我们公司外部制度环境有关，请您对比公司实际情况与下列描述的符合程度勾选（√）适当的数值：5 代表完全符合，1 代表完全不符合。		完全不符合	不符合	一般	符合	完全符合
RF1	政府对违背社会责任的企业经营行为有严厉的惩罚措施	1	2	3	4	5
RF2	政府通过多种渠道宣传和推广企业社会责任	1	2	3	4	5
RF3	政府对公众反映的违背社会责任的行为做出迅速反应	1	2	3	4	5
ME1	在我们这个行业，技术升级很频繁	1	2	3	4	5
ME2	在我们这个行业，顾客的喜好变化非常快	1	2	3	4	5
ME3	在我们这个行业，生产及服务模式一直在更新	1	2	3	4	5
ME4	在我们这个行业，顾客随时随地都在寻找新的产品	1	2	3	4	5
ME5	在我们这个行业，竞争对手频繁推出新产品	1	2	3	4	5
PP1	媒体报道与关注影响企业社会责任政策	1	2	3	4	5

续表

PP2	社会舆论使得本企业必须履行更多社会责任	1	2	3	4	5
PP3	网络信息的传播迫使企业回应一些负面信息	1	2	3	4	5
PF1	部分同行企业因其社会责任履行表现良好而扩大了知名度	1	2	3	4	5
PF2	本企业密切关注同行企业的公共关系及营销策略	1	2	3	4	5
PF3	履行社会责任较好的同行企业其经营效益也较好	1	2	3	4	5
PF4	同行标杆企业的社会责任履行情况对本企业产生深刻影响	1	2	3	4	5
【战略导向】 下列表述与公司发展战略导向有关，包括成本战略导向和创业战略导向两方面内容。请您对比公司实际情况与下列描述的符合程度，勾选（√）适当的数：5 代表完全符合，1 代表完全不符合。		完全不符合	不符合	一般	符合	完全符合
CO1	我们公司将提高商业运营效率视为企业重要目标	1	2	3	4	5
CO2	我们公司对于降低运营成本的关注始终高于一切	1	2	3	4	5
CO3	我们公司一直追求改进生产和服务流程从而降低成本	1	2	3	4	5

续表

CO4	我们公司将规模扩张视为企业战略的重要组成部分	1	2	3	4	5
CO5	我们公司密切监控关键业务环节的效率	1	2	3	4	5
EO1	我们公司高层管理者偏好高风险项目	1	2	3	4	5
EO2	我们公司存在不确定性时，管理者常采取积极主动的态度	1	2	3	4	5
EO3	我们公司管理者对竞争对手采取新的竞争手段予以积极回应	1	2	3	4	5
EO4	我们公司管理者乐于尝试新的方法、新的解决方案	1	2	3	4	5
EO5	我们公司管理者鼓励员工采取主动创新的工作方式	1	2	3	4	5
【绿色管理实践】 下列表述与公司绿色管理实践情况有关，请您对比公司实际情况与下列描述的符合程度，勾选（√）适当的数值：5 代表完全做到，1 代表无法做到。		无法做到	较难做到	一般做到	较好做到	完全做到
GM1	我们公司严格控制污水、噪声、固体废弃物排放量	1	2	3	4	5
GM2	我们公司创建了能源（水、电、气、油等）审计系统，并设置具体可量化、可比较的目标参照值	1	2	3	4	5

续表

GM3	我们公司经常开展员工环境知识学习计划和培训课程	1	2	3	4	5
GM4	我们公司经常组织员工参与社区活动（如环保宣传、慈善捐赠等）	1	2	3	4	5
GM5	我们公司管理层积极组织并在认证及实施过程中发挥领导作用	1	2	3	4	5
GM6	我们公司已建立完善的环境污染超标、消防安全及食品安全等突发事件应急预案	1	2	3	4	5
GM7	我们公司全员推广节能环保举措（如纸张双面打印、随手关灯\ 水龙头、减少空调使用、减少使用塑料袋等）	1	2	3	4	5
GM8	我们公司对节能减排贡献突出的员工予以奖励	1	2	3	4	5
【绿色管理绩效】 以下表述与企业实施绿色管理后的绩效表现有关，请您对比公司实际情况与下列描述的符合程度勾选（√）适当的数值：5 代表完全符合，1 代表完全不符合。		完全不符合	不符合	一般	符合	完全符合
GP1	绿色管理实践以来，我们公司员工环保意识明显提升	1	2	3	4	5

续表

GP2	绿色管理实践以来，我们公司生产效率明显提高	1	2	3	4	5
GP3	绿色管理实践以来，我们公司与社区关系得以改善	1	2	3	4	5
GP4	绿色管理实践以来，我们公司节能减排效果明显	1	2	3	4	5
GP5	绿色管理实践以来，我们公司内部管理沟通效率提升	1	2	3	4	5
GP6	绿色管理实践以来，我们公司回头客数量增加	1	2	3	4	5
GP7	绿色管理实践以来，我们公司获得政府奖励次数增加	1	2	3	4	5
GP8	绿色管理实践以来，我们公司获媒体正面报道次数增加	1	2	3	4	5
【绿色智力资本】 以下表述与绿色智力资本有关，绿色智力资本即企业绿色无形资产，包括绿色人力资本、绿色结构资本和绿色关系资本。请您对比公司实际情况与下列描述的符合程度勾选（√）适当的数值：5 代表完全符合，1 代表完全不符合。		完全不符合	不符合	一般	符合	完全符合
GHC1	我们公司员工非常关注顾客需求	1	2	3	4	5

续表

GHC2	我们公司员工非常重视节能减排	1	2	3	4	5
GHC3	我们公司员工非常重视服务弱势群体（如老弱妇孺）	1	2	3	4	5
GSC1	我们公司非常支持员工环保及公益行为	1	2	3	4	5
GSC2	我们公司非常支持各职能部门制定具体环保措施	1	2	3	4	5
GSC3	我们公司非常支持开展公共关系营销	1	2	3	4	5
GRC1	我们公司非常重视员工团队合作	1	2	3	4	5
GRC2	我们公司非常重视供应商是否符合环境法规或标准	1	2	3	4	5
GRC3	我们公司非常重视对回头客的服务	1	2	3	4	5
GRC4	我们公司非常重视与公益组织的合作	1	2	3	4	5
【非正式制度支持】 下列表述与公司外部关系连接有关，请您对比公司实际情况与下列描述的符合程度，勾选（√）适当的数值：5代表完全符合，1代表完全不符合。		完全不符合	不符合	一般	符合	完全符合
IIS1	我们公司采取各种措施以建立与各级政府部门的良好关系	1	2	3	4	5

续表

IIS2	我们公司注重与产业主管部门（商业局）建立良好关系	1	2	3	4	5
IIS3	我们公司注重与其他政府主管部门（如税务局、消防局、食品药品监督管理局等）建立良好关系	1	2	3	4	5
IIS4	我们公司与多级政府部门建立了良好的关系	1	2	3	4	5
IIS5	我们公司注重与行业协会或商会建立良好关系	1	2	3	4	5
IIS6	与利益相关者（如股东、员工、消费者、社区、媒体、非营利组织等）的关系对企业发展很重要	1	2	3	4	5
【企业竞争优势】 以下表述与企业竞争优势有关。请您对比公司实际情况与下列描述的符合程度勾选（√）适当的数值：5 代表完全符合，1 代表完全不符合。		完全不符合	不符合	一般	符合	完全符合
BC1	与主要竞争对手相比，我们公司具有成本优势	1	2	3	4	5
BC2	与主要竞争对手相比，我们公司为顾客提供更优质产品与服务	1	2	3	4	5
BC3	与主要竞争对手相比，我们公司具有更强的创新能力	1	2	3	4	5
BC4	与主要竞争对手相比，我们公司每间可供出租客房收入或餐饮人均消费额更高	1	2	3	4	5

续表

BC5	与主要竞争对手相比，我们公司客房入住率或餐厅上座率更高	1	2	3	4	5
BC6	与主要竞争对手相比，我们公司知名度更高、公众形象更好	1	2	3	4	5
BC7	与主要竞争对手相比，我们公司新产品和服务不容易被模仿	1	2	3	4	5
BC8	与主要竞争对手相比，我们公司在行业中的地位很难被超越	1	2	3	4	5

二、 公司基本资料

<table>
<tr><td colspan="2">我们公司名称：</td><td>我们公司所属产业：（　　）
①住宿业（饭店）②餐饮业
③其他产业</td></tr>
<tr><td colspan="2">我们公司所在地域：　（省）　（市）</td><td>联系方式：</td></tr>
<tr><td rowspan="4">公司概况</td><td colspan="2">公司的企业性质：( )
①国有改制企业 ②民营企业 ③家族企业 ④三资企业（中外合资、中外合作、外商独资）</td></tr>
<tr><td colspan="2">公司已经成立（ ）年；公司员工总数（ ）人；高管团队人数（ ）人</td></tr>
<tr><td colspan="2">公司是否参与了绿色饭店或国家级绿色餐饮企业（一叶至五叶）的生态标签认证：( ) ①已申报并通过生态标签认证 ②正在申报 ③不打算申报</td></tr>
<tr><td colspan="2">公司是否为当地烹饪与饭店行业协会成员：( ) ①是 ②否</td></tr>
</table>

续表

<table>
<tr><td></td><td>公司正处于哪个发展阶段：( )
①刚刚创建，各种资源比较匮乏，目前求生存是我们的首选目标
②公司开始步入良性轨道，正进入一个快速发展时期，需要调整企业战略实现规模扩张
③公司的规模已达到相当程度，企业更加关注社会责任的承担和履践
④公司已经过了高速发展期，目前非常不景气，难以适应社会发展，面临被淘汰的局面</td></tr>
<tr><td rowspan="4">个人情况</td><td>您在这家公司工作年限：( ) 年您的性别 ( ) ①男 ②女</td></tr>
<tr><td>您在这家公司的职务：( )
①高层管理者（如总经理、总监、店长、行政总厨等）③基层管理者（如主管、领班）
②中层管理者（如部门经理、楼面经理）④一线正式员工</td></tr>
<tr><td>您本人的分管职能：( )
①市场营销 ②财务 ③行政（人力资源）④技术（后厨、工程等）⑤服务管理 ⑥其他</td></tr>
<tr><td>您的文化程度：( )
①初中或初中以下 ②高中或中专 ③大专 ④本科 ⑤研究生及以上</td></tr>
</table>

注：如果您愿意留下联系方式，我们可在研究结束后向您汇报研究结果

****问卷到此结束，请检查有无遗漏之处，非常感谢您的配合！****